日本近世史を見通す

2 伝統と改革の時代

――近世中期――

村和明・吉村雅美【編】

吉川弘文館

刊行にあたって

日本近世史の研究は、豊かな成果をうみ出している。

時の経過とともに、研究する側での関心の持ち方や、問題意識といえるようなものも、当然変化してきている。そうした変化に伴って、さまざまな研究の成果も、豊富かつ多様にもたらされたのであった。こうした、現在の歴史学研究の成果を、そして近世史研究がこれまでに到達した見地を、このシリーズでは集成してみたい。

しかし、こうした豊富さは、その反面で否応なしに、大きな課題をも出現させている。きわめて多様な研究成果のすべてを見渡して論じることが困難になり、従来「研究の個別分散化」といわれてきた事態を克服することもまた、非常に難しくなった。専門家は、以上の状況に苦慮しつつも、日日なんとか対応しているのだが、一方ではそれぞれ専門とする分野も大きく分け隔てられたままであり、また研究分野の間で充分な相互理解が確保されているとは、とうてい言い難い面があるのもまた、現状である（政治史研究と社会史研究のギャップは、その最たるものであろう）。また従来、近世の初期から幕末期までを貫いて見通すような、通史の観点が現れていないことも問題視されていた。世界史と連関させて近世日本をとらえるアプローチも、いまだ不充分である。近年、シリーズ企画や研究講座のような出版物が相次いで企画されてきたにもかかわらず、このような問題の所在は、大きく変わっていないのではないか。本シリーズではひとまず、こうした認識の上に立って、それぞれの専門的な研究成果をただ持ち寄るのにとどまることなく、視角や問題意識についても可能な限りでの総合化を目指し、近世という時代を見通すことをねらっている。

このシリーズでは、時代をみていく視角を総合化する試みとして、次のような工夫をこらしている。全体を七巻から構成するものとし、最初の三巻については、歴史の通時的な経過を示す、通史的な研究の成果にあてている。続く四巻から六巻までは、テーマ別の編集とし、この時代を考えるうえでは不可欠と思われるような、重要な研究動向を取りあげた。以上の全巻をあわせ読むことで、大きく展望を得たいというのが、ここでの考えである。参考文献の提示などは必要な限りでの提示にとどめ、全体にわたって、一読して理解しやすい内容を、幅広く盛り込むことを期した。また、最終巻の七巻では、シリーズ全体での議論を集約し、関連する問題についての討究を行ったうえで、近世史研究において今後に残された課題についても検証することとしたい。

まず、劈頭《へきとう》に位置する**第一巻『列島の平和と統合―近世前期―』**では、おおよそ織豊《しょくほう》政権の時代から四代将軍・徳川家《とくがわいえ》綱《つな》の時代まで、すなわち一六世紀末から一七世紀後半までの時期を扱っている。近世社会における秩序の形成について、政治過程や対外関係を中心として論じ、「平和」の到来と軍事体制との関係、キリスト教禁教と対外方針の転換にまで説き及んでいる。続く**第二巻『伝統と改革の時代―近世中期―』**では、元禄時代と呼ばれる将軍綱吉《つなよし》の時代、つまり一七世紀末以降、田沼《たぬま》時代と呼ばれる一八世紀後半までの時期を取りあげる。長期にわたって社会の伝統化が進行する一方、初発の危機的な状況を迎えて、幕政・藩政ともに改革政治による対応を余儀なくされる段階である。通史の最後は、**第三巻『体制危機の到来―近世後期―』**が、対応している。一九世紀以降、「大御《おおご》所《しょ》時代」と呼ばれる時期に深化した政治的・社会的矛盾のなか、到来した対外危機に対して近世国家による対応はどのようなものであったか、また巨大な世界史的動向のなかで、幕末の政治変動はいかなるものとなったかが問題とされる。

研究史上に大きな位置を占めている、重要なテーマ群にあたっては、次の各巻を用意した。**第四巻『地域からみる近世社会』**では、研究史の焦点の一つであった地域社会論を中心に論じている。都市と農村、社会と支配権力のあり方について、広く目配りを効かせての解明を進めている。**第五巻『身分社会の生き方』**は、最重要課題の一つである身分論をベースとして、近世に生きた人びとの生活過程に踏みこんだ検討を行っている。諸集団と個人、人・モノ・カネの動き、生死に関わる状況といった問題群に注意したい。**第六巻『宗教・思想・文化』**では、近年に格段の進展をみせた宗教史と思想史における研究、その双方をともに見渡して、近世文化史全般にもわたる総合的な見地を獲得することをめざしている。分野横断的な論点の提示がますます期待されるところである。以上、政治史研究や国家論の検討にもとづく成果を盛り込んだ通史的研究の巻のみならず、近世社会の重要な諸動向を追究したこれらテーマ別の巻をあわせて提示することで、総合的かつ動態的な歴史過程の把握をめざしたい。

本シリーズの刊行をもって、既存の研究動向をことごとくカバーしたなどと豪語するつもりはもちろんない。全体としての構成には充分に反映しきれなかった研究視角や動向が、なお多く存在していることは承知している（ジェンダー・環境・災害・医療の歴史など）。しかし、今回ここに集成したような数々の論点に向き合うことを抜きにして、今後の研究を前進させることは難しいだろう。本シリーズでの見地から発して歴史像が広く共有され、そのうえでいっそうの議論が喚起されるよう、強く願うものである。

荒木裕行　岩淵令治
上野大輔　小野　将
小林准士　志村　洋
多和田雅保　牧原成征
村　和明　吉村雅美

目　次

プロローグ

泰平のなかの変化と対応

村　和明

時代の区切り

本巻は、シリーズ全七巻のうち、おもに政治・対外関係を中心に通史的な展望を考える前半三冊の、二冊目にあたる。おおむね第一巻との区切りは、延宝八年（一六八〇）の四代将軍家綱《いえつな》が没し、傍系から綱吉《つなよし》が五代将軍となったところ、第三巻との区切りは、天明六年（一七八六）に幕政の主導者が田沼意次《たぬまおきつぐ》から松平定信《まつだいらさだのぶ》に変わったところに、それぞれ置いてある。本シリーズでは、近世史における個別の段階・分野の議論が、近年精緻化・細分化の度を増していると考え、なるべく長いスパンで見通すことを試みており、巻の区切りもある程度は便宜上のもので、厳密に統一も図ってはいないが、いちおうまずこの区切りの意味について述べておこう。むろん、主に政治史を扱うから政権で区切ったということではなく、列島全体の動向を意識し、現在の学界である程度共有されている理解にもとづいている。

まず前巻との区切りは、非常に巨大なできごとによる、わかりやすい節目とはいえないところがある。第一巻で扱った時代の終盤からこの第二巻にかけて、おおよそ一七世紀後半段階での変化を論じて大きな影響を及ぼしたのが、高埜利彦による把握である（高埜利彦編『日本の時代史一五　元禄の社会と文化』吉川弘文館、二〇〇三年ほか）。高埜は国内における支配の確立・安定に加えて、国際環境を重視し、列島を取り巻く大陸・海域においても全体的に戦乱が収束したことにより、列島の平和も最終的に安定し、軍事力によらない権威や秩序のあり方に転じ、泰平のなかでゆるやかな転換があったと把握した。

これに対して、次の第三巻との区切りは、天明の大飢饉がもたらした膨大な死者、全国的な打ち毀し・一揆の発生、広範な農村の荒廃といった巨大な危機があり、これと向き合って幕政の多面的な立て直し策といえる寛政改革が始まることから、ややわかりやすい区切り方であろう。列島の状況に対応し、それをある意味で集約するものとしての幕府政治において、ここに決定的な画期をおき、大きな影響を与えたのが、藤田覚の把握である（藤田覚『近世の三大改革』山川出版社、二〇〇二年ほか）。藤田は、松平定信が推進した幕政改革、いわゆる寛政改革が向かい合った、宝暦・天明期（一八世紀半ばから後半にかけて）からの社会の変貌、対外関係・朝幕関係の新動向を、江戸幕府にとっての体制危機の、初発の段階と位置づけている。

幕政の特徴と課題

本書が扱う時代を前後と見比べたときに、もっとも大きな特徴といいうるのは、列島内外における軍事問題が、それほど切実さを持たなかったことであろう。衝突はもとより、緊張というべきものも、前後の時代と見比べればかなり希薄であった。これを一つの前提として、江戸幕府の権力は強大で確固としたものとして安定し、列島内の変化に対応し、各地に影響を及ぼしていった。したがって、本書で扱う、ほぼ一〇〇年にわたる時代における変化を見通すには、その軸として政治史、とくに幕政の動向を考えることが、前後の巻にもまして有効であろう。

こうした点で、五代将軍綱吉の動向は、一つの画期性を持っていた。この将軍家の相続は、それまでと異なり、直系での相続がとだえたことが特徴である。この後も、六代家宣《いえのぶ》は甲府《こうふ》徳川家《とくがわけ》、その子の幼い家継《いえつぐ》の短い治世を経て、八代吉宗《よしむね》は紀州《きしゅう》徳川家と、傍系からの相続が相次いだ。彼らはすでに成人して藩政を経験し、その側近を連れて幕府に入った。これにより、将軍その人と側近による政治（「将軍専制」とか「側用人《そばようにん》政治」などという）が主流となり、すでにある程度できあがっていた老中《ろうじゅう》以下の職制との緊張関係が生じ、この構造は以降の幕政の基本的な骨組をなした（深井雅海『徳川将軍政治権力の研究』吉川弘文館、一九九一年ほか）。

しかしこうした過程は、幕府における意思決定や伝達のあり方に変化をおよぼしたものの、大きな軍事的緊張や、殺し合いの連鎖に至るような根深い党派的な対立は伴わなかった。このことは、本巻で扱う時代の大きな特徴である。綱吉はその治世はじめに多くの大名を取り潰し、近世のうちから「賞罰厳明」と称されたが（『徳川実紀』）、幕初とは異なり、その対象はかならずしも外様《とざま》大名だけではなく、また理由も何らかの失策などであって、徳川家の諸大名に対する覇権を確立する段階はすでに過ぎていた。

こうした将軍と近臣を中心とした江戸幕府や、その統治下にあることを所与の前提とするようになった諸大名は、第一巻の時代においてある程度安定した、あるいはそう観念されたあり方（「伝統」）を前提に、変化してゆく列島の社会に対して、少しずつ政治の手直し（「改革」）をはかってゆく。相互に関連した主要な政治課題について、ごく簡単にみておきたい。

まず、一七世紀を通じて続いたとされる開発が限界に達してゆき、農地の開墾・人口の増大が享保期（一七一六～三六）にはほぼ頭打ちとなり、諸産業が成長し、次第に稠密《ちゆうみつ》化・多様化したことである。綱吉政権の名高い生類憐《しようるいあわれ》み政策は、それにより変化した自然環境と人間社会の関係への対応でもあった（塚本学『生類をめぐる政治』平凡社、一九八三年ほか）。山林や河川沿いの開発により、水害・土砂災害が構造的に発生し、幕藩領主は対応を迫られた（水本邦彦『土砂留め奉行』吉川弘文館、二〇二二年ほか）。近年の技術革新にもとづく気象変動の共同研究によれば、近世は全体に小氷期で、また日本史上もっとも湿潤（多雨）であったが、なかでも一七〇〇年頃がもっとも寒冷・湿潤で、それまでは寒冷・湿潤へ、それ以降は温暖・乾燥へと、大きく変化していた（中塚武「近世における気候変動の概観」中塚武監修・鎌谷かおる・渡辺浩一編集『気候変動から近世をみなおす』臨川書店、二〇二〇年）。

綱吉の時代には、南海トラフの大地震・富士山噴火もあり、災害によって特徴づけられた時代でもあった。災害への対応における、幕府の広域的な対応と個別の領主権との調整や、土木工事の担い手・財源の賦課のあり方などが、長く問題となってゆく（村田路人「吉宗の政治」藤井讓治ほか編『岩波講座日本歴史 近世3』岩波書店、二〇一四年ほか）。経済発展と財政難のなかで、幕府は土木工事その他で広く入札を導入したが、これは手抜き工事や腐敗の構造的な温床ともなった（藤田覚『泰平のしくみ』岩波書店、二〇一二年）。

市場経済の発展は、財政・金融をめぐる問題を表面化させ、増幅してゆく。平和と鎖国のなかで、経済はおおむね列島内で完結して発展し、兵農分離のもと支配者層の武士は都市生活者となって、財政問題を絶えず抱え込むことになり、また物価や領主・商人の資金調達の重要性が増してくる。貨幣での収支均衡というレベルでの財政問題を、幕府が深刻に認識したのは、わかっている限りでは綱吉の時代がはじめてであった（藤田覚『勘定奉行の江戸時代』筑摩書房、二〇一八年）。大名や対外関係をめぐる問題も、国内事情、とくに経済との関係が色濃く反映されてゆく。また対外関係の影響は、文化・学術面に強くあらわれてゆく。

農業における境界・資源や、商工業における特権や契約、とくに資金調達をめぐっては、訴訟が頻繁となった。これらに対応した幕藩領主の機構の整備が進み、江戸幕府ではとくに財政・防災・訴訟などを扱う勘定所《かんじょうしょ》が台頭した。綱吉の時代には荻原重秀《おぎわらしげひで》が一手に握り、享保改革期には体制が大きく整えられ（大野瑞男『江戸幕府財政史論』吉川弘文館、一九九六年ほか）、能吏をあつめた組織として次第に影響力を拡大していった。

この時代、幕府の諸部局をはじめ、増大する職務の円滑な処理のために、体系的な文書の作成・保存が進んだ。このことは後世の研究者にも大きく裨益《ひえき》した。本シリーズ第一巻では、大まかにはやや後世の回顧、かなり後世の編纂物、同時代史料としては大名らの書状、公家や僧侶の日記、外国人の報告などが主な史料であったが、第二巻以降は、為政者や実務役人が職務上作成していた記録類が残るようになり、利用できる史料の量は大幅に増えている。こうした変化は、時代の変貌であるが、史料に立脚して描かれる時代像をも、大なり小なり規定している面がある。

幕府による朝廷の利用の変化

本巻の時代の前半、江戸幕府が抱えたもう一つの課題は、軍事力を誇示する機会がないなかで、傍系あるいは幼少である将軍の権威を、いかに維持・強化するかであった。この点で特に利用されたのが、天皇・朝廷であった。近年研究がさかんな分野の一つだが、本巻の各論考ではあまりふれないので、ここで少し紙幅をとって見通しておこう。

綱吉や吉宗は、大嘗会《だいじょうえ》のような古い儀式を再興させたり、陵墓の調査・保護を行うなど、近世のうちから「尊王」の観点で評価された。高埜利彦は、家光《いえみつ》までは幕府は朝廷を抑圧する姿勢であったのが、朝廷を協調させ、これを利用する姿勢へ変化したと把握した（高埜利彦編『日本の時代史一五 元禄の社会と文化』ほか）。利用というのは、軍事的実力を示すことのない社会のなかで、天皇・朝廷に担わせた機能を用いて、婚姻や身分・宗教に関わる儀礼により将軍の権威を荘厳したことが強調された。こうした理解は近年やや変化してきており、近世初頭の天皇・朝廷は、幕府と対抗しうる存在ではありえず、幕府の支配する秩序のなかで一定の役割を果たすべく、近世的な朝廷として再建されたととらえられるようになった（山口和夫『近世日本政治史と朝廷』吉川弘文館、二〇一七年ほか）。

これに即すと、綱吉以降の幕府は、天皇・朝廷を利用する姿勢において変化したものとみられる。これを、幕府と個々の公家の結びつきの減衰として、とらえてみたい。公家たちはおのおの（天皇ではなく）将軍から知行を与えられ、幕府と直接に結びつく関係が近世初期にあったものが、家綱をさかいに将軍が上洛しなくなり、こうした関係が減衰し、個々の領地の加増や削減もなくなった（村和明「近世朝廷の制度化と幕府」『日本史研究』六一八、二〇一四年）。これ以前には、個別の公家が江戸に下ることもさかんで、幕府はしばしばその個々の知識や能力を利用し、領知の加増などで報いたが（橋本政宣『近世公家社会の研究』吉川弘文館、二〇〇二年）、こうした事例が減少し、衣紋《えもん》の高倉家《たかくらけ》や陰陽道《おんみょうどう》の土御門家《つちみかどけ》など数家による将軍家の儀礼への奉仕などが、例外的に残るだけとなった。

これに対し、天皇を中心とする集団としての朝廷全体には、儀礼（文書の作成や授受も含む）によって、人を神として祀り、あるいは神や人を伝統的な序列で整序し荘厳する役割が与えられていた。武家官位の設定、日光東照宮《にっこうとうしょうぐう》の事例など、近世初期からある利用のしかたであるが、綱吉以降は、こうした機能の利用がもっぱらとなったのであろう。反対給付をみると、個別の公家への領地の加増や新しい家の取立は稀となったのに対し、天皇・上皇の領地は、綱吉により数度まとめて増やされた。吉宗の頃には、幕府が天皇の御所の赤字を補塡することが常態化し、のちには朝幕間の交渉は経済支援の話題がもっぱらとなり、最低限天皇・上皇は不自由しないようにとの大方針のもと、幕府勘定所が幕府の諸部局に対するのと同様に、支出の増大に目を光らせるようになった（佐藤雄介『近世の朝廷財政と江戸幕府』東京大学出版会、二〇一六年ほか）。さかのぼれば綱吉による大嘗会の再興も、幕府が新たな費用負担はしない、との形をとっていたのである（武部敏夫「貞享度大嘗会の再興について」岡田精司編『大嘗祭と新嘗』学生社、一九七九年）。天皇・上皇の領地は幕府勘定所が支配したから、朝廷には幕府・藩のような財政・領地経営を中心とする改革の契機は乏しかった。

綱吉は、儒者《じゅしゃ》を重視し、祈禱僧を身近に置き、歌学・神道・天文暦学など、従来は公家の領域とみられた知識・技能を持つ者を、幕府で召し抱えたことが知られる。例えば歌学方を命じられた北村季吟《きたむらきぎん》は、京都で活躍していた当代一流の実力者を江戸に移住せしめたのだが、これ以前は、公家の烏丸光広《からすまるみつひろ》が頻繁に江戸に下るなかで、将軍らの和歌の指導にあたっていたという（野村貴次『北村季吟の人と仕事』新典社、一九七七年）。これらは、幕府制度のうちに担当機関を設置したといいうるほどのものではなく（天文方などはのちに組織化した）、個別の公家の利用を、身近で簡便に代替するためであったとみなせよう。

朝廷の側からすると、この時期は「自律化」せざるをえない段階となり、有能な公家を朝廷内の実務にあたらせる機構が一八世紀半ばまでにおよそ整備された（山口和夫『近世日本政治史と朝廷』、村和明『近世の朝廷制度と朝幕関係』東京大学出版会、二〇一三年ほか）。幕府が定めた、天皇と五つの摂家《せっけ》（さらに上皇）を最上層とする運営の原則は安定したが、前提となる彼らの力量や合意形成に問題があると、事態は深刻となった。天皇・院の早世が続き、摂家の権威もしだいに動揺してゆく（松澤克行「近世の公家社会」『岩波講座日本歴史　近世3』岩波書店、二〇一四年）。例えば宝暦事件は、かつては反幕府運動として名高かったが、現在ではこうした観点でとらえられている（林大樹『天皇近臣と近世の朝廷』吉川弘文館、二〇二一年）。

こうした朝廷内の対立では例えば、綱吉から吉宗の頃に対立を続けた、強い個性を持つ霊元院《れいげんいん》と、三代続けて摂関となった近衛家《このえけ》が代表的である。両者はそれぞれに、朝廷内での自身の立場を将軍その人が後押しすることを期待し、芸能者や奥女中を介して働きかけようとした（山口和夫『近世日本政治史と朝廷』、石田俊『近世公武の奥向構造』吉川弘文館、二〇二一年）。将軍その人と、それをとりまく側近に権力が集中した幕政のあり方が、ここにも表れているといえよう。

領主一般の財政難は公家たちにとっても同様で、家ごとの伝統的な（と観念された）学芸を特権化し、幕府の公認を獲得して、権威を販売する動きが、競争が激化し権威づけを求める社会の需要にこたえて、広くみられるようになる。こうした動きは、天皇・朝廷へ明瞭に、あるいは漠然とつらなるものへの認識・敬意を、かなり多様な内実や濃淡を持ちつつ、社会のなかに広げてゆくことになった（高埜利彦編『シリーズ身分的周縁1　民間に生きる宗教者』吉川弘文館、二〇〇〇年ほか）。

本巻の概要

以下、各章の内容をかんたんに紹介しよう。本巻で扱う時代の幕政は、「将軍専制」「側用人政治」などといわれ、将軍その人およびその信任をうけた側近たちが主導したことで知られる。**第1章「将軍専制と社会」（村和明）**は、腐敗政治や改革政治などの評価をうける、五代将軍綱吉から八代将軍吉宗の時代にかけての有力な将軍側近たちについて、彼らに接近した商人、とくに豪商三井家《みついけ》が構築した関係を通覧し、八代将軍吉宗の政治、いわゆる享保改革における変容を照射する。また将軍側近と商人、あるいは大名らをもつないで情報を運んだ存在として碁打ちを考え、商業史、文化・芸能史といわれるような領域から、幕政の特徴を見通そうとする。この享保改革は、吉宗の血統とともに、以降の幕府の動向を長く規定した。**第2章「将軍吉宗の改革政治」（小倉宗）**は、とくに吉宗が決定した政策担当者の配置やその傾向について考える。まず享保改革の主要政策を広く押さえたうえで、江戸から離れた幕府の重要拠点である大坂に注目し、江戸から送られた多数の指示を分析することで、政策を担当した役人たちの役割分担を丹念に明らかにし、その基本的な考え方の変化について、享保十六年（一七三一）の画期性をとくに強調する。

本巻の時代、基幹産業は農業であり、市場経済と密接に関係しながら、特定の条件に最適化する方向で発展を遂げたから、列島全体レベルでの大規模な気候変動の意味は、単なる豊凶を超えて大きかった。**コラムⅠ「一七～一八世紀の気候変動と仙台藩」**（**佐藤大介**）は、気候変動をめぐる近年の共同研究を束ねた一人である筆者が、その成果と冷静に向き合いながら、仙台藩を事例に、気候変動がもたらす連動した事象への対応として、一連の政策を体系的に読み直すことを試みる。

またこの時期には、列島外にも大きな軍事的緊張をもたらす存在がおらず、列島の対外関係・国際貿易も、結果的には一世紀以上、国内の経済事情や幕藩関係をめぐる政策基調に強く規定されて進行した。唯一幕府が直接統制したのが、長崎における中国・オランダとの貿易であった。**第3章「長崎貿易と国内市場をつなぐ商人集団」**（**彭浩**）は、この長崎貿易の担い手と統制について、南蛮《なんばん》貿易の時代から一八世紀にかけての段階的な変化を論じる。従来研究が手厚かった幕府による管理・統制面に加えて、輸入品を国内各所へ運ぶ担い手まで見渡し、多様な商人やその集団の重層的な関わりを丹念に押さえた。それらへの統制が強化される過程を見通すことで、長崎貿易の体制が次第に確立する過程を迫力をもって描き出している。これに対し、朝鮮とは、名実ともに国家間の外交といえる関係が続いた。**第4章「日朝関係と対馬藩《つしまはん》」**（**酒井雅代**）は、これを支えた対馬藩を扱い、とくに一八世紀後期に、日朝・領内の経済構造の実情をにらんで行われた総合的な藩政改革に注目する。東南アジアにもつながって、統制にかならずしも収まらずに進行する人・モノの動きや、対馬藩・幕府・朝鮮それぞれのなかでの路線対立、当事者の認識に留意して、日朝関係を一九世紀まで維持せしめた足跡を跡づける。

本巻の時代の幕政を大きく特徴づけるのは、幕府による貨幣や物価をめぐる政策であるが、それは国内に複数の貨幣が鼎立《ていりつ》し、その交換比率やコメなどの物価が影響しあう、複雑きわまりない世界である。**第5章「貨幣改鋳と経済政策の展開」**（**高槻泰郎**）は、こうした政策の展開を、本巻の対象となる時代を通貫して、政策の意図・過程・影響を丹念に押さえながら整理する。全体に幕府は、物価・貨幣価値の安定化を企図し、試行錯誤を重ね、新たな政策を生み出したと見通し、わかりやすい概観を与えつつも、半ば定説化しているが実はさらなる検証を要する部分をも丁寧に指摘し、今後の議論の共通基盤を提供している。

近年の歴史学の動向の一つは、後世の枠組みによる無自覚な裁断を避け、同時代の認識の枠組みを可能な限り理解しようとする姿勢にある。近世の幕府・藩の政治について重点や画期、評価を考える際に、「改革」という語で把握することは広く浸透している。しかし、一七世紀における達成の連続線上にあった時代には、従来維持されてきた（と観念された）秩序の踏襲をこそ是とする観念も、根強く存在した。**第6章「「改革」文化の形成」**（**小関悠一郎**）は、多様な立場からの言説を渉猟し、同時代における「改革」の価値づけの変遷を追う。後世でいう「改革」を試みた為政者は、新規政策への警戒・拒否感の広がりのなか、論理の工夫を必要としたが、次第に文化ネットワークのなかで、「改革」の語とともに、諸藩の「改革」を一連の動向とみる把握、現状変更を不可避とみる積極的評価が広がり、ある点では近代に至ると論じる。

文化的なネットワークを通じて知識や認識が共有され、政治的な動きに影響してゆくことは、対外関係研究においてもよく議論されるところである。**第7章「学問の場でつくられた対外認識」**（**吉村雅美**）は、本格的な体制危機が訪れる以前における、対外関係の把握の変貌とその背景を論じる。女性や多様な身分が参加した文化交流において、また儒学や芸能者・宗教者によって、海外認識のある部分が形作られたこと、こうしたなかで同じ洋書からえられる世界観が変化した事例など、文化を通じた認識・情報の広がりと進展を見渡す。他方で、身分やジェンダー、江戸と地域（国元）などによる階層性や、学問の場で、根本的な議論というより役人が現場で当座に対応するための課題が重視されていた例、海外事情への理解の変化が必ずしも正確さの深まりではない例などを指摘し、近代へ単線的につなげる理解を慎重に戒めている。
コラムⅡ「一八世紀末の日本を凝縮する「夷酋列像《いしゅうれつぞう》」」（春木晶子）は、アイヌのイメージとしてよく参照されてきたが、近年必ずしも実像ではないことが共通認識となりつつあるこの絵画史料について、同時代の日本側における海外への関心のあり方を語る史料として読み解こうとする。西洋由来の最先端の技法による迫真性、ジャワ・朝鮮などに由来する品の描き込みによる異国情緒の演出、この図画の一連の模写の流れの背景にある国際情勢への関心の広がりなどが指摘される。

本書で扱う時代は、著名な大事件や人気のある「英雄」たちにとぼしく、現代社会から次第に遠ざかる日本近世史のうちでも、一般に関心を持たれづらい時代であるかもしれない。しかし、国際環境や自然環境の激変のような、いわば外部の巨大な圧力によるのではなく、列島内部において、環境・経済の変化への政治的な対応が模索されてそれなりに実現し、来るべき激動への対応が準備されていったこの時代は、将来をみすえて現在を生きる人びとにとって、決して無縁な世界ではないであろう。読者諸賢には、従来の研究蓄積をふまえながら、新たな関心・新たな史料から時代を見通し、特質をとらえようとした本書の各論考から、さまざまなヒントをえていただければ幸いである。

第１章　将軍専制と社会

村　和明

はじめに

本章は、五代将軍綱吉《つなよし》から八代将軍吉宗《よしむね》の時代にかけての幕府の権力構造について、社会の側、具体的には時の権力者に接近しようとした商人の側から、見通してみようと試みるものである。この間、直系でなく分家から将軍が出ることが三度あり、彼らの個性が幕政にあらわれ、また将軍の側近が大きな力を持ったことは、近世のうちから時代の特徴とみなされた。老中《ろうじゅう》を中心とする幕政運営に対して、将軍専制であるとか、側用人《そばようにん》政治などと呼ばれている。この時期で、権力と商人の関係性といえば、綱吉の治世の後半がよく注目される。近世以来、「天和の治」と称される前半と対比され、生《しょう》類憐《るいあわれ》み令《れい》、将軍側近の専横と腐敗を特徴とする悪政として、長く理解されてきた時代である。新井《あらい》白石《はくせき》が「折《おり》たく柴《しば》の記《き》」において、銀座や材木商らと結託して私腹を肥やしたと、当時の幕府財政を握っていた荻原重秀《おぎわらしげひで》を弾劾したことや、側用人柳沢吉保《やなぎさわよしやす》・荻原らに接近し、材木で巨万の富を築いたとされる紀伊國屋文左衛門《きのくにやぶんざえもん》などが著名であろう。これに対し大石慎三郎は、経済発展へ対応した政治であったとして、柳沢・荻原らの評価を反転させた（大石慎三郎『元禄時代』ほか）。この両者のとらえ方は、いずれも現在まで、ある程度踏襲されている理解となっている。

近年まで、将軍側近についての研究は、深井雅海・福留真紀らによって進展し、時期ごとの幕政への関与の差異などがかなり詳しくわかってきている。他方、右にみたような幕政のとらえ方の一つの要素である、将軍側近と有力な商人たちとの関係、その変遷については、辻達也や大石慎三郎が荻原重秀・新井白石・大岡忠相《おおおかただすけ》らの経済政策の背景に商業資本との接近・対立を想定したものの（辻『享保改革の研究』、大石『享保改革の商業政策』ほか）、実情の解明はその後もあまり進んでいないように思われる。本巻で扱う時代には、列島における経済の比重が増し、幕府はそれへの対応を迫られ、他方で政治腐敗が構造的な問題であり続けたから、右の点の追及は、この時代を見通す前提として、重要なテーマであるといえるだろう。

本章で主に扱う三井家《みついけ》は、伊勢松坂《まつさか》から出て、綱吉から吉宗にかけての時代に、幕府と関わりを持ちながら躍進した代表的な商人であり、かつ同時代の商人としては豊富な史料を残している。筆者はかつて、三井の付届先・融資先の変化などから、享保中期における幕府への姿勢の転換を論じたことがある（村和明「三井の武家貸と幕府権力」）。本章はこれをふまえつつ、綱吉から吉宗の時代にかけての将軍側近と、御用商人たちの関わりを跡づけたい。

また、こうした関係性において一定の役割を果たした存在として、幕府が抱えた碁打ちについて考えてみる。囲碁については、増川宏一らにより、碁打ちたちが後世に編纂した記録や、ごく近い立場にあった将棋指しの同時代史料などから、固有の領域として研究が進められてきた。本章ではその蓄積を、とくに綱吉期の幕政の理解に生かしたい。

本章では、よく似た名前の三井一族が複数出てくるので、ごく簡単に時系列で地位の変遷を示しておく。延宝元年（一六七三）、三井高利《たかとし》と長男高平《たかひら》・次男高富《たかとみ》が京・江戸に出店する。三男高治《たかはる》・四男高伴《たかとも》・六男高好《たかよし》がまもなく事業に加わる。高利は元禄七年（一六九四）に没し、その後実権を握った高富が宝永六年（一七〇九）に急死すると、三井は集団指導体制へ移行する。その一翼をにない、本章で登場するのは、高久《たかひさ》（高平養子、実高利九男）・高房《たかふさ》（高平長男）・高方《たかなお》（高治長男）、そして最高幹部の中西宗助《なかにしそうすけ》である。彼らは基本的に京都に集住し、一、二名の一族が江戸に詰めて、幕府との関係などを扱った。また、本章で言及する史料で、特に所蔵先を記さないものは、すべて三井文庫所蔵である。

1　綱吉側近

綱吉時代の有力者と御用商人

三井は、貞享四年（一六八七）に幕府の呉服御用《ごふくごよう》、正確には小納戸御用《こなんどごよう》を請け負ったことが、創業期における重大な画期であった。この御用引き受けは、三井の創業世代にとっては極めて重大であり、彼らが残したいくつかの回顧では、かなり詳細に振り返られ、綱吉の側用人牧野成貞《まきのなりさだ》の引き立てによることが強調された。近世を通じて、牧野家は恩家として、経営上の利害をやや度外視した扱いをうけ続けた（賀川隆行『近世大名金融史の研究』）。元禄・享保期（およそ一七世紀末から一八世紀初期）には、権力と結びついた初期の特権商人と対比されるような、新たな経済構造に対応した新興商人たちが台頭したとされ、三井はしばしば後者の代表例とみなされるが、一面では、将軍専制を支えた側用人の地位を利用して、その地位を躍進させた存在でもあった。この呉服御用は、厳密には将軍の衣服および下賜品を扱うもので、将軍側近である小納戸方の御用であり、側用人は将軍側近の筆頭で執務空間も近接していたから（深井雅海『江戸城御殿の構造と儀礼の研究』）、牧野成貞の力によったということはごく自然である。

元禄中頃からは、老いて致仕した牧野にかわり、最側近となった柳沢吉保が権力を握ったが、三井はその後も元禄十六年（一七〇三）には将軍綱吉が牧野邸に御成し自ら能を舞うのを拝見したり（大橋毅顕「将軍綱吉の牧野邸御成り」）、幕府へ提出する書類の添削を依頼するなど、幕府との関係について牧野に頼る姿勢を維持していた。牧野の縁戚で、京都町《まち》奉行《ぶぎょう》・町奉行・大目付《おおめつけ》・留守居《るすい》などを歴任した松前嘉広《まつまえよしひろ》とも、のちに享保期に「是迄御厚情」として特別扱いを定めていて、深い関係にあった。また幕府財政を握った荻原重秀とはかなり近しい関係となり、元禄三年には荻原の引き立てによって、幕府勘定所の御為替《おかわせ》御用《ごよう》を請け負うことに成功した。この御用は幕末まで、三井の両替業部門（いわゆる「三井両替店」）の事業の一つの軸であり続けた。このほか、綱吉に近しい人物では、生母桂昌院《けいしょういん》・正室鷹司信子《たかつかさのぶこ》・側室お伝《でん》の方《かた》などに接近していた（村和明「三井の武家貸と幕府権力」）。

牧野や荻原ほどの実力者ではないが、ある程度三井にとって意義のある関係を築けたとみられるユニークな将軍側近として、元禄十六年四月に幕臣となった清須《きよす》幸信《ゆきのぶ》という人物がいる。清須ははじめ「御行水方《おんぎょうずいかた》」（入浴の世話をする役か）として召し出され、綱吉の近臣の職として知られる桐間番《きりのまばん》・御次番《おつぎばん》に進み、綱吉の死によって小普請《こぶしん》となっており（『寛政重修諸家譜』）、綱吉の文字通りの寵臣であったとみられるが、召し出されてからわずか数ヵ月のうちに、三井高久から付け届けがなされている（「元禄拾六歳未正月より七月十五日迄八郎次郎様方仕訳書」）。三井はのちに、将軍吉宗の関係者へ集中して融資を行っていた享保二年（一七一七）に、まったく力を失っていたとみられる清須へも融資をしており、綱吉の治世の後半、牧野成貞の影響力が衰えた時期に、ある程度恩義を被ったと、三井が理解していたことがうかがえる。

三井以外の商人で、やはり綱吉の時代に側用人との関係によって幕府御用を獲得したことが明らかな商人として、菱屋《ひしや》庄左衛門《しょうざえもん》（規矩家《きくけ》、岩之助とも）がいる。宝永元年（一七〇四）の大和川《やまとがわ》付け替え工事後、旧河底の新田開発に出資し、菱屋新田にその名をとどめている商人である。この菱屋が宝永四年に幕府勘定所《かんじょうしょ》の御為替御用に参入した際、柳沢吉保から荻原重秀への圧力によったことが、荻原と近しかった三井の記録にみえている。三井はこの菱屋の参入によって実害をこうむり、のちに家法で紙幅をさいて、柳沢を悪臣の典型として口を極めて罵った（村和明「三井の武家貸と幕府権力」）。今を時めく権力者に接近しうるかどうかは、彼らにとって大きな問題であった。

また菱屋は遅くとも元禄九年には、幕府の呉服御用へも参入していたことがわかるが（『役職武鑑編年集成』）、この御用は前述のように本来将軍側近が管掌したとみられるから、当然柳沢と近しかったことによったと考えるべきであろう。

幕府呉服御用の採算性

『武鑑』に載る呉服御用達の顔ぶれをみてみると、家綱《いえつな》の代では六名ほどの同じ顔触れで推移していたのが、綱吉の代になると元禄九年（一六九八）頃から増え始めて宝永期（一七〇四～一一）までに倍増し、正徳期（一七一一～一六）まで微増が続いている（『役職武鑑編年集成』）。記載が遅れることもありうるが、およその動向としては、享保九年（一七二四）、三井内部で通達された今後の呉服御用についての方針でも、綱吉の代には「御用高夥《おびただ》し」かったので、呉服御用達も大幅に増員された、と回顧している（「御用承由緒書」）。新たに参入した呉服商に側用人の後押しがあったケースをすでにみたが、呉服御用は商人たちに利益をもたらすものだったのだろうか。

三井では幕府の呉服御用を担わせるため、呉服・木綿・両替などを担う部門・店舗とは別に、「御用所」という独自の部門を置いていた。柳沢時代の元禄十四年から江戸でこの部門を指揮した一族の高久（高利九男）が、近年不採算であったのを立て直し黒字化を果たしたことが、宝永三年（一七〇六）頃に称揚されている（「此度店々申渡覚」「高富草案」）。宝永六年末に行われた事業組織の改革では、御用所に対しては資本（「元建」）として銀一〇〇貫目をわりあて、年一五貫目の利益をノルマ（「功納」）として要求しており（「規矩録」）、多額とはいえないが、一応採算がとれるはずと想定されていた。正徳四年（一七一四）に行われた総決算では、七年間で三七貫目余の利益が計上された（「正徳四歳午秋出入寄」）。この段階までは、呉服御用は商人の事業として採算がとれるものであった。三井や菱屋は、やはり営利上の利益が見込める呉服御用を獲得するために、綱吉の側用人へ接近したものと考えてよいであろう。

2 家宣側近

間部詮房と三井

六代将軍家宣《いえのぶ》の時代になると、三井はその側用人間部詮房へ、恒常的な付け届けを始めた。このほか新井白石や、呪術僧として知られ、綱吉・家宣や大奥《おおおく》の帰依《きえ》をうけた顕誉《けんよ》祐天《ゆうてん》、家宣の正室の父近衛基熙《このえもとひろ》、伏見《ふしみ》奉行の建部政宇《たけべまさのき》、高須松平《たかすまつだいら》家の義孝《よしたか》らに接近を試みた形跡がある（村和明「三井の武家貸と幕府権力」）。このうち伏見奉行の建部政宇は、新井白石が家宣没後の不安を吐露した人物で、松平義孝は、幼い将軍家継《いえつぐ》の後見と目されていた、尾張家の徳川吉通《とくがわよしみち》の実弟である（福留真希『将軍と側近』）。いずれも将軍やその周辺への接近といえるであろう。

このうち、とくに間部詮房の家中に浸透していたことが、宝永七年（一七一〇）の記録から判明する。これ以前、三井は甲府《こうふ》徳川家の為替御用を請け負っていたので（三井高好「宗感覚帳《そうかんおぼえちょう》」）、あるいはその頃から間部とのつき合いがあったかもしれないが、詳しく判明するのは、先代の将軍綱吉が没して二年弱の、宝永七年末の段階である。この年五月、間部は高崎《たかさき》城主となり、五万石を領し、出世の頂点に達したところであった。

この記録はやや特殊な性格のもので、三井における前年の事業体制の大改革を経て、創業世代の一人である三井高伴（高利四男、室町《むろまち》三井家初代）が、江戸の諸店を視察し、まとめたものである（「覚書 宝永七年高伴録」）。同年九月に京都を離れ、翌年二月に帰京しているので、厳密にはこの間の記録である（「真如堂《しんにょどう》日記書抜」）。

高伴は間部家中の井上茂《いのうえも》右衛門《えもん》に面会し、「御用金」千両について、高崎の物成《ものなり》で返済され次第、「翌日にも御用の節は何時にても」調達する、と述べ、井上は了解したと答えた。要するに、融資を継続する意思を表明しつつ軽く督促をしたのだろうが、井上は不機嫌な様子はまったくなかった（「毛頭不機嫌なる様子はこれ無き事」）。しかし後日三井の手代《てだい》が行くと、返済についてはいつものように曖昧にごまかした、という（「例の上手口ばかり申し居られ候」）。井上はまた、三井の若い一族で、江戸に常駐していた高房（高平長男、高利嫡孫）に、四、五〇〇両の借金を申し入れて困らせていたという。

井上の役職・経歴などは不明だが、三井が請け負った間部家の為替御用（詳しくは後述）について、実施に際しての要望を家老の奥村《おくむら》治右衛門《じえもん》へ仲介してくれたことが付記され、また間部家内部の記録では、金や朝鮮人参を江戸藩邸から国元へ送る際に井上が担当したことがみえ（『高崎史料集 間部家文書』）、間部家の江戸藩邸にあって財政を扱い、商人の相手をする地位にあったものらしい。三井はこの井上を窓口として間部家に接しており、その顔色をうかがい、ある程度要望を聞かねばならない関係にあった様子がうかがえる。

　こうして特定の家中が仲介し、役得を得ることは、一般的な構造だったものらしい。同じ記録で三井高伴は、荻原重秀の屋敷も訪ねている。窓口となっているのは本間《ほんま》新七《しんしち》という武士で、彼の呉服のツケがかなり溜まっており、返済延期を持ちかけられたことが記されている。この本間や、牧野成貞家中の川崎忠右衛門《かわさきちゅうえもん》の名は、三井の同時代の文書にしばしば登場しており、いずれものちに彼らが力を失った将軍吉宗の時代にも融資をしていて（「大元方勘定目録」）、三井が恩義を感じる関係性となっていた。

　三井高伴はまた、江戸に常駐し御用所を支配していた弟高久による、興味深い発言を記録している。今後、側衆の青山《あおやま》幸能と小納戸の伊与田《いよだ》武道《たけみち》へ「何とぞ取り入り申したく」願っているが、「す手にては成り難き由」であるので、この二名へ「金高四、五百両ばかりも打ち込む」と心得ていてほしい、というのである。将軍側近に接近する商人の姿勢が、端的に表現されているといえよう。伊与田は、寛文十年（一六七〇）、幼少の家宣（虎松《とらまつ》）に最初につけられた侍のうちに兄正英《まさふさ》がおり（「甲府日記」『山梨県史　資料篇八』）、最初期からの側近であった。青山については享保期に、高久が「別て御懇意」であるとして、とくに融資を特別扱いにしており（村和明「三井の武家貸と幕府権力」）、接近に成功したことがわかる。

間部家中と三井

　さて、宝永七年（一七一〇）の高伴の記録では、間部家への貸付に加えて、その家臣たちへの貸付があることも記されている。まず「惣家中」の借財として、「御家老中・元締衆」の連判で一〇〇両借り、五〇両返済済みとある。間部の出世に伴う移住などの費用をまとめて調達したものであろうか。さらに、個々の家臣の名での借財もみえる。のちに編纂された家中の系譜から判明する履歴（「寛政改御家人帳」『鯖江市史　史料編五』）とあわせてみると、まず井上茂右衛門と、この年六月に用人より高崎城代となった小堀勘十郎《こぼりかんじゅうろう》（高五〇〇石）、同じくこの年六月に用人より中老となった里美武左衛門《さとみぶざえもん》

（高三五〇石）の三名が、連名で三〇〇両借りている。小堀・里美は三〇両ほど返済しているが、井上はまったく返済していない。井上はさらに、細かい借金が計六〇両あり、加えて家老の奥村治右衛門（宝永二年より、高一〇〇〇石）の刀代であるとして一〇〇両借りているが、井上の証文があるのみで、三井は奥村には面会できていないという。三井に対して井上がある程度強い立場にあることが、改めてみてとれよう。

ついで、家老の鈴木《すずき》又《また》右《え》衛門《もん》（宝永四年より、高五五〇石）が仲介して、小嶋庄次兵衛（不詳）が、「甲」を担保に八〇両借りている。この年六月に目付より用人となった木内《きうち》新《しん》右《え》衛門《もん》（高二五〇石）が六〇両、上方領分目付役の伊東《いとう》宗《そう》四《し》郎《ろう》（宝永四年より、高一八〇石）が二〇両借りている。最後に、役職名などは不詳だが、江戸藩邸から高崎への連絡の宛所《あてどころ》として、城代の小堀と並んで頻出する秋元《あきもと》喜《き》兵衛《へえ》が、三〇両借りている。間部家の国元の最上層を含む家老・用人以下に、かなり食い込んでいたといえるであろう。

右は一七世紀にみられた大名家中との個別的な貸借関係や、その後に成立してきた藩単位での借財とは異なり、間部詮房やその領地との関係を密にする手段であったとみるべきだろう。この時期、三井は、高崎に上州絹などを仕入れる店を出していた。秋元喜兵衛へ、従来荷物を往来させる際、江戸との道中で人馬が不自由であった件をかけあったところ、たいへん理解を示し（「一段宜しき御呑み込み」）、板橋宿《いたばししゅく》までの問屋への指示などが期待できそうだと、高伴は判断している。

こうした家中への接近は続いたようで、例えば正徳五年（一七一五）には、家老の嗣子《しし》で若殿（詮言《あきとき》）付の中老だった奥村一学《いちがく》が、有馬《ありま》温泉で湯治していた際、見舞いのため、幕府の御為替御用の名義人であった三井高房（高利嫡孫）が同地に逗留している（「正徳五年未春出入寄」）。

間部家の経営と三井

右に少しみたように、間部家と三井の関わりは、絶頂期の間部詮房の領地であった高崎城下までも含んで展開していた。間部家側の史料として、詮房が高崎城主であった宝永七年（一七一〇）から享保二年（一七一七）までの、江戸藩邸から国元の重臣へ宛てた各種の連絡の控えが残っていて（『高崎史料集　間部家文書』）、関係の一端をうかがうことができる。

宝永七年九月、間部家は、高崎における「金銀為替」を三井に依頼した。間部家が年貢米を在払いした代金を、高崎で三井に渡し、三井は江戸でこの金を上納する、というものである。上納は指示次第とされ（三井高伴「覚書」）、要するに三井の江戸両替店が、間部家の年貢代を預かっている状態になったようである。これはいわゆる大名貸《だいみょうがし》を行う掛屋《かけや》のような役割で、間部家からすれば、年貢収入を江戸で使うことが容易になり、また前述したように、これを担保として三井から、適宜江戸で使う金を調達することができた。他方の三井側は、高崎で受け取った金を、上州絹の仕入れなどに投入したのであろう。なお、三井が江戸で上納する金は、実際には京・大坂から、絹代の為替を取り組んで送ることを願って許可されたといい（三井高伴「覚書」）、要するにこの時期には、江戸と高崎の間で直接為替を取り組むことはおそらくまだ難しく、三井は三都・上州に店があったため、これらの間の送金のなかで清算することができたものであろう。

また翌十月から毎年のように、間部家の「御献上絹」（将軍家などへの献上品であろう）を、三井の手代が高崎の市で買い上げている。その褒賞として、間部家の国元側は銀二枚ほどを提案したのに対し、江戸藩邸側は、三井の手代であるとの理由で、金子《きんす》五〇〇疋とし、加えて、他の町人が以前からの役として買い上げたならば二、三〇〇疋、と指示していて（『新編高崎市史　通史編三』）、間部家が高崎城下において三井をとくに重視し期待していたことがわかる。正徳元年（一七一一）七月には、高崎町人らと三井が、江戸との水運の便をはかるべく小早船《こばやぶね》を新たに置きたいと願い、高崎町人らが五艘ほど、三井が二艘ほどを置くことが、国元の判断で許されている。やはり間部家から三井への優遇と、三井にとっての事業上のメリットがみてとれる。なおこうした関係は、綱吉の側用人であった先代城主・松平輝貞《てるさだ》以来であったかもしれないが、詳しくはわからない。

間部家と三喜長左衛門

三井以外の商人で、右の間部家の記録にしばしばみえるのが、三喜《みき》（三木）長左衛門《ちょうざえもん》である。正徳元年（一七一一）五月、

「御用絹」を江戸で調達できないか、三喜と三井に一応諮ってみることが国元へ伝えられている。享保二年（一七一七）、事実上失脚した間部詮房は越後村上《むらかみ》に転封《てんぽう》となり、資金調達に苦慮するが、結局三喜長左衛門を招いて、普段から内外の御用を務めている間柄であるから（「日頃内外の御用弁ぜらるる事に候あいだ」）と述べてとくに依頼し、三喜は他家から集金して調達することを受け合った。この三喜長左衛門は、宝永七年（一七一〇）頃から幕府の呉服御用達として名がみえるようになる商人であり（『大武鑑』）、三井と牧野成貞、菱屋と柳沢吉保の場合と同様に、間部との関係によってその地位を獲得した可能性が高いであろう。こののち正徳二年には、役人の口利きによる新規の御用引き受けを禁じる触が出されているが（鶴岡実枝子「『奈良茂家』考」）、それ以前に間部に食い込むことに成功した商人たちがいたわけである。

なお、この金策の際、間部家は三井や、元禄九年（一六九八）頃から正徳四年まで幕府の呉服御用達として「武鑑」にみえる伊勢商人の家城《いえき》にも相談しているが、この両家は貸さなかったようである。家城は、のちに三井高平（高利長男）が回顧したところでは、元来甲府徳川家に出入りしていたことから幕府御用に加わったものといい（享保十三年成立「町人考見録」）、間部ともそれ以来関係があったのかもしれない。三井との窓口となっていた井上茂右衛門が、この金談と同時期に長病を理由として隠居したことは（『高崎史料集　間部家文書』）、両者の蜜月の終わりを示していよう。

3　吉宗側近

吉宗側近と三井

将軍が新たに紀州家の吉宗となったのちも、三井はしばらく、将軍の側近や新たな実力者に接近しようとする姿勢をとり続けた。御側御用取次の有馬《ありま》氏倫《うじのり》・加納《かのう》久通《ひさみち》、その直下に新設されたお庭番《にわばん》、吉宗の息子たちの外戚・側近などである。とくに有馬氏倫に対しては、例えば享保六年（一七二一）の間に実に一一回、計七〇〇両の融資をしており（村和明「三井の武家貸と幕府権力」）、こまめに役立つことで関係を深めようとしたとみられる。同年九月には、三井首脳部の評議で、当期の返済の滞りは四、五〇〇両以内まで許容する、と定めていて、目先の回収ではなく、有馬との関係維持を重視する方針がみてとれる（「評儀申渡帳」）。

こののち享保八年に、返済を滞らせ続ける有馬家から、今後の計画について申し出があり、五月十六日、三井首脳が京都で評議している（「評議申渡帳」）。有馬家からの返済の滞りは、このときまでに元利合わせて一〇三三両あまりに達しており、その返済を一〇年賦とし、かつ一～十月（年貢が到来しない時期ということだろう）の経費として、毎年六〇〇両を「仕送り」してほしい、という申し出であった。単なる返済計画ではなく、この期間中の歳入はまず三井に渡すという意思表示とみられ、三井がこの段階で有馬家に相当食い込むことに成功していたことがわかるであろう。

三井首脳は評議の結果、基本方針として有馬との関係が壊れることは避けたいので（「不首尾にあい成り候儀もいかが」）、提案を飲むが、有馬への意思表示としては、三井の首脳陣は納得していないが（「京都は得心これなく候えども」）、江戸に常駐し窓口となっている三井高方の一存で認めた、との説明をして釘を刺すことにし、翌年にまた様子をみて再検討する、と結論づけている。この際、有馬から三井へ、収支の明細（「御入払之帳面」）と見積り（「積り書」）が渡されたとあり、後者と思しいものが判明する。収入が知行二三〇〇石、役料三五〇石、小物成金三二両余りで、合わせて米一二八六石余り・金三二両余りとなり、ここから家中で使う米（「切米飯米」）三〇〇石を引き、残った米を換金して計八五四両余りとなる。これに対し支出は年に九三一両で、毎年七六両余りの不足となるといい、基本的に赤字との見

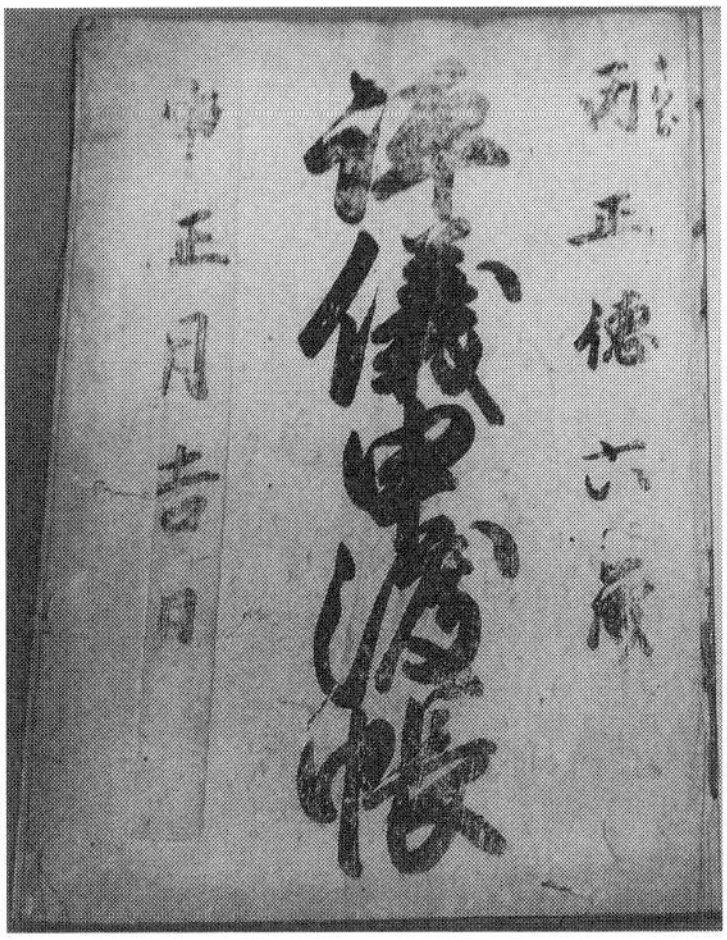
図1–1　「評儀申渡帳」（三井文庫所蔵）
一族・重役による集団指導体制をとった三井家の，最高意思決定の記録のひとつ．

通しである。これをふまえて三井は、有馬家から取り立てた利子を積み立てておくことを取り決めているが、これは返済があまり見込めない融資について、のちに不良債権として償却する事態を想定してこの頃からとられていた対処法であって（賀川隆行『近世大名金融史の研究』）、有馬家の今後の収支改善については悲観的にとらえていたことがわかる。

吉宗の最側近、享保改革の担い手としての有馬氏倫は、まさに活躍の真っ最中であり（本書第2章参照）、この数年後、享保十一年には七五〇〇石余の加増をうけ大名となったが、それまでの有馬家が借財の返済に苦しんでいること、おそらくは臨時収入が想定したより少なかったことは、吉宗の政治の一つの特徴を示しているかもしれない。

享保期の幕府の奥向へのまなざし

前述の有馬との関係において、融資の返済滞りを三井が問題視した前提に、呉服御用をめぐる状況の大変化があった。享保三年（一七一八）頃、三井の江戸の一族・重役は、京都の首脳に対して、さまざまな商売がいずれも想像をはるかに超えた不況を迎えていると伝え（「諸商売何れも不商い、言語に絶し」）、その理由として、江戸では幕府が支出をしなければ不景気だ（「ご当地、御公儀お金うごき申さず候ては、ことのほか不景気・不商売」）、と説明を加えた（「八郎次郎等書状写」）。この年十一月、三井・釘抜《くぎぬき》三井、柳沢と関係が深かった菱屋、間部と関係が深かった三喜ら八軒が、一斉に小納戸の呉服御用達を解任された。この際、三井は内部の通達のなかで、綱吉の代に呉服御用の高と人数が増えたが、吉宗の代に至って御用が減らされ、呉服師も先例の八軒まで削られた、と総括している（「御用承由緒書」）。

このあたりからの三井の内部の言説は、かなり生々しく情勢をうかがわせるので、少し詳しくみてみよう。右にみた享保三年頃とみられる江戸から京都の首脳への書状では、近年小納戸の御用は「大分の損銀」を出しているが、これは是非もなく、「いかほどもがき候ても力に及ばざる」ことであり、他の事業で穴埋めをしている、と述べられている。さらに吉宗の二人の息子がらみの呉服御用（のちの家重《いえしげ》と田《た》安宗武《やすむねたけ》。将軍の小納戸の御用とは別枠であった）を三井が命じられた際、三井内部で割り当てられた江戸御用所の支配人は「たって辞退」したことや、吉宗生母浄円院《じょうえんいん》の呉服御用について、担当の役人（側衆の指揮下にあった）は三井に対し支払いの心配はいらないといっているが、相手が奥女中たちであるから（「相手は御女中の儀にござ候えば」）、残金の支払いは心もとない、紀州家以来の御用商人で潰れた者も出ている、などと述べられている。将軍やその家族の御用は、基本的に採算の立たないものと認識されるようになっていた。

さらに右の書状では、担当の桑島喜左衛門《くわじまきざえもん》という役人から伝えられた興味深い世評が、京都の首脳陣へ報告されている。三井の呉服が高額だと「もっぱら取沙汰」されており、それを理由に三井へは御用を命じるべきではないと主張する者もいるといい、役人の桑島は、「悪口」をいう者は、三井から呉服を掛けで買って未払いがあったり、「外ひいき」があったりするのでは、と推察してくれたという。三井の江戸の重役たちは京都の首脳陣に対して、桑島の推察通りであり、「御女中には限らず」未払いが残っているところへは呉服を遣わさないので、悪口が生じているのだろう、と報告している。安売り不採算であるのみならず、江戸城の奥かいわいで、呉服の価格についての悪評が立つ事態になっていたのである。安売り（との世評）を強みとする三井にとり、これは重大な事態といわねばならなかっただろう。

なお、この桑島喜左衛門という役人は、もとは紀州家中で、元禄七年（一六九四）には郡奉行《こおりぶぎょう》、元禄十年には目付、正徳期には町奉行として、三井の本貫地松坂にたびたび赴任しており（「勢州松坂御城先城主幷御代諸役人覚帳」「家伝記録」）、古なじみの役人であった。こうしたなじみの役人は、商人からすれば情報をもたらしてくれるありがたい存在であり、また御用などで交渉に出てくれれば、配慮せざるをえない存在でもあった。

呉服御用の敬遠へ

享保三年（一七一八）、三井は事業組織を改編し、御用所を呉服部門に吸収させた。同五年、呉服部門の責任者で、この頃三井全体の改革に辣腕を振るっていた最高幹部の中西宗助が、三井一族に対して、呉服御用についての見解を明確に述べている（中西宗助「覚」）。中西は、彼の率いる呉服部門としては「かつて好まざる商い筋」であり、全体を統括する大元方《おおもとかた》からの損失補塡が常態化していると報告し、しかし将軍一家に出入りしているのは「冥加《みょうが》」とも思われるので、もし三井一族の考えが、今後「家のかざり」として勤めさせたいとの趣旨ならば（これは皮肉でもあろう）、担当者が出してよい損失額の上限を定めて勤めさせたい、と述べている。この中西らにより享保七年に完成した、以後の三井で規範とされた家法のなかでは、幕府御用を務める代表的な家として呉服所・銀座をあげ、経営の内実がよい家は皆無と断じ、三井では「御用は商いの余情と心得るべし」と規定している（「宗竺《そうちく》遺書」）。享保九年には、一族の連名で、今後は幕府から依頼があっても引き受けない、との内規が作成された（「御用承由緒書」）。このように享保期の三井内部では、幕府の呉服御用ははっきり採算がとれないものとして、認識が確定されるに至った。

三井では同時期に、その後の規範となった家法や家史を制定し、幕府御用から距離をとることを強調した。これらは、三井についての後世のイメージを、民間経済の発展に依拠し、それ以前の権力と密着した商人とは異なる段階の商人として規定した。将軍専制・側用人政治の構造を利用して、大きな成長をとげたというのも、三井の一つの貌であったが、それは享保改革期の幕政の動向とそれへの対応のなかで、捨象されたといえる。

4 碁打ちの関与

本因坊道悦と牧野成貞

本節では、右にみた将軍側近と商人の関係に、碁打ちが関わった事例を示し、その広がりを推定する。なお幕府が抱える碁打ちについては、「幕府碁所」「家元」などの呼称が従来用いられてきたが、近世の当事者の主張を含むので、本章では単に碁打ちと呼ぶことにする。

碁打ちは、京都寂光寺《じゃっこうじ》の本因坊《ほんいんぼう》に住した僧算砂《さんさ》が、秀吉《ひでよし》・家康《いえやす》に召し出されて以来、幕府が抱える芸能者の一つとなっていた（増川宏一『遊芸師の誕生』）。『武鑑』にも載せられており、綱吉の時代では、狩野家ら絵師の近くや、江戸の町年寄三家に続いて並ぶ御用商人のうちに記されていることが多い（なお、天文方・神道方・歌学方などは、幕臣に挟まれて記載され、碁打ち・将棋指しよりずっと格上の扱いであった）。本因坊は当初寂光寺のある京都と江戸を往来していたらしく、一七世紀末頃から次第に江戸に拠点を定め、寛文七年（一六六七）には江戸に拝領屋敷を設定された。のち京都では寂光寺塔頭《たっちゅう》の本行院《ほんぎょういん》が代理を果たすようになったらしい（「本因坊由緒書之写」京都市歴史資料館蔵写真帳）。碁打ちとしての本因坊は、師弟相承により継承され（高尾善希「近世囲碁家元本因坊家に関する基礎的諸問題」）、このほか安井《やすい》・井上《いのうえ》・林の四家が、累代幕府に仕え、年に一度、江戸城で碁を打つ（「御城碁」）などの務めを果たした。

本章でとりあげる時代は、本因坊三世道悦《どうえつ》・四世道策《どうさく》・五世道知《どうち》の代にあたる。史上有数の棋力といわれる道策が著名であるが、とくに注目するのは道悦で、寛永十三年（一六三六）に伊勢松坂の丹羽家《にわけ》に生まれ、享保十二年（一七二七）に没した。本因坊の後世の編纂物では、この道悦の高弟に、綱吉の側用人牧野成貞が数えられ、牧野の棋譜も残り、素人離れした棋力を有していたとされる（嘉永二年〈一八四九〉成立、林元美《はやしげんび》『爛柯堂棋話《らんかどうきわ》』）。同時代の史料でみると、江戸城での「御城碁」に際し、見物に再度現れた、つまり所用で離席したのちも戻ってきた者として、牧野の名が特記されており、また決着がつかなかった対局を城外で打ち継ぐ場合、老中邸とならび牧野邸も例があり、さらに湯治に当代の本因坊を随行させたこともあるといい（増川宏一『〈大橋家文書〉の研究』）、碁を好んだことは確かなようである。

本因坊道悦と三井家

先述した、三井に御用商人の地位をはじめてもたらしたのは、牧野成貞との関係であったが、ごく新興であった三井高利父子の店は、まず同郷である本因坊道悦の「ものがたり」によって牧野に知られ、その屋敷の御用を請け負い、そこから幕府小納戸の御用を獲得するに至ったものという（大橋毅顕「三井家の発展と大名貸」）。この話は、高利の四男高伴による最晩年の回顧（「宗寿居士《そうじゅこじ》由緒書」）が唯一の根拠である。

これのみだと根拠がやや手薄だが、三井と本因坊道悦の関係については、もう少し広がりをたどることができる。三井高利には勘当した不肖の息子がいたが、この息子がとりいった淀《よど》城主の石川憲之《いしかわのりゆき》が、本因坊道悦を介して三井に働きかけ、勘当を解消させたという。この話は、高利次男高富の回顧（宝永期成立「高富草案」三井文庫所蔵）と、高利三男高治の回顧（享保七年〈一七二二〉成立「商売記」）にみられ、やはり回顧とはいえ、確からしい。およそ元禄後半〜宝永頃（一七〇〇年前後）の逸話とみられ、当時の本因坊道悦が三井に対して、影響力を行使できるような関係にあったことがわかる。

両者の近しい関係を示す物品史料として、本因坊道悦から当時の三井の最長老であった高平（高利長男）へ宝永六年（一七〇九）に送られた碁笥《ごけ》がある（図1‐2）。前年に京都寂光寺が焼けた際、白檀《びゃくだん》の木からつくられた一一組のうち一組であることが、道悦の添え状からわかる（三井記念美術館『三井高利と越後屋』）。この添え状は、「道悦日勝《にっしょう》」と、顕本法《けんぽんほっ》華宗《けしゅう》僧侶としての署名になっている。また道悦は、三井の史料に「丹羽道悦」としてもしばしば登場する。丹羽家は松坂の医師の家だったようで（のちに吉宗に抜擢される正伯《しょうはく》を出した）、松坂における家同士のつきあいがあったこともわかる。宝永六年に没した三井高富の葬儀や年季法要では、「丹羽道悦」が伊勢商人らと並んで招かれ、また寂光寺の僧らが読経に加わっていた（「宗栄様御病中幷御死後御法事記ス」ほか）。両者の関係は、伊勢・京・江戸をまたいで展開していた。

またほぼ同時期、元禄末から宝永半ば頃と思われる史料で、当時の最高指導者の高富が江戸の高久と最高幹部に宛てた書状のなかで、南八丁堀《みなみはっちょうぼり》に買得した町屋敷における本因坊道悦の居宅の家賃について指示したものがある（「八郎右衛門高富様手翰」）。『武鑑』に載る本因坊の居所は、元禄九年（一六九八）頃から拝領屋敷の金杉町《かなすぎまち》ではなく南八丁堀と記される場合が出てきていて（『役職武鑑編年集成』『大武鑑』）、本因坊の江戸における拠点が、三井の土地となったことがわかる。

右とほぼ同時期、同様の性格の史料で、「因節」なる人物への配慮を指示したものもあり（「八郎右衛門高富様手翰」）、これはおそらく本因坊の高弟で御城碁もつとめた井上因節《いんせつ》を指すだろう。三井と本因坊の関係は、宝永期にも更新されていたのであり、貞享期の旧恩に報いるためだけでなく、引き続き意義があると理解されていたとみられる（牧野成貞・本因坊道悦は、享保期まで存命であった）。

他の御用商人と碁打ち

三井や本因坊道悦と同じく伊勢松坂周辺の出身である商人のうちには、やはり本因坊道悦と関係を持っていたことが確認できる家がある。松坂から江戸に進出した両替商中川家《なかがわけ》では、道悦を含む丹羽家の人びとを過去帳に載せていた（「中川家過去帳」）。同家は三井の縁戚でもあり、元禄三年（一六九〇）には三井とともに幕府勘定所の御為替御用に参入を果たしている。松坂にほど近い射和《いざわ》の富山家《とみやまけ》（大黒屋《だいこくや》）は、道悦が没した翌年、本因坊がある京都寂光寺の本行院から、道悦作成の碁笥（宝永六年に三井高平に送られたものと同じセット）および碁盤を入手していて（三井記念美術館『三井高利と越後屋』）、道悦の生前から関係を持っていたことがわかる。同家は六代将軍家宣を出した甲府徳川家と関係が深く、元禄十一年にその御為替御用、宝永三年（一七〇六）には家宣が入った江戸城西丸の為替御用を請け負っている（「富山家文書」国文学研究資料館所蔵）。元禄末から宝永元年頃（およそ一七〇〇年前後）、甲府徳川家の小納戸に高橋友碩《たかはしゆうせき》という坊主がおり（「甲府分限帳」国立公文書館所蔵）、これはおそらく、本因坊道策・井上因碩《いんせき》の高弟で、のちに因碩の跡を継いだ碁打ちと同一人物であろう。本因坊を介した回路は、側用人牧野成貞だけでなく、甲府徳川家にもつながっていたかもしれない。

図 1–2　碁笥（三井記念美術館所蔵）
本因坊道悦が宝永5年（1708）に作成し，三井家の最長老・高平に贈ったもの．

　先述したように、幕府小納戸の呉服御用達の軒数は元禄・宝永期に倍増したが、新たな顔ぶれのうちには、三井のほか、高利の兄の家で別の経営体であった釘抜三井（高利系と区別してこう呼ぶ）、射和出身の家城と、少なくとも三家の伊勢商人がいた（津《つ》の商人かもしれない川北《かわきたけ》家も加えれば四家）。この頃の釘抜三井の当主俊近《としちか》は、遊芸・文化に秀でたことで当時知られた人物で、中将棋の力量などは京都有数であったといい（享保七年〈一七二二〉成立「商売記」）、もちろん道悦と同郷である。家城は先述したように甲府徳川家の呉服御用達であったことから幕府御用に加わったものと回顧されており、富山家と同様、本因坊の人脈を介して甲府徳川家、さらに幕府の御用を獲得した可能性があるだろう。

家宣は、将軍となったのちの正徳元年（一七一一）十二月、琉球使節と碁を打ったことで著名な相原可碩《あいはらかせき》と、坪田翫碩《つぼたがんせき》を、将棋指し二名とともに土圭間番《とけいのまばん》に召し出した（『徳川実紀』『寛政重修諸家譜』）。武士身分への取立であり、基本的には幕府に奉仕する芸能者であった碁打ち・将棋指しからすれば、大きな抜擢であった。土圭間は、表から奥に入ってすぐの位置にある（深井雅海『江戸城御殿の構造と儀礼の研究』）。綱吉の晩年、宝永期（一七〇四〜一一）には、猿楽の者が多く西丸土圭間番へ召し出されていた（『徳川実紀』『寛政重修諸家譜』）。家宣による碁打ち・将棋指しの厚遇は、綱吉の処置の否定に狙いがあった可能性があるだろう。この人事を根拠に、後世の碁打ちたちから家宣は、歴代のうちとくに囲碁を好んだ将軍と位置づけられているが（林元美『爛柯堂棋話』）、やや慎重に考えた方がよさそうである。

碁打ちを抱える諸大名

右記のように、本因坊を介して側用人に接近した者、そこから、実利を得ようとした者は、商人だけであったろうか。先述した事例では、淀城主の石川憲之が三井高利に対して、本因坊道悦を介して働きかけており、本因坊道悦に周旋を依頼できる程度の近しさにあったことがわかる。

他の大名たちはどうであったか。本因坊など碁打たちの残した史料は、宝永三年（一七〇六）成立の「伝信録《でんしんろく》」、宝暦十二年（一七六二）成立の「名人碁伝」（ともに異称が多い。『囲碁語園』所収）、「爛柯堂棋話」をはじめ、後世に編纂されたものが多く、綱吉の時代については、本因坊の門弟たちの書き上げが、かなりの部分を占めている。これらをみると、道悦

（長命で享保十二年〈一七二七〉まで在世）の隠居に際し本因坊を継承した道策（元禄十五年〈一七〇二〉没）の代から、書き上げられる門弟の数が増え、さらに実質的な次代の道知と、その幼少期に同居・後見した四世井上因碩の頃にかけて、諸大名に抱えられた門弟が多数いる。とくに以下の大名家では、抱えている本因坊門下が、領内出身者である可能性がある。

鹿児島島津家《しまづけ》　斎藤道暦《さいとうどうれき》（生国薩摩、道策弟子）・西俣因悦《にしまたいんえつ》（同）

久留米《くるめ》有馬家　吉和道玄《よしわどうげん》（生国筑後有馬家領、道悦・道策弟子）

大垣戸田家《おおがきとだけ》　高橋友碩（生国美濃、道策弟子）

越前松平家　坪田甑碩（生国越前、井上因碩弟子）

松山松平家　和田因佐《わだいんさ》（生国伊予、井上因碩弟子）・相原可碩（生国伊予、井上因碩弟子）

豊前小倉小笠原家《こくらおがさわらけ》　長谷川知仙《はせがわちせん》（生国筑後小笠原家領、道知弟子）

以下の家では、他領出身の本因坊門下を抱えている。

萩毛利家《はぎもうりけ》　松嶋利碩《まつしまりせき》（生国武蔵、道策弟子）・堀部因入《ほりべいんにゅう》（生国美濃、道策弟子）

松代真田家《まつしろさなだけ》　中村元碩《なかむらげんせき》（生国美濃、道策弟子）

島原《しまばら》松平家　井田知碩《いだちせき》（道祐《どうゆう》、生国江戸、道知弟子）

こうした事例をどう考えたらよいであろうか。本因坊道悦の経歴では、まず紀州家の徳川頼宣《よりのぶ》が、のちに幕府が扶持《ふち》を与えたと伝えられる（宝暦二年成立「松坂権輿雑集」、『南紀徳川史』）。道策門下の星合八碩《ほしあいはっせき》は、伊勢津の出身で、領主藤堂家《とうどうけ》から本因坊に預けられ、その了承を得て延宝七年（一六七九）に家綱に目見得《めみえ》したという（宝永三年「伝信録」）。これらは後世の記述であるが、このような形があったと考えることは、そう不自然ではないであろう。つまり、領内で碁に才能を持つ者を大名が見出して、本因坊に入門させ、頭角を現したのちに自家で抱える、という順序である。

先述した淀城主石川憲之の場合、「御城碁」に際して、とくに見物にあらわれたことがあり（増川宏一『〈大橋家文書〉の研究』）、囲碁好きであったことがわかるが、右の大名がすべて同様だったとも思われず、側用人牧野成貞と本因坊の関係を考えれば、政治的な狙いをみることもできるのではないか。外様《とざま》・譜代《ふだい》の別なく大名家を取り潰した綱吉の治世下において、その最側近につながる回路を、本因坊を介して構築しようとしたものではなかろうか。

実際に本因坊が、幕藩関係において役立ったかどうかは、確かな例がなく不明である。万延元年（一八六〇）成立の「細川候由緒諸書物之控《ほそかわこうゆいしょしょかきものひかえ》」（成田山仏教図書館所蔵）は、本来本因坊文書の一部であったものの写しを収めた史料だが（高尾善希「近世囲碁家元本因坊家に関する基礎的諸問題」）、熊本細川家が道悦・道策を介して牧野を動かし、家の危機を脱したとの所伝を含む。少なくとも幕末の本因坊においては、こうした逸話が語られていたらしいとはいえよう。

情報源としての碁打ち

以上では本因坊の活動についてみてきたが、これは本因坊固有であっただろうか。囲碁史において本因坊道悦の好敵手として知られる、安井算智《さんち》の活動が若干判明するので、みてみよう。算智は元和三年（一六一七）に生まれ、寛文八年（一六六八）、幕府から「碁所《ごどころ》」の称号を得、延宝四年（一六七六）に隠居したとされる。元禄七年（一六九四）頃の京都における幕府役人の職務マニュアルには、京都で切米《きりまい》・扶持を幕府が給する碁打ちとして、「半年ずつ在江戸　安井三知」がみえ（「京都役所方覚書」『京都町触集成　別巻二』）、隠居後も依然として幕府から扶持を支給され、京と江戸を往復していた。元禄十六年に没し、本因坊のある寂光寺に葬られている。

この算智は若い頃、京都で後《ご》水尾《みずのお》上皇周辺の文化サロンに出入りしていた（増川宏一『遊芸師の誕生』）。「名人碁伝」によると、天海《てんかい》の願いで家光《いえみつ》に召し出され、以降寛永寺《かんえいじ》に出入りし、また保科正之《ほしなまさゆき》に鍾愛され、安井家は仙角《せんかく》（元文二年〈一七三七〉没）の代までその邸内に住居し、出入扶持を拝領している、という。会津《あいづ》松平家との関係について『会津藩家世実紀』をみると、延宝元年正月、保科正之が没した際に「碁打安井算知」が京から下向し、「兼て格別に御目を掛けられ候者ども」とあり、また延宝二年九月には二代藩主正経《まさつね》が鉄砲でしとめた鶴の料理を家中に振舞った際、「惟足《これたり》（吉《きっ》川《かわ》）・算知」が小書院で相伴したとあって、保科家二代にわたり、深く出入りした者であったことは確からしい。

時代が下って元禄期に、某大名家で収集された風聞を列記した「世間咄風聞集《せけんばなしふうぶんしゅう》」という書に、さまざまな情報源が記されるなかで、「保井算知老」が元禄七年から元禄十三年末にかけて頻出している（『元禄世間咄風聞集』）。算智談として記される情報はかなり多岐にわたるが、注目されるのは、会津松平家の子息の名や、「会津屋敷」の革草履代の金額といった情報があり、この書は同家中のものではないことがわかる点である。算智は、会津ではない家へ、さまざまな情報をもたらしていたのであった。他の大身の武家関係の情報としては、水戸《みと》徳川家・森家《もりけ》（美作津山《つやま》）・酒井家《さかいけ》（上野厩橋《まやばし》）・本多家《ほんだけ》（播磨姫路《ひめじ》）、内藤家《ないとうけ》（陸奥岩城平《いわきたいら》）・藤井《ふじい》松平家（出羽上山《かみのやま》）・小出家《こいでけ》（丹波園部《そのべ》）・黒田家《くろだけ》（寄合《よりあい》）などがみえるが、このうち数家には、会津松平家同様に出入りしていた可能性がある。このほかでは、京都関係の話題が多く、市中の奇談や朝廷に関わる事件、歴史上の逸話のほか、富商の人数や町人の相続をめぐる訴訟など、町人たちから得たとも思われる情報がある。誰から得た情報かはわからないが、東北など各地の物産の話題もある。

芸能者がさまざまな身分や集団をまたいで活動することは、しばしば指摘されるところである。とくに碁打ちの場合は、貴家の当主や家人とも一対一で、長時間にわたり対座したであろうことを考えると（江戸城での御城碁は一日で終わらないこともあった）、幕府中枢や諸大名、有力商人の情報を収集し、また各所にもたらす存在としては適任であったといえよう。増川宏一は、家康が宴席での情報をもたらすことを評価して碁打ちを抱えたものと推定しているが（増川宏一『〈大橋家文書〉の研究』）、必ずしも時期を限定しなくてもよさそうである。本因坊と牧野、三井ら伊勢商人の関係は、こうした碁打ちの活動の特質のうえに成立していたのであろう。

おわりに

本章では、主に三井の史料によりながら、他の商人の事例も若干交えて、綱吉から吉宗の時代の将軍側近に、彼らが接近し、御用商人となるという形で利益を得ていたさまを跡づけた。三井や家城は、元禄期の江戸の地誌では「呉服現金安売所」として載せられており、新興の都市住民向けの新しいタイプの商人の典型とばかりみられがちであるが、彼らは他方で側用人たちと密接な関係にあり、幕府御用を請け負って利益をあげていた。名高い将軍側近のうち、従来こうした関係で知られた柳沢吉保のみならず、綱吉の側用人牧野成貞、家宣の側用人間部詮房、吉宗の御側御用取次有馬氏倫もまた、三井ら商人たちと深く結びついており、これは時代を貫く傾向であったといえる。この頃大名が年貢収入のギャップを大名貸によって埋める構造が成立し、これを蔵元・掛屋などとして担う上方の両替商が台頭した（森泰博『大名金融史論』）。将軍側近らの場合は、出世の過程で必要な資金もまた急激に増大したはずであり、これを埋めるところに、本書でみた商人たちが食い込む余地が構造的に存在していたのだろう。前代との差は、明らかではないが、少数のこうした側近に大きな権力が集中し、従っていち早く接近に成功した商人のうま味もより大きかったと想像される。享保前期に、こうした関係に大きな変化があった。三井が、商業・流通政策に深く関わった有馬氏倫（本書第2章参照）の掛屋ともいうべき立場を獲得し、物価政策では大岡忠相と対立が続く状況下にありながら（大石慎三郎『享保改革の商業政策』）、幕府（とくに奥向）の支払いの悪さと、三井への悪評発生の悪循環を問題視し、有馬との関係維持に比較的冷淡に対処するようになったことは象徴的であろう。

こうした関係性は、例えば間部家の経営や有馬家の財政において重要だったことは示したと思うが、幕府の経済政策全般へどのように影響したかは、残念ながらよくわからない。享保改革期の江戸幕府が、経済政策についての試行錯誤を続けたこと（本書第5章参照）の、一つの背景として理解することは可能であろう。この後も登場してくる男性の将軍側近らと商人の関係はまだ明らかではない。ただし、少なくとも幕府の各種の呉服御用は、まったくうま味のないものとして固定されたわけではないらしい。寛延二年（一七四九）になると、三井が将軍家正室に予定された皇女八十宮の呉服御用獲得のため、激しく運動したことがわかっている（畑尚子「大奥女中の上京と三井越後屋」）。

また本章では碁打ちたちに注目し、彼らは元来諸所に出入りして情報を運ぶ存在であったことを示し、そのうえでさらに側用人牧野成貞が囲碁好きで、本因坊道悦が伊勢出身であったことが、とくに綱吉の時代に大きな意味を持ち、伊勢商人や大名たちが本因坊を介して将軍権力に接近した可能性を指摘した。他方でこうした状況は、各地での碁打ちの発掘につながり、囲碁の普及や、本因坊の権威強化につながったかもしれない。

本章は些末な事例の列挙と、全貌については推測に終始したところがあるが、方法としては、幕府権力の特徴と変化を、商人の史料から、また通常文化史・芸能史に分類されるような話題から、照射しようと試みたものである。こうした方法もまた、個別細分化してゆく近世史を「見通す」試みの一つであると考えたい。

〔参考文献〕

大石慎三郎『元禄時代』岩波書店、一九七〇年
大石慎三郎『享保改革の商業政策』吉川弘文館、一九九八年
大橋毅顕「将軍綱吉の牧野邸御成り」大石学編『高家前田家の総合的研究』東京堂出版、二〇〇八年
大橋毅顕「三井家の発展と大名貸」『宮崎県地域史研究』二四、二〇〇九年
賀川隆行『近世大名金融史の研究』吉川弘文館、一九九六年
高尾善希「近世囲碁家元本因坊家に関する基礎的諸問題」『遊戯史研究』二五、二〇一三年

辻　達也『享保改革の研究』創文社、一九六三年
鶴岡実枝子「『奈良茂家』考」『史料館研究紀要』八、一九七五年
戸森麻衣子『江戸幕府の御家人』東京堂出版、二〇二一年
畑　尚子「大奥女中の上京と三井越後屋」『国史学』二三四、二〇二一年
深井雅海『徳川将軍政治権力の研究』吉川弘文館、一九九一年
深井雅海『江戸城御殿の構造と儀礼の研究』吉川弘文館、二〇二一年
福留真紀『徳川将軍側近の研究』校倉書房、二〇〇六年
福留真紀『将軍と側近』新潮社、二〇一四年
藤田　覚『勘定奉行の江戸時代』筑摩書房、二〇一八年
増川宏一『遊芸師の誕生』平凡社、一九八七年
増川宏一『〈大橋家文書〉の研究』法政大学出版局、二〇二一年
三井記念美術館『三井高利と越後屋』二〇二三年
三井文庫編集・発行『三井事業史　本篇一』一九八〇年
村　和明「三井の武家貸と幕府権力」牧原成征編『近世の権力と商人』山川出版社、二〇一五年
森　泰博『大名金融史論』新生社、一九七〇年

第2章　将軍吉宗の改革政治

小　倉　　宗

はじめに

正徳六年（一七一六）四月、江戸幕府七代将軍の徳川家継《とくがわいえつぐ》が数え年八歳で早世し、初代家康《いえやす》より続く徳川氏の宗家（本家）の血筋が絶えることとなった。そこで、家康から分かれた御三家《ごさんけ》のうち紀州家《きしゅうけ》五代当主（紀州藩主）の徳川吉宗《よしむね》が、老中《ろうじゅう》や大奥《おおおく》などの後押しにより江戸の宗家を相続した。

吉宗は翌五月、六代家宣《いえのぶ》・七代家継の側近として幕政に影響力を持った側用人《そばようにん》の間部詮房《まなべあきふさ》や侍講《じこう》の新井白石《あらいはくせき》らを罷免し、老中とほぼ同格か、それ以上の格式である大名役《だいみようやく》（大名が就任する役職）の側用人を廃止した。一方、将軍の側近くに仕えて庶務を処理する旗本役《はたもとやく》（旗本が就任する役職）の側衆《そばしゅう》（「御側《おそば》」）のなかに、将軍と老中以下の諸役人との間を取り次ぐ御《ご》用取次《ようとりつぎ》を新設し、藩主時代の側近・重臣であった小笠原胤次《おがさわらたねつぐ》・有馬氏倫《ありまうじのり》・加納久通《かのうひさみち》の三人をこれに任じた（小笠原は享保二年〈一七一七〉四月に隠居）。大名役の側用人を免じて旗本役の御用取次を任命することは、形式の面（禄高や官位など）では、将軍の側近役の地位を大幅に低下させたようにみえる。しかし、格式の高い側用人は、老中や若年寄《わかどしより》のような最上層の役人のみとやりとりするのに対し、御用取次は、江戸の三奉行《さんぶぎょう》（寺社《じしゃ》・江戸町《えどまち》・勘定《かんじょう》の各奉行）や遠国《おんごく》（江戸以外）の諸奉行といった老中の指揮監督下にある広範囲の実務役人と直接やりとりすることが可能であった。そのため実質的には、御用取次の方がより柔軟に行動し、大きな役割を果たすことができた。また、初めての御三家（紀州家）出身の将軍であり、幕府の内部に十分な人脈を持ちあわせていなかった吉宗は、有馬や加納以外にも信頼しうる紀州藩士を順次幕臣に編入し、享保十年十月までに二〇〇人余が幕臣となった（深井雅海『徳川将軍政治権力の研究』）。

正徳六年六月、元号が享保に改められ、八月には将軍宣下《せんげ》が行われた。そして、長男の家重《いえしげ》に家督を譲って隠退する延享二年（一七四五）九月までの約三〇年間、吉宗は幕府の組織や制度を改革・整備し、さまざまな分野にわたる政策を推進する。彼の主導した享保の改革は、その後（江戸時代後半期）の政治・経済・社会・文化のあり方を決定づける画期となり、松平定信《まつだいらさだのぶ》や水野忠邦《みずのただくに》のような後世の政治家の模範・理想とされた（藤田覚『近世の三大改革』）。

なお、享保元年は御三家の成立より一〇〇年以上経っており、吉宗は、同じ徳川氏といっても家継から相当に遠い親戚である。その意味で、吉宗による宗家の相続と将軍への就任は、紀州系将軍家の新たな成立と理解することができる。また、家筋の大きな変更を伴ったことから、七代家継までを徳川の「第一王朝」、八代吉宗以降を徳川の「第二王朝」と評価することもできるだろう。それでは、以下三節にわたり、将軍吉宗の政権運営や改革政治（主に財政・経済政策の面）について考察し、その後の幕府の歴史を見通したい。

1 改革政治の概要

改革の開始と訴状箱

享保四年（一七一九）五月、江戸と遠国にいる幕府の主要な役人に対し、吉宗は次のような法令を発した。

一、以前に命じられた法令でも時代にそぐわないと思われるものは、早速上申するように。

一、諸役所において以前からのやり方で勤めてきたことのうち、不適切と思われるものは、内容を報告して改めるように。

一、どんなことでも新しくした方が適切である思われるものは、早速上申するように。

右の三ヵ条について、少しでも意見があれば、遠慮なく申し出るよう心得なさい。

ここでは、法令や制度などのあらゆることがらについて、先例にとらわれず一から見直し、新規でもよいものは積極的に報告・提案するよう求めている。

江戸時代の社会では一般に、古くから続いてきたものに価値を置き、それらを変えることを否定的にとらえる「古法墨守」の風潮があった（服藤弘司『幕府法と藩法』）。これは、成立より一〇〇年以上経った幕府も例外でなく、保守的で緩慢な空気が漂っていた。そうしたなかでこの三ヵ条の法令は、幕府の政治をこれから思い切って改革するという吉宗の強い意思の表明、いわば改革政治の開始宣言であり、役人たちの意識改革を促すものであった（深井雅海「法令の伝達と将軍吉宗の主導」）。老中や大奥に擁立されて徳川宗家を継承した当初、吉宗は必ずしも十分な権力を有していなかったが、四年五月の段階でこのような表明をなしえたのは、彼が在職三年を経るなかで幕府の事情を次第に把握し、権力の基盤を固めつつあったことを示している。なお、金銭貸借に関する紛争を取り扱わず、当事者間で解決させるとした相対済《あいたいすま》し令は、この年の十一月に吉宗が三奉行へ命じたものである。

また、享保六年閏七月、訴状箱《そじょうばこ》（目安箱《めやすばこ》）の目的や利用の方法を庶民に知らせる高札《こうさつ》が、吉宗の承認のもと、江戸日本《にほん》橋《ばし》の高札場に建てられた。訴状箱は、庶民が訴えや願いを書面に記し、将軍などへ直接提出（「直訴《じきそ》」）する制度である。この高札には、訴状箱へ文書を投じるのを許される内容として、①幕府の政治に有益なこと、②役人の不正や不当な対応に関すること、③訴えや願いを出しても役人が検討せずに長期間放置したこと、の三つがあげられている。翌八月からは毎月三日間、評定所《ひょうじょうしょ》（三奉行が共同で重要な政策を審議し、複雑な紛争や事件を審理する役所）の前に訴状箱が置かれ、人びとはそこに訴状や願書を投じることを認められた。そして、回収された訴状箱は、施錠のまま将軍に提出され、箱に入った文書を将軍が自ら閲覧した（大平祐一『目安箱の研究』）。このように、ひろく意見や提案を募り、有益なものは先例や慣習にしばられず積極的に採用するという吉宗の姿勢は、幕臣（武士）だけでなく庶民（町人・百姓など）に対しても共通していた。

享保七年の勝手方（掛）体制と財政再建

吉宗が将軍に就任した際、幕府の財政は危機的な状況にあった。例えば、非常用である江戸城奥金蔵《えどじょうおくかねぐら》の貯蓄金は、四代家綱《いえつな》政権期の寛文元年（一六六一）に三八四万七一九四両余あったが、享保七年（一七二二）には一三万六六一八両余に激減している（大野瑞男『江戸幕府財政史論』）。これに対して吉宗は、過去の政権が積み残してきた財政の問題に真正面から向き合い、その立て直しに一定の成果を収める。これは、紀州藩主として宝永二～正徳六年（一七〇五～一六）の一〇年余にわたり藩政改革や財政再建に取り組んだ彼自身の経験があったからであろう。

立て直しの担い手となるのは、幕府の財政や幕領の支配（農政）を主な任務とする勘定所であった。勘定所は、長官の勘定奉行とその指揮監督を受ける勘定組頭《くみがしら》や勘定、およびこれらを補佐・監察する勘定吟味役《ぎんみやく》らで構成されたが、その組織と制度は享保六年より大きく改編・整備される。同年閏七月、勘定所は、幕領の年貢・村々での工事・金銀米銭の出納などを担当する勝手《かって》方《かた》と、民事・刑事の裁判や行政（「公事《くじ》・訴訟」）などを担当する公事方とに分課した。また、七年五月には老中の水野忠之《ただゆき》を勝手掛に任じ、幕府の財政や幕領の支配を専管する責任者とした。さらに同年八月、当時四人いた勘定奉行と三人いた勘定吟味役をそれぞれ勝手方・公事方に分け、勝手方の者は年貢徴収や金銭出納のような財政・経済政策に関する業務、公事方の者は司法や行政に関する業務に専念するよう命じた（大石学『享保改革の地域政策』、大野瑞男『江戸幕府財政史論』）。このようにして、勝手方（掛）の老中―勘定奉行―同吟味役というラインを中心に幕府の財政・経済政策を推進する体制ができあがった。そして、勝手方（掛）の体制が成立する享保七年以降、吉宗は重要な政策を相次いで打ち出しており、この年は改革政治が本格化する画期となった（辻達也『享保改革の研究』）。

　幕府の主な財源は幕領からの年貢であるが、吉宗は、財政を立て直す方法として新田開発と年貢徴収の強化の二つを想定していた。このうち新田開発については、七年七月、江戸の日本橋に高札を立て、幕領や幕領と私領（大名・旗本などの領地）の入り組んでいる場所の開発を奨励した。また、この政策を進めるには、治水などの土木工事に技術と経験を有する人物が必要であるため、吉宗は翌八月、治水や新田開発で活躍した紀州藩士の井沢為永《いざわためなが》を江戸に呼び寄せた。ひとまず井沢を村々での工事の担当者（「在方御普請御用《ざいかたごふしんごよう》」）として登用し、八年七月には幕臣に召し出して勘定に任じた。井沢はその後、十年十一月に勘定吟味役格となり、十二年六月には村々での工事や新田開発（「地方御普請《じかたごふしん》幷《ならびに》新田方之儀《しんでんかたのぎ》」）を専管することが確認された。十六年十月、正規（「本役《ほんやく》」）の勘定吟味役に昇格すると、元文二年（一七三七）十二月に吟味役を辞するまで、幕府の新田開発政策の実務責任者として各地を飛び回り、治水などの工事に力を発揮し続けた（深井雅海『徳川将軍政治権力の研究』）。そして、享保七年に四〇四万三三二〇石余であった幕領の石高と、一四一万四二九〇石余であった幕府の年貢収入は、吉宗の隠退する前年の延享元年（一七四四）に江戸時代で最高の四六三万四〇七六石余・一八〇万一八五五石余に達した（大野瑞男『江戸幕府財政史論』）。

米価政策と松平乗邑

　改革政治が本格化する享保七年（一七二二）頃より、米の価格は下落するのに米以外の商品（「諸色《しょしき》」）の価格が高止まりする「米価安の諸色高」の状況となった（大石慎三郎『享保改革の商業政策』）。米を売って現金を得る武士（とくに旗本・御家人）はもちろん、さまざまな人びとの生活が苦しくなることから、吉宗は「米将軍（米公方《こめくぼう》）」と呼ばれるほど米価の動向に強い関心を持ち、その引き上げ（と米以外の商品価格の抑制）は政権の主要な課題となった。物価や貨幣をめぐる幕府の経済政策については第5章に詳しいが、本章の第一・三節でも吉宗政権の米価政策に関する事例をとりあげるため、その前提となる範囲でいくつか確認しておきたい。

新田開発や年貢徴収の強化などにより幕府の財政はいったん改善したものの、市場へ供給される米の量が増加するのに伴い、米価はいっそう下落した。なかでも享保十四・十五年には大坂や江戸で米価が大幅に下落し、これらの責任を負わされる形で十五年六月に水野忠之が老中の職（十四年十月からは首座《しゅざ》）と勝手掛を免ぜられた（勝手掛は元文二年〈一七三七〉六月まで空席）。そして、忠之の後任の老中首座となった松平乗邑《のりさと》が、米価の引き上げをはじめとする幕府の財政・経済政策を中心的に担うようになる（辻達也『享保改革の研究』）。

幕府は享保十五年以降、低迷する米価を引き上げるため、大坂の町人などに米を買わせる（「買米《かわせまい》」）政策を進めた。ところが、同十七年夏〜秋に九州・中国・四国・近畿の西日本地域でウンカなどが大量発生したことによる凶作から飢饉（享保の飢饉）がおこると、米が不足して価格が一転高騰し、幕府はその救済のために多くの米を提供せねばならなくなった。翌十八年秋の収穫で米価が再び下落すると、幕府は引き上げ策に復し、二十年十月には諸国からの米を江戸や大坂の米屋が購入する際の最低価格を定めた（「御定直段《おさだめねだん》」）。しかし、一連の対策にもかかわらず米価の問題が解決しなかったため、元文元年五月、幕府は質を落とした金銀貨に改鋳するとともに銭貨を新たに鋳造し、通貨の発行量を増やすことで米価の引き上げを図った。この金銀改鋳（元文金銀）や鋳銭により米価の問題はようやく一段落する（勝亦貴之「元文の貨幣改鋳と「松平乗邑体制」の成立」、高槻泰郎『大坂堂島米市場』）。

御用取次を通した政策の実現過程

吉宗政権で活躍した人物に大岡忠相《おおおかただすけ》がいる。大岡は、享保二年（一七一七）二月に四一歳の若さで江戸南町奉行に就任し、元文元年（一七三六）八月には旗本ながら大名役の寺社奉行へ昇進するなど、吉宗の信任と抜擢のもと三〇年にわたり政権を支えた（大石学『大岡忠相』）。また、曽祖母が加納久通の養父久政《ひさまさ》の姉であり、大岡は加納と遠い親戚の関係にあった。さらに、南町奉行時代、各種の法令や内規とそれらの立案・決定・実施に関する文書を分類・収録した『撰要類《せんようるい》集《しゅう》』や『享保撰要類集』を部下の与力《よりき》に編纂させ、寺社奉行時代には、各種の政策をめぐる将軍や老中以下の諸役人とのやりとりを詳細に記した『大岡越前守《えちぜんのかみ》忠相日記』を残した。これらは、法令や政策の内容はもとより、その実現過程をもうかがえる貴重な史料となっている。

そして、『撰要類集』に収められた文書のうち享保九年以前の事例からは、江戸町奉行や三奉行ら実務役人の立案した法令が、上位者の承認を得て決定・実施される過程が明らかにされている。それによると、①江戸町奉行らの実務役人が作成した法令の原案は、まず将軍の側近役である御用取次に上申され、吉宗との間で実質的な審議が行われて事実上決定される。その後、実務役人から老中に上申されて形式的な審議が行われたのち、老中より（御用取次を通して）吉宗に上申され、正式な承認を得て実施された。②一部の法令は、将軍—御用取次—実務役人のルートのみで決定・実施され、老中には報告すらされないこともあり、老中の役割は形骸化していた（深井雅海『徳川将軍政治権力の研究』）。

将軍が御用取次を通して江戸町奉行らの実務役人と直接やりとりし、法令などを実質的に決定・実施するこのあり方は、将軍のもとで老中の合議体が諸役人を指揮監督し、その業務を統括するという幕府の組織・運営の原則（藤井譲治『江戸幕府老中制形成過程の研究』）と大きく異なるものであり、老中の間に不満や支障を生じていた。そこで享保九年閏四月、老中は三奉行に対し、老中を通して審議・決定される本来の姿に立ち戻るよう指示した。『撰要類集』を通覧すると、この指示以降、実務役人から御用取次に上申されて法令や業務が決定・実施される事例は少なくなる。ただし、以前ほど堂々とはしないものの、吉宗が御用取次を通して実務役人と直接やりとりしながら政策や業務に関わった様子は、『大岡越前守忠相日記』にもみることができる（深井雅海『徳川将軍政治権力の研究』）。

なお、三〇年にわたる吉宗の治世では、彼の関心や社会の状況によって改革のテーマがおよそ一〇年ごとに移り変わった。①享保九年以前は、相対済し令や訴状箱、新田開発や年貢徴収の強化など、司法・行政（公事方）と財政・経済（勝手方）の両方の政策が行われたのに対し、②同十年代は、米価を中心とする財政・経済政策が、③将軍を隠退する延享二年（一七四五）までの一〇年ほどは、幕府の基本法典「公事方御定書」の編纂に代表される司法政策が主に進められた。

このうち①における吉宗の政治のあり方は、『撰要類集』をもとに詳しく明らかにされ、③についても『大岡越前守忠相日記』による指摘があるが、②には未解明の部分が多い。

2　大坂からみた吉宗政権

江戸の役人より大坂町奉行への文書

吉宗の政権運営や改革政治に関する従来の研究は、主に江戸側の史料、とくに大岡忠相の史料を用いてきた。しかし、これらの史料が語る内容は、大岡個人や三奉行のような江戸の役人だけにあてはまることなのか、それとも遠国の役人を含めた幕府全体にいえることなのかを判断し難いところがある。そこで本節では、江戸とならぶ幕府の直轄都市であり、全国の中央市場であった大坂の町奉行の側から、享保十年代（一七二六〜三五）の吉宗政権を検証したい。

三奉行のうち寺社奉行は四人制の大名役、江戸町奉行は二人制（南・北）の旗本役、勘定奉行は四人制の旗本役である（時期により人数の増減あり）。他方、大坂町奉行は二人制の旗本役で、東・西二つの役所に分かれた。また、三奉行が老中の指揮監督のもとで職務を行うのに対し、大坂町奉行は職務上、老中に次ぐ格式の大名役である大坂城代の指揮監督を受けていた（小倉宗『江戸幕府上方支配機構の研究』）。さらに、大坂町奉行は、三奉行など江戸の役人との間で文書を頻繁にやりとりしていた。例えば、享保十六年二月九日、老中首座である松平乗邑の指示を受けて勘定奉行と同吟味役が大坂町奉行に送った、大坂の公儀橋《こうぎばし》（幕府の費用で設置・維持される橋）の修復費用に関する文書の差出と宛名は次の通りである。

細田弥三郎（時以、勝手方勘定吟味役）（印）
神谷武右衛門（久敬、同）（印）
公事方無印形　辻六郎左衛門（守参、公事方勘定吟味役）

右同断　杉岡弥太郎（能連、同）
萩原源左衛門（美雅、勝手方勘定吟味役）（印）
松波筑後守（正春、勝手方勘定奉行）（印）
公事方無印形　稲生下野守（正武、公事方勘定奉行）
右同断　寛播磨守（正鋪、同）
駒木根肥後守（政方、勝手方勘定奉行）（印）
松平日向守様（勘敬、大坂西町奉行）
稲垣淡路守様（種信、大坂東町奉行）

ここでは、当時四人いた勘定奉行（勝手方の駒木根《こまきね》政方《まさかた》・松波《まつなみ》正春《まさはる》、公事方の寛《かけい》正鋪《まさはる》・稲生《いのう》正武《まさたけ》）と五人いた勘定吟味役（勝手方の萩原美雅《はぎわらよしまさ》・神谷《かみや》久敬《ひさよし》・細田《ほそだ》時以《ときより》、公事方の杉岡能連《すぎおかよしつれ》・辻守参《つじもりみつ》）の全員が連名で差出となり、二人の大坂町奉行（西の松平勘《すけ》敬《ゆき》、東の稲垣種信《いながきたねのぶ》）が連名で宛名となっている。幕府では、一つの役職に複数の者が同時に任じられることが多く、正式な文書を出す場合には、その役職に就いているすべての者の名前（苗字、官職や通称、実名など）を差出や宛名に連記することが原則であった。また、本文や年月日はもちろん、差出と宛名にならぶ役人の名前も書記官である右筆《ゆうひつ》（祐筆）が記すことが通例であり、役人自身は印を捺したり、花押を据えたりするのみであった（実名を書くこともある）。しかし、この文書は、公儀橋の修復費用といった財政に関する内容であるため、勝手方の奉行や吟味役が捺印する一方、「公事方《くじかた》無印形《いんぎょうなし》」とあるように、公事方の奉行や吟味役は捺印していない。それゆえ、幕府の文書を検討する際には、連記される名前をみることで、文書に書かれた内容を管轄する役人の全体を把握しうるとともに、印や花押の存在によって、その内容を実際に担当した者を特定することができる。そして、この文書からは、公儀橋の修復が広い意味で勘定奉行と同吟味役の管轄する業務であったこと、それを実際に担当するのは勝手方の奉行・吟味役であったこと、の二点を知ることがで

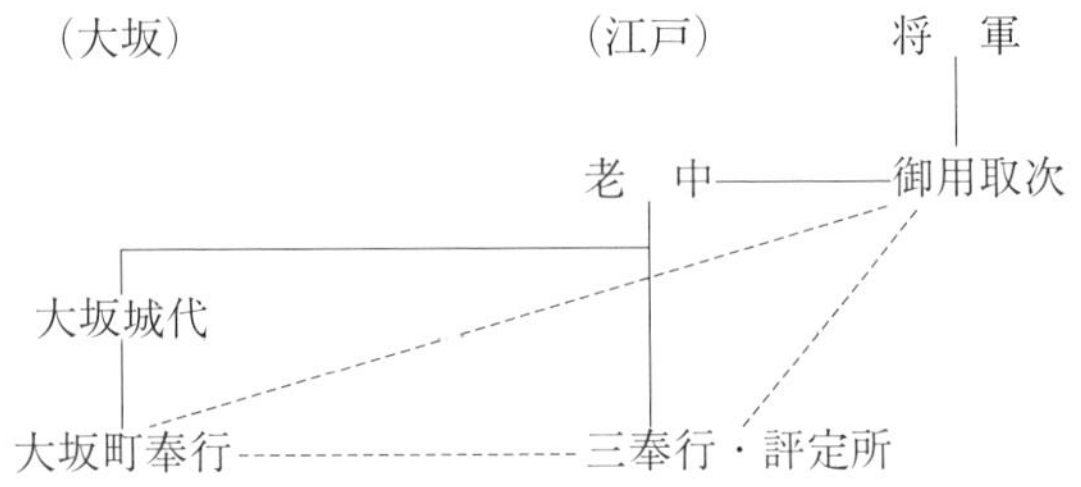

図2‒1　将軍吉宗の政権運営
実線は表向きの関係，破線は内々の関係を表す．

きる。

なお、江戸の老中が大坂町奉行に指示や命令をする場合、組織上は、大坂町奉行の上司である大坂城代を通して伝える（老中―大坂城代―大坂町奉行）のが表向きのルートであり、この文書のような老中―勘定奉行（をはじめとする江戸の実務役人）―大坂町奉行のルートはあくまで内々のものであった。ただし、老中の指示は、表向きのルートで形式が整えられるものの、その実質的・具体的な内容は内々のルートで伝えられることが多かった。事実、この文書と同じ日には、公儀橋に関する指示の概要を記した文書が老中より大坂城代へ送られている。そして、これらの関係を整理すると図2‒1のようになる。

「古記録」にみる三奉行

「古記録」（国立公文書館所蔵）は、江戸の三奉行をはじめとする幕府役人から送られた文書を大坂町奉行が転写・収録した全六冊の帳面で、吉宗政権期のものは第三～六冊である。また、この史料は、特定の分野に関する文書を意図的に集めたものでなく、幅広い内容の文書を時間順に収めている。以下では、これら四冊を中心に、関連する大坂側の史料を加えつつ、江戸の役人より大坂町奉行へ宛てられた文書を全面的に分析し、吉宗の政権運営と改革政治の実態や特徴を探りたい。なお、第三～六冊のそれぞれに収録される文書の時期と点数は、第三冊が享保十二年（一七二七）十二月～十三年十二月の一二二点、第四冊が十八年十二月～十九年四月の六六点、第五冊が十九年十二月～二十年五月の六六点、第六冊が二十一年三～六月（四月に元文と改元）の八四点、の計三三八点である。各冊の時期は少しずつ離れているが、享保十年代前半の第三冊と十年代後半の第四～六冊（計二一六点）との大きく二つに分かれる。

表2-1　「古記録」第三冊所収文書の差出・宛名ごとの点数

①宛名なし，または宛名に大坂町奉行以外あり　34点
②宛名は大坂町奉行のみ，差出に印や花押なし　10点
うち(a)御用取次　2点
③宛名は大坂町奉行のみ，差出に印や花押あり　78点
(ア)寺社奉行　4点
(イ)江戸町奉行　12点
(ウ)勘定奉行　44点
うち(b)勝手方の奉行・吟味役(・吟味役格)　34点
(c)勝手方の奉行・吟味役と勘定組頭　6点
(d)勝手方の奉行　2点
(e)公事方の奉行・吟味役　1点
(f)勝手方・公事方の奉行・吟味役　1点
(エ)三奉行以外　18点
うち(g)御用取次　3点
(h)幕府医師の丹羽正伯　1点
合計　122点

さて、表2-1は、第三冊に収められた文書の点数を差出や宛名ごとに整理したものである。この表2-1によると、①宛名がないものや、宛名に大坂町奉行以外の者があるもの（大坂町奉行と他の役人との連名に宛てられたものを含む）は三四点、②宛名は大坂町奉行のみで、差出に印や花押がないものは一〇点、③宛名は大坂町奉行のみで、差出に印や花押があるものは七八点である。「古記録」は基本的に江戸の役人より大坂町奉行へ送られた文書を収録する史料であるため、大坂町奉行だけを宛名とする②と③の計八八点が第三冊全体の七割以上（七二・一三％）を占めている。また、③のうち三奉行が差出となる(ア)〜(ウ)の計六〇点が③全体の七割五分以上（七六・九二％）であり、さらに、勘定奉行が差出となる(ウ)の四四点が(ア)〜(ウ)の七割を超える（七三・三三％）ことから、江戸の実務役人のなかでも三奉行、とりわけ勘定奉行が重要な役割を果したことがわかる。

次に(ウ)の内訳をみると、(b)勝手方の奉行と吟味役（や吟味役格）の連名が三四点、(c)勝手方の奉行・吟味役と（勝手方や公事方の記載がない）勘定組頭の連名が六点、(d)勝手方の奉行のみの連名が二点、(e)公事方の奉行・吟味役の連名が一点、(f)勝手方と公事方の奉行・吟味役（＝すべての勘定奉行と同吟味役）の連名が一点である。ここでは、司法や行政を担う公事方よりも財政・経済政策を担う勝手方の文書が圧倒的に多く、勝手方の役人が膨大な業務をこなし、忙しい日々を送っていた様子がうかがえる。また、文書の内容に目を向けると、（b）は、幕府の財政や幕領の支配に関する幅広いもので、大坂における年貢米の売却や銭貨の鋳造、大坂の蔵での金銀米銭の出納、大河川の治水工事などがその代表例である。（c）は、各地の幕領から大坂・江戸の蔵までの年貢米の輸送や、蔵に納入する年貢米の代官ごとの割り当てに関するものであり、年貢米の動向は勘定組頭を加えて厳密に管理されたことが知られる。さらに、（b）や（c）の文書では、勝手方の奉行・吟味役らが勝手掛老中の水野忠之へ伺ったり、忠之から指示を受けたりする記述がしばしばみられ、勝手掛老中のもとで勝手方の勘定奉行や同吟味役が財政・経済政策を推進した事実を確認することができる。

他方、江戸町奉行が差出となる（イ）の一二点は、大坂より江戸へ船で送られた商品の数量などを大坂町奉行が報告したことや、大坂における国産薬種の検査（「和薬改《わやくあらため》」）などに関するものである。なかでも商品の数量などの報告は、「米価安の諸色高」が問題となる享保八年十二月に成立した制度で、生活必需品である米・味噌・炭・薪《まき》・酒・醤油・水油・魚油・藍・木綿・繰綿の計一一種の商品について、送る数量や送り先、運ぶ船などを大坂町奉行が調査し、その結果を三ヵ月ごとに江戸町奉行を通して老中や将軍へ届けたものである（大石慎三郎『享保改革の商業政策』）。

訴状箱の機能

表2-1をみると、御用取次より大坂町奉行に宛てられた文書が（a）と（g）の計五点ある。いずれも訴状箱に投じられた訴状や願書に関するもので、有馬氏倫と加納久通の二人が連名して大坂東町奉行の鈴木《すずき》利雄《としお》・西町奉行の松平勘敬に送っている。このうち享保十三年（一七二八）五・六月の文書は、堺《さかい》町人の布屋《ぬのや》次兵衛《じへえ》が前年の七月に江戸評定所前の訴状箱へ投じた願書に関するものである。布屋の一件は次のような経緯・内容であった。

①堺港の石堤を改修した費用を回収し、土砂の浚渫《しゅんせつ》をはじめとする港の運営費用に充てるため、石銭《こくせん》（入港する船より徴収する税）を受け取りたい旨の願書を布屋が堺奉行所に提出したが、取り上げてもらえなかった。そこで享保十二年四月、江戸へ願いたいと布屋が堺奉行所へ申し出ると、与力らから江戸へ願うよう指示された。

②翌五月、江戸に赴いた布屋が勘定奉行へ願書を提出すると、これは堺奉行に願うべきものとして返却された。布屋はやむをえず、同様の願書を七月に評定所前の訴状箱へ入れたところ、八月に評定所へ呼び出され、この願書は堺奉行へ送るので、そちらへ願い出るよう命じられた。なお、布屋の願いは堺奉行に聞き届けられ、享保十五～延享元年（一七三〇～四四）の一五年間、布屋の関係者に石銭業務の引き受けが認められている。

一方、有馬と加納から鈴木・松平に宛てられた（a）や（g）の文書には次のような記述がある。

③享保十三年の春に参府中であった大坂西町奉行の松平は、堺港の石銭や堺奉行所の与力のことを御用取次より尋ねられた。そこで松平と東町奉行の鈴木は、石銭について堺奉行の浅野《あさの》長恒《ながつね》に問い合わせ、浅野からの回答書を四月に有馬・加納へ送った。翌五月、回答書のなかで不明な点を有馬と加納が再び尋ねてきたので、鈴木と松平は改めて浅野に問い合わせ、その回答書を六月に有馬・加納へ届けた。また、同じ六月には、堺奉行所の与力の『風説』に関する報告書を鈴木と松平が有馬・加納に送っている。

これらによると、御用取次の有馬と加納が大坂町奉行に何度も尋ね、訴状箱に投入された願書の内容や背景を理解しようと努めたこと、堺町人の願書を取り上げず、職務の怠慢や不正が疑われる堺奉行所の与力については、上司の堺奉行でなく、隣接する大坂町奉行に状況を探らせたことがわかる。有馬や加納の背後には当然、彼らを「左右の御手のごとく」使った吉宗の存在があることから、布屋が訴状箱に投じた文書は確かに吉宗まで届けられ、彼自身が事情をつかもうとした様子がうかがえる。このように訴状箱の制度は、将軍が庶民の要求や社会の課題を把握するのはもちろんのこと、幕府役人の怠慢や不正を監視する手段ともなっており、役人たちに緊張をもたらし、ひいては将軍の存在感を高める効果を有した。

経済政策と有馬氏倫

御用取次の職務については、『撰要類集』に収められた享保九年（一七二四）以前の事例から、「江戸町政に関する法令は有馬氏倫」、「公事・仕置に関する法令は加納久通」が主に担当したと指摘されている（深井雅海『徳川将軍政治権力の研究』）。それでは、「古記録」のような同十年代の大坂側の史料からは、有馬と加納の間にどのような役割の分担が読み取れるだろうか。

「古記録」第三冊には、御用取次が差出となる(a)と(g)の五点のほか、本文中に御用取次の登場するものが一七点ある。例えば、勝手方の勘定奉行と同吟味役が連名・捺印して大坂町奉行に宛てた享保十三年四月の文書によると、大坂における毎月の米の価格（「米相場」）と直近三ヵ月に諸国より大坂へ送られた米の数量（「登（り）米高」）を、大坂町奉行が勝手方の奉行・吟味役を通して御用取次の有馬に報告している。同様の文書はほかにも一〇点あるが、大坂の米相場や大坂への登米高はいずれも有馬に報告されており、加納の名前はみられない。これらからは、①吉宗が御用取次を通して大坂における米の価格や流通量を継続的に把握したこと、②二人の御用取次は業務の内容に応じて分掌しており、有馬は米の価格や流通量の情報といった経済に関することがらを担当したことがわかる。そして、『撰要類集』と「古記録」の分析結果を合わせると、勘定奉行の分掌のように、有馬は勝手方（財政・経済政策）の業務、加納は公事方（司法や行政）の業務を主に担ったと評価することができる。

また、先にふれた、大坂より江戸へ送られる一一種の商品の数量などを大坂町奉行が江戸町奉行を通して老中や将軍に報告する制度は、対象が価格そのものでなく、あくまで流通量などにとどまっていた。しかも各種商品の価格を決定する中央市場であった大坂への移入量ではなく、大坂から諸国への移出量のうち江戸に関する部分のみの情報であった。これに対して吉宗は、老中を介さずに御用取次（と勝手方の勘定奉行・同吟味役）を通して大坂町奉行と直結し、最重要の商品である米の価格を一ヵ月ごとに、諸国からの米の移入量を三ヵ月ごとにそれぞれ報告させていた。さらに、第三冊を通覧しても、そうした情報を吉宗が老中と共有した様子はうかがえない。このように吉宗は、全国の中央市場であった大坂における米の価格や流通量の情報を、老中と切り離した形で独自に入手しうるしくみを構築していた。老中よりも良質の情報を継続的に取得し、市場の状況を的確に認識したからこそ、吉宗は、米価を中心とする幕府の財政・経済政策を主導することができたのである。

なお、「古記録」第四～六冊には御用取次に関する文書が二一点あり、そのうち一六点は、大坂の米相場や大坂への登米高を大坂町奉行が勘定奉行・同吟味役を通して御用取次に報告したものである。ただし、二十年四月に有馬が病気となって以降（十二月に死去）は、これらの情報がもう一人の御用取次である加納に報告されている。また、二十一年三月には小笠原政登《まさなり》が有馬の後任の御用取次となるが、その後も米相場や登米高の情報は加納に報告されており、経済に関する業務を加納が兼ねるあり方は続いた。紀州藩主時代以来の側近・重臣である有馬と加納は、吉宗が徳川宗家を継承する際に設置した御用取次の初代として、役割を分担しながら、さまざまな業務で主君を補佐してきた。こうした有馬の役割を新人の小笠原がただちに引き受けることは難しかったのだろう。有馬の病中や死後に御用取次二人分の役割を求められた加納は、吉宗が将軍を隠退するまで（そして隠退後も）主君を側近くで支え続けた。

薬事政策と加納久通・大岡忠相

吉宗は、法学や医学・薬学のような実用的な知識・学問に強い関心を示し、それを現実の政治にいかそうとした（辻達也『徳川吉宗公伝』）。前者については、「公事方御定書」や幕府の基本法令集「御触書（集成）」の編纂をはじめ、多くの法と制度を整えたことから「法律将軍」と呼ばれた（高塩博『江戸幕府法の基礎的研究』）。また、後者についても、訴状箱への投書をきっかけに貧窮民の療養施設である小石川養生所《こいしかわようじょうしょ》を創設し、庶民向けの医薬書「普救類方《ふきゅうるいほう》」を編纂・刊行する（福井保『江戸幕府編纂物』）など、さまざまな政策として具体化している。そして、有馬氏倫の業務を兼ねる以前より加納久通が主に担った業務は、裁判や行政などの公事方と薬事であった。

「古記録」第三冊には加納のみが担当する内容の文書が六点あり、そのうち五点は薬に関するものである。例えば、勝手方の勘定奉行と同吟味役が連名して大坂町奉行に送った享保十三年（一七二八）五・六・八月の文書によると、植村政《うえむらまさ》勝《かつ》からの「御用之薬草」と「状箱」を大坂町奉行が勝手方の奉行・吟味役を通して加納に提出している。植村は、紀州藩領の伊勢国飯高郡大津《いいたかぐんおおつ》村《むら》の枝郷杉村《すぎむら》（現三重県松阪市）の郷士《ごうし》出身で、宝永七年（一七一〇）に藩主の吉宗に登用され、隠《おん》密《みつ》御用（諜報・情報収集）をつとめる同藩の御庭方《おにわかた》となった人物である。吉宗の江戸城入りに従って幕府の御庭方下役《したやく》となり、享保五年、新設された駒場《こまば》薬園《やくえん》の管理者（薬園預り）へ転じるとともに薬草の採集を命じられた。その後、宝暦三年（一七五三）まで隠密の任務を兼ねつつ全国を調査し、採集した薬草を駒場薬園に移植した（大石学『享保改革の地域政策』）。第三冊では、植村の荷物や文書が大坂町奉行—勝手方勘定奉行・同吟味役—御用取次の加納という内々のルートで吉宗に届けられているが、そこに有馬は登場しない。これらからは、①薬草の調査・採集のような薬に関する業務は御用取次のうち加納が主に担当したこと、②吉宗が米価とならんで薬に関心を持ち、老中を介することなく自らその政策や業務を進めたことがわかる。あるいは、植村が隠密御用に関する荷物や文書を同封し、各地の情報を秘密裏に吉宗へ報告していた可能性もある。

また、加納だけが担当する内容の文書六点のうち、植村の三点を除く二点も薬に関するものである。一点は（h）享保十三年十一月に幕府医師の丹羽正伯《にわしょうはく》が大坂町奉行へ宛てた文書で、加納の指示にもとづいて大坂の薬種屋の人数などを問い合わせている。丹羽は、紀州藩領の伊勢国飯高郡松坂《まつさか》出身の医師・本草学者《ほんぞうがくしゃ》で、同五年より幕府の命を受けて同郷の植村と全国の薬草を調査・採集した。七年四月に幕府の役人（医師並。のちに医師）へ取り立てられると、和薬改会所《わやくあらためかいしょ》（国産の薬種を検査して流通を統制する機関）を江戸・駿府《すんぷ》・京都・大坂・堺に設置することに尽力するなど、薬事政策の実務を中心的に担った（安田健『江戸諸国産物帳』、野高宏之「和薬改会所」）。もう一点は、十三年十二月に江戸南町奉行の大岡忠相と北町奉行の諏訪《すわ》頼篤《よりあつ》が連名で大坂町奉行へ宛てた文書で、大坂和薬改会所の頭取の人事のことを加納へ上申した旨を伝えている。これらによると、吉宗が御用取次の加納を通して大坂町奉行と緊密にやりとりしながら、大坂の薬種屋や和薬改会所の動向をつぶさに把握し、その管理・運営に自ら関与したことが知られる。

さらに、御用取次の記述がないものを含めると、「古記録」第三〜六冊には薬に関する文書が一七点あるが、植村に関する五点を除いた一二点の内訳は、丹羽が差出のもの三点、大岡が差出のもの九点である。幕府には多くの医師がいたが、丹羽以外の者が差出となる事例はみられない。これは、有馬・加納や植村と同様、吉宗が紀州藩（領）の出身者を積極的に登用し、彼らに重要な政策を担わせることで、幕府の政治を主導しようとしたことの表れである。

他方、大岡の九点の文書をみると、先にふれた第三冊所収の、大坂和薬改会所の頭取の人事に関する享保十三年十二月の一点のみ北町奉行の諏訪と連名するが、残りの八点は第四〜六冊に収められ、すべて大岡が単独で差出となっている。また、「古記録」に収録されたものではないが、同十六年二月の文書でも、加納の指示を受けた大岡が単独で大坂町奉行に、大坂和薬改会所の頭取や役人の勤務状況を問い合わせている。さらに、江戸町奉行が文書を出す場合、南北のいずれかが欠員でない限り、原則として二人の奉行が差出に連名するが、第四〜六冊の時期に北町奉行の欠員はなかった。これらの事実をふまえると、享保十三年十二月〜十六年二月のどこかの時点で、大岡が薬に関する業務を単独で担当するようになったこと、すなわち、大岡が江戸町奉行という役職ではなく、薬事政策のような特定の分野を専管する役人としてその実務を担うあり方が、十六年二月以前に成立したことがわかる。そして、大岡が他の江戸町奉行や三奉行と異なり、吉宗政権において固有の位置と役割を有する人物であったことが、大坂側の史料からも改めて確認された。大岡は紀州藩の出身でないものの、加納との親戚の関係もあってか、その能力や人柄を吉宗に見出され、役職の枠を超えた特別な立場に引き立てられて政権の一翼を担ったのである。

3　享保十六年の転換

勘定吟味役の分掌廃止

ところで、米価を中心とする幕府の財政・経済政策の主な担い手は、享保十六年（一七三一）を境に転換する。この転換を象徴する動きの一つに勘定吟味役の分掌の廃止があった。

勘定吟味役については、①享保七年八月に勘定奉行と同じく勝手方・公事方に分かれるが、のちに勝手方の業務に限定されたこと、②同十年に井沢為永が吟味役格とされたことが『国史大辞典』などで指摘されている。しかし、この分掌が廃止された時期や井沢の性格は必ずしも明らかでない。そこで、吉宗政権期に在任した吟味役の人数（定員）や吟味役が差出となる文書の記載をもとに、井沢の動向にも留意しつつ、分掌の廃止時期を絞り込みたい。

家継政権期に二人であった勘定吟味役の人数は、享保五年に三人、同八年に五人へと増加する。ところが、十六年十月一日に杉岡能連と細田時以が勘定奉行へ転出し、同月五日に井沢が吟味役格から昇任して四人となって以降、吟味役は急速に減員し、十七年に三人、十九年にはついに井沢一人となった。二十一年に再び二人に増えると、その後は享保五年以前と同じ二人の体制が続いた（辻達也『享保改革の研究』）。

また、「古記録」第四～六冊には、勘定奉行と同吟味役が連名・捺印して大坂町奉行に宛てた文書が五九点あるが、そこでは第三冊と異なり、奉行が勝手方と公事方に分かれるのに対し、吟味役には勝手方や公事方の記載がなくなっている。さらに、吟味役は、勝手方の奉行のみや勝手方・公事方の奉行全員と連名するが、公事方の奉行のみとは連名していない。これらによると、第三冊の終わる享保十三年十二月から第四冊の始まる十八年十二月までのどこかの時点で、勘定吟味役は、勝手方・公事方の分掌が廃止されるとともに、勝手方の業務だけを担当するようになったことがわかる。

加えて、享保十六年十月に正規の吟味役となった井沢は、五九点の文書すべての差出に名前が記されるが、それらに彼の印は一切捺されていない。他方、井沢以外の奉行や吟味役は、勝手方と公事方の分掌に伴って捺印しない場合（「御勝手方無印形」「公事方無印形」）や、病欠・忌引・早退および臨時の業務による欠席といった少数の例外の場合を除き、基本的に印を捺している。そうしたなかで井沢だけは、新田開発や村々での工事のために捺印がなく（「新田御用ニ付無印形」「在方御普請御用ニ付無印形」）、他の奉行や吟味役と一緒に業務をつとめる様子がみられない。

以上を総合すると、①享保七年に分かれた勝手方と公事方のそれぞれに一定の人数を確保するため、翌八年に勘定吟味役が五人まで増員されたこと、②十六年に杉岡と細田が勘定奉行へ転出して以降は後任の補充が十分になされず、吟味役の人数が減少して十九〜二十一年には井沢一人となっており、少なくとも二人以上が必要な勝手方・公事方の分掌は十九年以前の段階ですでに廃止されていたこと、③井沢は、正規の吟味役に任じられた十六年以降も通常の吟味役と異なる実態や性格を有し、彼一人であった十九〜二十一年には、勘定吟味役の職そのものが事実上廃止されていたことが明らかとなる。

なお、「古記録」以外の史料を含めると、大坂町奉行に宛てられた文書のうち、差出の勘定吟味役が勝手方と公事方に分かれる最後の事例は、管見の限り、第二節で紹介した大坂の公儀橋に関する享保十六年二月九日のものである。おそらくは、この文書が出された二月九日以降の近い時期に吟味役の分掌が廃止されたのだろう。また、勝手方・公事方の双方に人数を確保する必要がなくなったため、同年十月に杉岡と細田が同時に勘定奉行へ転出しても、後任の吟味役を十分に補充しなかったものと考えられる。このように、勘定奉行と同吟味役を勝手方・公事方に分け、そのうち勝手方の者に財政・経済政策の実務を担わせる享保七年以来のあり方は、十六年に終焉を迎えることとなった。

御用掛体制の成立

享保七年（一七二二）以来の勝手方（掛）の体制に代わったのは、同十六年からの御用掛の体制である。「御用掛（懸）」

とは、重要な問題は合議し、日常的な業務は月番の者が担当するという原則を破り、ある役人が特定の業務を専管した制度である（藤井譲治『幕藩領主の権力構造』）。

幕府の財政・経済政策、とりわけ吉宗の重視する米価（物価）政策を御用掛が担うあり方が成立したのは、水野忠之が辞任し、松平乗邑が後任の老中首座となった享保十五年であり、乗邑と江戸南町奉行の大岡忠相、勘定吟味役（十六年十月以降は勘定奉行）の杉岡能連・細田時以らが、御用掛やそれに近い形で一貫して米価政策を担当した、との指摘がある（勝亦貴之「元文の貨幣改鋳と「松平乗邑体制」の成立」）。これは政策の主体に着目した貴重な成果であるが、十五年に成立した根拠とされる事例は、いずれも御用掛でなく月番や詰番（江戸城の本丸御殿に交代で勤務する当番）に関するものである。むしろ筆者は、勘定吟味役の分掌が廃止され、享保七年以来のあり方が終了する同十六年に御用掛の体制が成立したと考える。やや詳細にわたるが、大坂側の史料によって説明すると次のようになる。

買米を実施する前提として、享保十六年四月十二日、乗邑が大坂町奉行に対し、大坂にある武士米と商人米の数量（「有米高」）を、今回は乗邑に、以後は南町奉行の大岡と勘定奉行の駒木根政方・稲生正武と勘定吟味役の杉岡・細田（を通して乗邑）に知らせるよう命じた。ついで同年七月には、大岡・駒木根・稲生・杉岡・細田と目付《めつけ》の松前広隆《まつまえひろたか》が、乗邑の指示を受けて大坂町奉行と交渉し、大坂の米価（「米相場」）が江戸へ定期的に報告されることとなった。これらによると、①十六年以降の幕府の買米政策は、責任者である老中首座の乗邑のもと、江戸町奉行（南北二人）のうち大岡、勘定奉行（当時は四人）のうち駒木根・稲生、勘定吟味役（当時は五人）のうち杉岡・細田、目付（当時は一一人）のうち松前など、特定の役人が役職の枠を超えて実務を担う体制であったこと、②大坂における米の数量と価格が老中に報告される制度は、十六年四・七月にそれぞれ開始されたことがわかる。老中が吉宗と同様に、最重要の商品である米の価格の情報を中央市場の大坂から継続的に入手しうるようになったのは、ようやく十六年のことであった。

また、享保十六年三月二十八日には松前が「御買米御用」を命じられている（勝亦貴之「元文の貨幣改鋳と「松平乗邑体制」の成立」）。乗邑が大岡・杉岡・細田らを買米に関わる役人として大坂町奉行に紹介したのが同年四月十二日であることや、少なくとも二月九日までは、勘定奉行と同吟味役が勝手方・公事方に分かれ、そのうち勝手方の者が財政・経済政策の実務を担う享保七年以来のあり方が続いていたことなどを合わせると、買米をはじめとする米価政策を御用掛が推進する体制が成立したのは、この年の三月末か、それ以前の近い時期と考えるのが自然である。すなわち、老中首座の乗邑が幕府の米価政策を専管し、そのもとで大岡・杉岡・細田ら特定の役人が御用掛として実務を担うあり方は、享保七年以来の体制とおおよそ入れ替わる形で十六年三月頃に始まったのである。さらに、江戸町奉行や勘定奉行のような役職の枠にとらわれず、特定の役人が財政・経済政策の実務を担うあり方は、大岡の薬事政策と同様であり、それを発展させたものと評価することができるだろう。

加えて、稲生は、享保十六年九月に江戸北町奉行へ転出するが、それ以降は米価政策にあまり関わらなくなる。また、駒木根は、同十七年五月に大目付へ転出するまで勘定奉行に在任したものの、杉岡と細田が勘定奉行へ昇進した十六年十月以降、米価政策を担当する役人のなかから姿を消す。これらを勘案すると、杉岡と細田を同時に勘定奉行へ引き上げることにより、①勘定吟味役を五人に増員したうえで勝手方の奉行と吟味役に財政・経済政策の実務を担わせるという享保七年以来の方針を最終的に放棄するとともに、②大岡・杉岡・細田ら特定の役人に御用掛として米価政策を担わせる十六年三月頃からの体制を、同年十月にいっそう整備したと理解することができる。

なお、「古記録」第四〜六冊には、大岡・杉岡・細田ら特定の役人が連名・捺印して大坂町奉行に宛てた文書が四五点あるが、いずれも米価政策に関するものである（享保十七年に発生した飢饉への対応や、元文元年〈一七三六〉以降の金銀貨の改鋳・銭貨の鋳造もその一環）。他方、大坂の蔵での金銀米銭の出納や大河川の治水・公儀橋の工事といった米価政策と異なる日常的な財政・経済政策の業務は、従来通り勝手方勘定奉行や（勝手方・公事方の記載のない）勘定吟味役が差出に連名する文書で行われている。このように、特定の役人が御用掛として実務を担う享保十六年以降のあり方は、幕府の財政・

経済政策のなかでも米価を中心とするものに限られていた。

吉宗政権における二つの政治主体

「古記録」第四～六冊では、大坂町奉行が大岡忠相・杉岡能連・細田時以を通して老中に大坂の米価を報告する享保十六年（一七三一）七月以来の制度が継続していた。一方、大坂町奉行は第三冊の時期と同じく、勝手方勘定奉行と勘定吟味役を通して御用取次の有馬氏倫（有馬の病中や死後は加納久通）にも大坂の米価を報告していた。これらは同じ内容の情報であるが、吉宗と老中の間で共有された様子はみられず、大坂町奉行がそれぞれ別個に伝えている。

また、第六冊に収録された享保二十一年三月の文書では、諸国からの米を江戸や大坂の米屋が購入する際の最低価格を改定することにつき、大岡と細田が加納（を通して吉宗）に伺って承認を得たうえで乗邑に伺っている（勝亦貴之「享保末年における幕府米価政策と元文改鋳」）。これによると、米の最低価格に関する政策は、大岡や細田らの実務役人と吉宗との間で事前に実質的な決定がなされ、大岡・細田の上司である乗邑との間では事後に形式的な決定（報告）がなされるにすぎなかったことがわかる。三奉行が御用取次（を通して将軍）との間だけで政策や業務を行う状況に老中が苦言を呈した同九年以降も、あるいは老中首座の乗邑が米価を中心とする財政・経済政策の責任者となった十六年以降も、吉宗は老中を介さない独自のルートで政策や業務に関わり続けたのである。

もちろん、老中を通した表向きのルート（将軍―老中―実務役人）も、老中を通さない内々のルート（将軍―御用取次―実務役人）も、究極的には将軍に至るものである。しかし、三代家光《いえみつ》政権期の寛永十五年（一六三八）に成立した、老中の合議体が幕府の諸役人とその業務を統括し、政治運営の中核となるしくみ（藤井譲治『江戸幕府老中制形成過程の研究』）のもとでは、たとえ将軍が個々の老中を任命したとしても、彼らがいったん職に就くと、その合議体は将軍からある程度自立した政治の主体となる。最終的な決定権を将軍が有するとしても、実際には老中たちが政策や業務を判断・処理し、結果のみを将軍に事後報告することも多かっただろう。こうしたなかで吉宗は、紀州藩主時代からの側近・重臣である有馬や加納を御用取次に任じ、彼らを通して勘定奉行や大坂町奉行などの実務役人と直接やりとりすることにより、老中とは切り離された形で情報を入手するとともに政策や業務に関与していた。すなわち、①最高権力者であるものの、三奉行や遠国奉行のような実務役人を日常的に指揮監督する関係にない将軍と、②将軍の部下でありながらも一定の自律性を有し、実務役人を指揮監督する老中の合議体という二つの主体がならび立つ状況のもと、吉宗は、実務役人と直結しうるバイパスを構築することで幕府の政治を主導し、改革の成果をあげることができたのである。

おわりに

徳川吉宗の改革政治は、老中のような役人でなく将軍自らが主導したこともあって、いわゆる三大改革のなかでは最も強力に推進され、その後（江戸時代後半期）に引き継がれる成果も多かった。幕末まで幕府の裁判・行政における最も重要な法となり、諸藩にも大きな影響を与えた「公事方御定書」や、文政期（一八一八〜三〇）まで八〇年余にわたって通用し、物価の安定と経済の発展に貢献した元文金銀は、その代表例である。また、側近役や政策の実務担当者に紀州藩（領）出身の者を積極的に登用し、従来の将軍では発想しえない大胆な政策を打ち出すなど、紀州藩主としての性格を終生持ち続けた点も、彼の政治の特徴であった。

さらに、本章では十分に検討しえなかったが、吉宗は好奇心の旺盛な人物であり、とりわけ法学や医学・薬学、天文・気象やヨーロッパの事物などの実用的な知識・学問に強い関心を抱いた（辻達也『徳川吉宗公伝』）。そして、これらを現実の政治に役立たせるため、吉宗は、関連する資料や情報を幅広く調査・収集するとともに多数の書物を編纂させたが、その際、「普救類方」のように出版メディアを積極的に活用し（福井保『江戸幕府編纂物』）、ひろく社会に共有した点は注目される。

ただし、こうした政治のあり方や改革の成果は、吉宗の個性や資質によるところが大きく、彼の隠退後に失われたものも少なくない。例えば、老中の合議体と対抗しつつ、御用取次を通して政策や業務の細部まで自ら把握・指示するといった政治のスタイルは、吉宗のように意欲と能力を兼ね備えたリーダーでないと機能せず、すべての将軍にそれを求めることは難しい。それゆえ、家重以降の各政権における将軍・側近役・老中の関係は重要な論点となる。

なお、吉宗は、紀州系の将軍家を新たにつくりあげるなかで、跡継ぎがいなくなった場合に本家を継承しうる分家として、次男の宗武《むねたけ》に田安《たやす》家を、四男の宗尹《むねただ》に一橋《ひとつばし》家をそれぞれ創設させた（三男は早世）。家重も次男の重好《しげよし》に清水《しみず》家を立てさせるが、これらはのちに御三卿《ごさんきょう》と総称された。いわば紀州系将軍家版の御三家である。

紀州系将軍家の直系は、一〇代将軍の家治《いえはる》が天明六年（一七八六）八月に死去することで絶え、その跡は紀州系将軍家の傍系である一橋家の出身で、吉宗の曽孫にあたる家斉《いえなり》が継いだ。将軍に着目して幕府の政治史をながめると、家治までで一つの段階（江戸時代中期）が終わり、一一代の家斉からは新たな段階（同後期）へ移ったと理解することができる。その後、家斉がたくさんの子女（五五人）をもうけたこともあり、一二代将軍の家慶《いえよし》だけでなく、一一代紀州藩主の斉順《なりゆき》も家斉の子であり、斉順の子で一四代将軍となった家茂《いえもち》（一三代紀州藩主の慶福《よしとみ》）までは、紀州系の将軍であった。そして、一五代の慶喜《よしのぶ》に至ってはじめて水戸《みと》家の出身者が（一橋家の養子を経て）将軍家を相続するが、わずか一年ほどで大政奉還《たいせいほうかん》を迎えた。

また、将軍以外をみると、家治政権期に権勢をふるった田沼意次《たぬまおきつぐ》は、父の意行《おきゆき》が吉宗に従って江戸城へ入った紀州系の幕臣であり、御用取次と側用人を計二〇年以上つとめたのち、側用人の性格を兼ねる老中（奥兼帯《おくけんたい》老中）となった。さらに、紀州系将軍家の傍系である田安家の出身で、吉宗の孫にあたる松平定信は、家斉政権の老中首座・将軍補佐に就任すると、吉宗の政治を模範として寛政の改革を主導した（深井雅海『徳川将軍政治権力の研究』、同「宝暦天明から寛政」、藤田覚『近世の三大改革』）。このように、二六〇年余にわたる江戸幕府の歴史のうち吉宗が八代将軍となった享保元年（一七一六）

以降の一五〇年間は、彼が進めた改革の成果のうえに、紀州系の将軍や役人が天下の政治を執るという、まさに徳川の「第二王朝」の時代であった。

〔参考文献〕

大石慎三郎『享保改革の商業政策』吉川弘文館、一九九八年
大石　学『享保改革の地域政策』吉川弘文館、一九九六年
大石　学『大岡忠相』吉川弘文館、二〇〇六年
大野瑞男『江戸幕府財政史論』吉川弘文館、一九九六年
大平祐一『目安箱の研究』創文社、二〇〇三年
小倉　宗『江戸幕府上方支配機構の研究』塙書房、二〇一一年
勝亦貴之「元文の貨幣改鋳と「松平乗邑体制」の成立」『愛知学院大学大学院文学研究科　文研会紀要』一三、二〇〇二年
勝亦貴之「享保末年における幕府米価政策と元文改鋳」『日本歴史』七三八、二〇〇九年
高塩　博『江戸幕府法の基礎的研究　論考篇』汲古書院、二〇一七年
高槻泰郎『大坂堂島米市場—江戸幕府VS市場経済—』講談社、二〇一八年
辻　達也（日光東照宮社務所編）『徳川吉宗公伝』日光東照宮社務所、一九六二年
辻　達也『享保改革の研究』創文社、一九六三年
野高宏之「和薬改会所—幕府の薬種政策と薬種商の対応—」『大阪の歴史』六〇、二〇〇二年
服藤弘司『幕府法と藩法』創文社、一九八〇年
深井雅海『徳川将軍政治権力の研究』吉川弘文館、一九九一年

深井雅海「法令の伝達と将軍吉宗の主導—享保前期「仰出之留」を素材に—」『徳川林政史研究所研究紀要』三九、二〇〇五年
深井雅海「宝暦天明から寛政」大津透ほか編『岩波講座日本歴史第13巻 近世4』岩波書店、二〇一五年
福井 保『江戸幕府編纂物 解説編』雄松堂出版、一九八三年
藤井讓治『江戸幕府老中制形成過程の研究』校倉書房、一九九〇年
藤井讓治『幕藩領主の権力構造』岩波書店、二〇〇二年
藤田 覚『近世の三大改革』山川出版社、二〇〇二年
安田 健『江戸諸国産物帳—丹羽正伯の人と仕事—』晶文社、一九八七年

※とくに断らない限り、本書の記述は次の史料によった。「柳営日次記」(国立公文書館所蔵)、「仰出之留」三・四(同)、「古記録」三〜六(同)、「加納家譜」(東京大学史料編纂所所蔵)、『撰要類集 第一〜三』、『享保撰要類集 第一』、『御触書寛保集成』、『徳川禁令考 前集第一〜六』、『日本財政経済史料 第一〜一〇巻』、『徳川実紀 第八・九篇』、『新訂寛政重修諸家譜 第一〜二十二』、『大阪編年史 第七〜九巻』、『幕府宿継文書・川方地方御用覚書』、『堺市史 第六巻資料編第三』。

※本章はＪＳＰＳ科研費 19K01256・20K00968・21H00659 の助成を受けています。

column Ⅰ

一七〜一八世紀の気候変動と仙台藩

佐藤大介

近年の古気候研究と江戸時代史

過去の日本列島はどのような気候のなかにあったのか。理系の古気候学分野で、樹木年輪や海底の堆積物などの自然試料、さらには古文書を素材に研究が積み重ねられてきた。古文書については、約四〇年ほど前に理系の古気候学の研究グループによって関係する記事が集められ、それにもとづいてつくられたデータベースが、「歴史天候データベース・オン・ザ・Ｗｅｂ」としてインターネット上で閲覧できる。

二一世紀に入ってからは、世界規模での連携が進み、飛躍的な進歩を遂げたデータ解析を通じて、日本列島周辺での過去数千年の気候変動が明らかにされつつある（中塚武『気候適応の日本史』吉川弘文館、二〇二二年）。日々の天気や、大雨・台風・洪水などの気象イベントを記した記録が、地域的にも量的にも限られている江戸時代以前の時代について、それらを遺跡や古文書が示す情報を解釈する前提の一つとして利用できるようになったことは、大きな意義を持つ。

さらに、江戸時代史においても史実の読み直しが進んでいる。例えば、江戸時代の記録から明らかにされた稲の収量との比較によって、夏が高温ならば収量が増え、冷涼ならば不作という相関関係が指摘される（佐野雅規・鎌谷かおるほか「気候変動が出納生産力に与える影響の評価」中塚武編『気候変動から読み直す日本史1』臨川書店、二〇二一年）。また、享保十五年（一七三〇）に大坂堂島《どうじま》米市場が設立されたことが、米作に有利な温暖化を背景とする深刻な米余りが生じたことと、直接関係していたとの仮説も示されている（高槻泰郎「大阪米市場の形成と気候変動」同前書所収）。

江戸時代の主要な産業であった農林水産業は、気象条件や気候変動に大きく影響をうける。その産物や、それを加工した商品を取引する江戸時代の市場は、気象や気候変動の影響を構造的に抱え込む。すなわち、気候変動と社会との関係を考えることは、「気候が社会を決定する」といった単純なことではなく、江戸時代の経済・経営の構造や、それらと人びととの関係を、より根幹的な部分から考え直すことだといえる。

気候変動データと仙台藩領の記録を比較する

本書で対象とする「江戸時代」にあたる時期の、現時点での概況は次の通りである（中塚武「近世における気候変動の概観」同編『気候変動から読み直す日本史5』臨川書店、二〇二一年）。この時期は、日本の歴史時代を通じて最も冷涼かつ湿潤な時期であった。西暦一七〇〇年代（元禄）・一七五〇年代（宝暦）・一七八〇年代（天明）・一八三〇年代（天保）にきわめて低温となったが、それぞれの間は比較的温暖な時期が数十年単位で続いていた。

このような傾向は、江戸時代の古文書にはどのように記録されているのだろうか。このコラムが対象とする一七〜一八世紀の記録の一例として、陸奥国仙台藩領の事例を検討する。登米《とめ》郡《ぐん》北方村《きたかたむら》（宮城県登米市）の慶長十五年（一六一〇）から文政三年（一八二〇）の間に起こった出来事を記した「年代記」と呼ばれる記録を用いた古気候研究（村山磐「阿部家「吉凶留帳」に基づく宮城県登米地方における過去の気候」『東北学院大学東北文化研究所紀要』二三、一九九〇年）では、一六六〇〜九〇年代を「温暖」、一六九〇〜一七七〇年代を「寒冷」、一七七〇〜八〇年代を「温暖」、一七八〇〜九五年を「非常に寒冷」と推定している。一方で牡鹿《おしか》郡《ぐん》真野《まの》村《むら》（宮城県石巻《いしのまき》市《し》）の年代記では、前述の研究で「寒冷」とされた一七〇〇年代前半に断続的に干ばつがおこっていることが記される（難波信雄「近世村落の生活と文化―加納家「年代記」の世界―」『石巻の歴史六 特別史編』石巻市、一九九二年）。

江戸時代の天候や気象に関する記録は、人間の観察にもとづく。データとの「食い違い」を「人間の記す古文書は、自然試料の観測から得られるデータと違っていい加減」と評価してしまえば、その先の発展性はない。江戸時代については推計二〇億点ともされる膨大な古文書がある。気象や気候、さらに風水害といった災害に関する記録も多い。両者をあわせて検討することが環境それ自体の復元につながっていくのである。

実は前記の古文書による古気候データベースに、仙台藩領だった宮城県や岩手県南部の史料は含まれていない。したがって、今後の検討の余地を残しているが、前述の江戸時代の概況と大きな齟齬はなさそうである。そこで、次に一七〜一八世紀の仙台藩領におけるいくつかの史実を、気候変動との関係で読み直してみたい。

気候変動から読む「伊達騒動」

一七世紀の日本列島は、戦乱が終結し、そのエネルギーや技術が新田開発に振り向けられた時代であった。仙台藩でも、伊達《だて》政宗《まさむね》が出羽国から陸奥国に拠点を移した一七世紀初頭から、「野谷地《のやち》」と表される荒地や低湿地の開発が進んだ。仙台藩は地方知行制をとっており、開発の中心は給人（武士）たちであったことが特徴とされる。荒地を与えられた給人たちは、村の百姓とも共同して開発にあたった。開発後の土地は、一定の年限で役が免除され、その後は蔵入地や大身給人の知行地となった。

　この間の仙台藩では、大きな政治的事件があった。三代藩主の伊達忠宗《ただむね》が不行跡を理由に万治三年（一六六〇）隠居させられ、わずか二歳の嫡子・亀千代《かめちよ》（のちの伊達綱村《つなむら》）が家督を継いだ。幼君の後見人となった伊達兵部《ひょうぶ》宗勝《むねかつ》（政宗の一〇男）は自らに権力を集中させて、藩の重臣層との対立をおこす。寛文十一年（一六七一）、登米郡と遠田郡《とおだぐん》の境界に位置する（宮城県涌谷町《わくやちょう》・東松島市《ひがしまつしまし》）名鰭沼《なびれぬま》周辺の野谷地の開発をめぐって、伊達式部《しきぶ》宗倫《むねとも》（登米伊達家）と伊達安芸《あき》宗重《むねしげ》（涌谷伊達家）という大身給人間での境界争いが勃発。伊達宗勝派による専横を主張する伊達安芸側の反発によって、裁許は江戸に持ち込まれる。その吟味の場にて、原田《はらだ》甲斐《かい》宗輔《むねすけ》による伊達安芸殺害事件にまで至った。

　これが、歌舞伎や小説の題材ともなった有名な伊達騒動であるが、近年では対立が頂点に達するきっかけとなった野谷地開発をめぐる政治状況が注目されている。二〇町歩以上の大規模開発の権限が、前述した幼君への相続で奉行（他藩の家老に相当）に委譲されたが、寛文三年には藩主の後見人である伊達宗勝に属したという。後見人の藩政掌握の一つの側面として評価されている（以上、平川新『〈伊達騒動〉の真相』吉川弘文館、二〇二二年）。

　ところで、水田が開発されることと、そこから収穫が得られることは同じではない。開発の経費や、領主層であれば、自らと領民の生存に必要な分を確保しても、なお十分な収穫があって、はじめて「開発の成功」と評価すべきだろう。その点で、この時期の日本列島が、前述したような温暖な気候で稲の生育に有利だったとみられることが注目される。関係者が直接言及していなくとも、その間の気候条件によって、水田の開発を通じて安定した収入が見込めるということが共通認識になっていた可能性もある。とすれば、後見人が把握した大規模開発の許認可権の持つ権力性の内実も、より具体的にイメージできそうである。

「水田リスク」をめぐって一八世紀の仙台藩地域社会

一八世紀に入ると、水田が低湿地や河川の氾濫原にまで及び、飼料や肥料のための採草と草地の創出で山林が荒廃し、土砂流入により洪水の危険を高める。当時の治水技術では洪水を完全には防げない。人為的な開発による「水田リスク」の時代が到来したとする見解が出されている（武井弘一『江戸日本の転換点』ＮＨＫブックス、二〇一四年）。全般的に湿潤だったとされる江戸時代において、一七世紀後半からは、大規模な台風や大雨がなくても、一時の増水で水田が被害をうけることは避けられないものであっただろう。

仙台藩での新田開発の全体について、寛永十一年（一六三四）、江戸幕府から与えられた最初の領地判物《はんもつ》では、陸奥国の領地高は六〇万石であったが、その後の開発により、貞享元年（一六八四）までに約三〇万石の新田が開かれた。開発の波は一八世紀初頭にピークに達したとされる（菊地勇夫『近世の飢饉』吉川弘文館、一九九六年）。牡鹿郡真野村（宮城県石巻市）の年代記には、享保元年（一七一六）から天明五年（一七八五）の六九年間で、北上川《きたかみがわ》の洪水が一三回、山沢の鉄砲水を指す「山沢水」が一八回など、四五年間は何らかの形で水害に見舞われていた（難波信雄「近世村落の生活と文化」）。

一方で、北上川河口の桃生《ものう》郡橋浦村《ぐんはしうらむら》（宮城県石巻市北上町）の川岸の氾濫原「平形なめし」に、一七世紀後半に開発された約一五〇石の新田は、一八世紀以降、増水や降水による荒廃と、村人たちによる再開発を繰り返していた。再開発自体が百姓の稼ぎの場となり、再開発直後の低廉な年貢率や、一七世紀末から活発化していた三陸《さんりく》沿岸での漁業生産をになう、近接する漁村での飯米需要が開発の動機となった。さらに、領主らとの交渉を通じて資金を調達できるような、村のリーダーも生まれていた（平野哲也「北上川下流域における村の暮らしと百姓相続」平川新ほか編『講座東北の歴史 二 都市と村』清文堂出版、二〇一四年）。「水田リスク」は一方で、地域の持続的な土地開発と経済活動、さらには村の自治能力と、その中心となる地域リーダーを生み出していたのである。

歴史学の役割

平成二十三年（二〇一一）三月十一日の東日本大震災をきっかけとして、自然災害の被害を拡大させるような、社会的な活動がもたらすリスクについての関心が高まっている。江戸時代史では、右記の「水田リスク」や、米の取引から得られる利益を、凶作だからこそ追及しようとする社会全体の動きが、飢饉の引き金を引くことが明らかにされている（菊池勇夫『近世の飢饉』）。気候変動がもたらす社会の変動とそれに対する人間の対応を掘り起こしていくことは、将来の人類社会の存続に寄与することにもつながるとの指摘（中塚武『気候適応の日本史』）は、歴史学への期待を示したものである。

一方で、そのようなリスクを軽視し、またあえて受け入れる選択をした人びとの動きもまた「歴史」である。現代社会の価値観にもとづく「教訓」を得られるような史実やデータを抽出することにとどまらず、気象・気候も含む環境に向き合いながら営まれてきた個別具体的な生のありようを、史料にもとづき明らかにし、多様な側面を示していくことが、歴史学に対する市民からの共感につながると考える。

第3章

長崎貿易と国内市場をつなぐ商人集団

彭　浩

はじめに

長崎が江戸時代の最も代表的な貿易都市だったことは周知に属する。薩摩・対馬《つしま》・松前《まつまえ》も同時代の対外関係の窓口として、それぞれ琉球・朝鮮・蝦夷地《えぞち》につながっていた（荒野泰典『近世日本と東アジア』、鶴田啓「近世日本の四つの「口」」）が、長崎は唯一の幕領というだけではなく、幕府に指定された唯一の外国商船の受け入れが可能な貿易港という特質を持っていた（ロナルド・トビ「変貌する『鎖国』概念」）。

長崎貿易の研究は一〇〇年以上の蓄積があり、実態面も制度面も豊富な成果をえている（『長崎市史 通交貿易編』、山脇悌二郎『長崎の唐人貿易』、中村質『近世長崎貿易史の研究』、太田勝也『鎖国時代長崎貿易史の研究』など）。しかし、貿易制度に関しては、「鎖国」的状況につながる幕府の貿易政策がどのようなものだったか、貿易の管理制度がどのように変遷していったかをめぐる考察への偏重があり、民間の商人や業者がそれらの政策をうけてどのように動いたか、そして最終的にどのような取引・流通のしくみができあがったかへの検討が少なく、時期ごとに貿易運営の構造を把握したうえで、長いスパンで構造的な変化を浮き彫りにする試みも欠けている。

貿易都市としての長崎は当然ながら国内各地の商人が集う場所であり、商人の多くは貿易の現場と国内市場をつなぐ役割を果たしていた。近世初期の長崎貿易は政権側の干渉が弱く、国内外の商人の間で比較的自由な取引を行うことができたが、時期が進むにつれて幕府の貿易統制は強まり、幕府が設置した貿易機関や特別に認可した商人が次々と現れた。幕府のいくたびの商法改革の根幹も、実は貿易の現場と国内市場をつなぐ商人集団への掌握に関わっていた。その点に留意すれば、いわゆる「鎖国」時代の貿易構造と流通構造の特質への理解をいっそう深めることが可能である。

本章は、①外国商人と直接取引する国内の貿易商や商業組織、②輸入品を国内の主要な商品集積地に供給する仲介商や仲買人、③国内の輸出向け商品を仕入れて外国商人に販売する商人や機関を主な考察対象とし、四つの時期に分けて長崎貿易の運営と商品流通の構造およびしくみを検討したい。

1　近世初期の貿易商人

異国船来航の長崎集中

貿易都市としての長崎の歴史は、一六世紀後期、いわゆる南蛮《なんばん》貿易が拡大していく時代に遡《さかのぼ》る。かつては、キリシタン大名として知られている大村純忠《おおむらすみただ》が領有した一寒村に過ぎなかったが、元亀二年（一五七一）に大村氏の指示により、港町として整備され、外国商船に開放させられた。その後、およそ八年間にわたる教会領（大村氏によるイエズス会への寄進）の時代と、およそ一五年間にわたる豊臣《とよとみ》政権の直轄地の時代を経て、江戸幕府の成立に伴い幕領となった。

幕府を開いた徳川家康《とくがわいえやす》は、豊臣政権期の海外通商の方針をおおむね踏襲し、南蛮商船の渡来を引き続き認める一方、朱《しゅ》印状《いんじょう》を貿易商人に交付し、東南アジア各地への通商貿易を展開させた。この時期、長崎は南蛮貿易のみならず、朱印船貿易の拠点都市でもあった。

同時代、長崎と並《なら》ぶもう一つ重要な貿易港市は、松浦氏《まつらし》が領有する平戸《ひらど》であった。中世後期以来、唐船《とうせん》（中国商人経営の商船）が頻繁に渡来し、一七世紀初期にオランダ東インド会社（ＶＯＣ）とイギリス東インド会社（ＥＩＣ）の商船も訪れ、そして商館を設けて貿易を行うことも幕府に認められた。ただし、両者の競争関係は次第に鮮明化し、一六二三年に東アジア世界の競争で劣勢をみせたＥＩＣは自ら平戸の商館を閉鎖し、日本から撤退する道を選んだ。またこの時期、唐船が多く訪れる港町としては薩摩の坊津《ぼうのつ》などもあげられ、平戸と同様に大名の領地であったため、幕府は成立早々から唐船の貿易を幕領の長崎へ集中させる意志を示したものの、それを徹底化したのは家光《いえみつ》治世下の寛永期であった（山脇悌二郎『長崎の唐人貿易』）。

寛永期、ひろく知られているように、禁教のため幕府はスペイン船やポルトガル船などの日本渡来や国内商船の海外渡航を禁止し、加えて唐船を受け入れる貿易港を長崎に限定し、ＶＯＣの商館も平戸から長崎へ移転させた。その結果、外国商船の日本貿易が認められたのは長崎一ヵ所しかなくなり、国内市場と海外市場とをつなぐ貿易拠点都市として存在感が際立つようになった。

長崎市中の取引仲介船宿

長崎が開港した情報をうけて、博多《はかた》・平戸・横瀬浦《よこせうら》などの九州各地の商人が続々と長崎に移住し、多くは船宿業に従事するようになった。町の交通便利な場所で旅館と倉庫に使える部屋を用意し外国商人を迎え入れ、また国内商人も呼び込み、両者の間に仲介者を務めて手数料をとる生業であり、市中で最も利益のある分野にもなった。

一七世紀以降、唐船貿易の拡大に伴い、唐船商人を相手とした船宿、いわば唐船宿（唐人宿とも称す）が次々と開業した。実は、南蛮貿易の時代には、ポルトガル商人の貿易品販売を仲介する船宿もあり、ポルトガル船への投資にも深く関わった。オランダ商館側の史料によれば、寛永七年（一六三〇）頃、商館にとって最も重要な取引相手である堺《さかい》の商人錺屋藤《かざりやとう》左衛門《ざえもん》や革屋《かわや》ジュエモンは、長崎でポルトガル人の宿も経営し、寛永期の禁教強化に伴いポルトガル人が追放されていく状況のもと、これらの船宿は多大な損失を蒙った（永積洋子『平戸オランダ商館日記』）。

ポルトガル人の日本渡来が禁止されたのち、市中に散住できるのは唐船商人しかいなかった。その時期は、ちょうど大陸の明から清への王朝交代期にあたり、避難のため日本に亡命する中国人が増え、定住志向のある長崎在住の中国系商人も船宿業に従事し始めた。

五ヶ所商人と糸割符制

南蛮貿易の時代から、地元長崎の町人のほか、堺や京などの都市に居住する商人も外国商品を入手するため直接長崎を訪れて外国商人と取引していた。徳川幕府が開かれた直後の慶長九年（一六〇四）、家康の認可をえて、堺・京・長崎という三ヵ所の有力町人は、その時代の最も重要な輸入品である中国産生糸（白糸）を購入するための仲間集団を結成し、のちには新興都市として成長してきた大坂と江戸の有力町人の参加も認められ、合わせて「五ヶ所」と称された。こうした五ヶ所商人は、ポルトガル船がマカオから舶載してきた白糸をランク分けして、それぞれ固定の価格で一括購入し、それから事前に決めた配当率により仲間内で配当を行う仲間集団であり、糸割符《いとわっぷ》仲間と通称された。

こうした価格交渉相手の一本化は、ポルトガル商人にとって不利のようにみえるが、実はポルトガル人の通商が及ぶマニラのような港市によくみられる、「パンカダ」か「パンカド」と呼ばれた取引慣習に類似している。制度の定着に伴い、五ヶ所商人は、長崎に事務所として会所《かいしょ》を構え、そこに各都市の商務代表としての宿老や、商品鑑定を務める目利などの役人を駐在させるようになった。そして糸割符仲間の商人は、本来は生糸を受け取ってからまた各地の市場に届けて転売する存在であったが、時の経つにつれ次第に利権化し、長崎の糸割符会所は生糸の仲介売買を担当し、生まれた利銀を仲間内で配分する体質に変わった（中村質『近世長崎貿易史の研究』）。

糸割符制の適用拡大

ＶＯＣとＥＩＣの平戸通商が始まる時期、五ヶ所商人の姿は平戸にも現れた。とくに、一六二〇年代以降、ＶＯＣは台

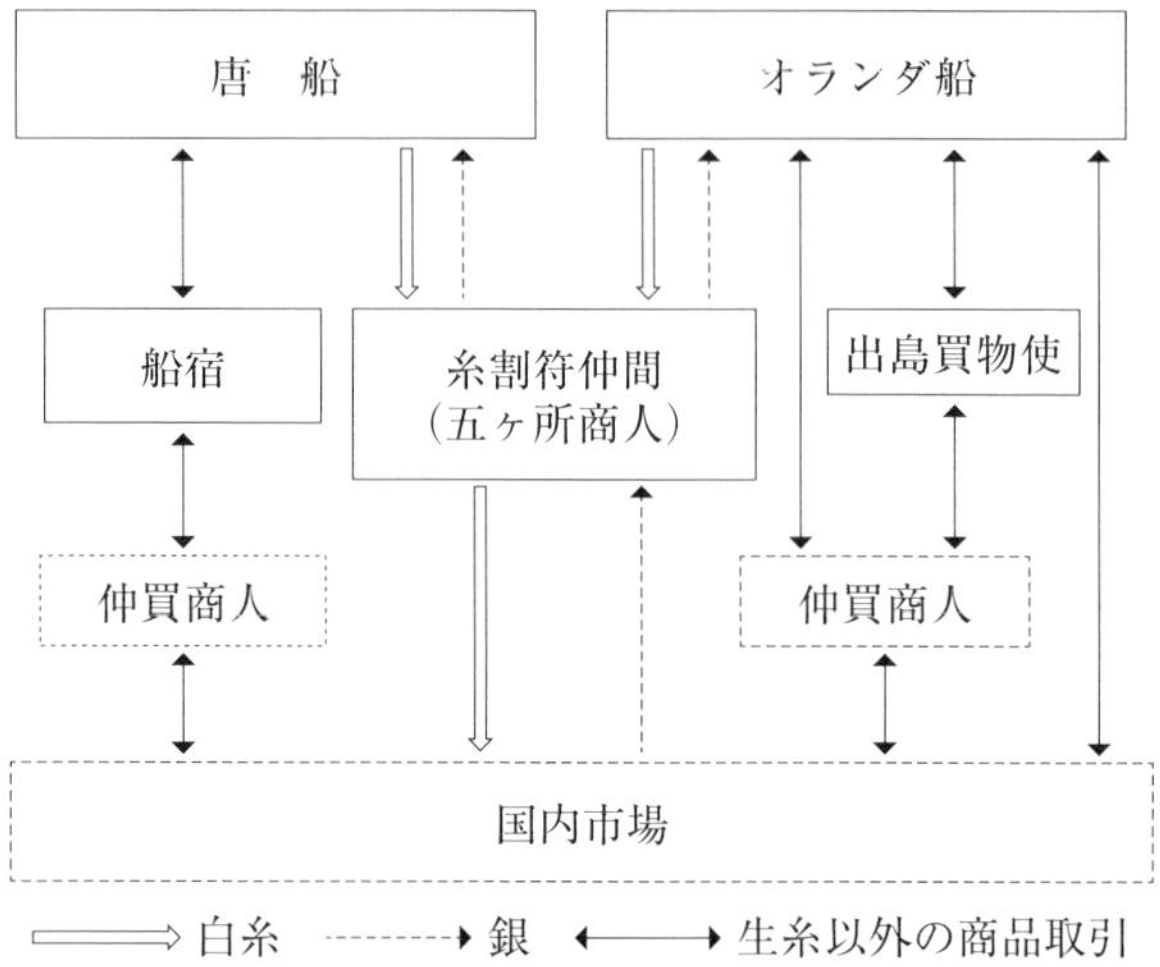

図3-1　17世紀中期の貿易構造（1641～55）
幕府の先買および，幕府や諸藩の御用商人が関わる商売を略す．

湾島の西南部で植民地活動と貿易の拠点を築いてから、福建《ふっけん》商人が舶載してきた白糸などを買い取り、また平戸に転送してきた。白糸の買付を狙う国内の商人も徐々に増え、五ヶ所のほか、幕府の高官や諸藩の大名と縁故のある商人や平戸現地の町人なども活発的に活動していた（吉村雅美『近世日本の対外関係と地域意識』）。買い手商人が増え、相互の競争が激しくなり、糸価が吊り上げられていくのが自然の成り行きであった。

　五ヶ所商人は自らの利益から、ポルトガル船の舶載白糸のみを対象とした糸割符制がすべての外国商船の白糸貿易をカバーできることを希望し、そのため幕府にいろいろと働きかけた。それは、糸価の安定を図る幕府の思惑と合致することであり、結果的には、寛永時代の中・後期、糸割符制の拡大は二つのステップを経て実現されるようになった。まず、糸割符制のもとで決定された糸価は寛永八年（一六三一）に唐船貿易、同十年に平戸のオランダ船貿易に適用されることが命じられた。これに対しＶＯＣ側は、家康時代から将軍の朱印状や老中奉書《ろうじゅうほうしょ》などの形で保証された「自由貿易」が侵害されたと訴え、適用の撤廃を求めた（東京大学史料編纂所編『オランダ商館長日記 訳文編之一』）。しかし、幕府の方針はすでに固まり、撤廃するどころか、唐船貿易の長崎限定（寛永十二年）とＶＯＣ商館の長崎移転（同十八年）に伴い、価格の適用のみならず販売対象も糸割符仲間の五ヶ所商人に限定されるようになった。

ＶＯＣ商館移転後の貿易構造

移転後十数年間の長崎貿易の構造は、おおむね図3―1の通りである。まず輸入白糸に関しては、基本的には、五ヶ所商人は唐船とオランダ船が舶来してきた白糸を一括購入し、さらに国内の商人に向けて転売していた。ただし、五ヶ所商人の糸取引が始まる前、政権側の先買、すなわち一部の白糸が幕府により買い付けられるという慣習があった（加藤榮一『幕藩制国家の形成と外国貿易』）。その一方、幕府の配慮のもと、一部の藩は、特典として一定割合の生糸を買い取る権限を与えられた（藤野保「大名領国における糸割符制の変遷と商人の動向」）。

生糸以外の商品に関しては、唐船の場合は、輸入品の販売も輸出品の仕入れも船宿を介して行われた。唐船から舶来品を購入する商人の一部はまた一方で、オランダ船からも海外の商品を入手する可能性があった。出島《でじま》では、砂糖や織物類などの展示会が随時に開催され、入札の形で販売され、一方で漆器や銅などの帰り荷として必要な国内産品については、長崎現地の職人または京・大坂など各地から長崎に訪れてきた仲買商人を出島に呼び寄せ、通訳を務める通詞《つうじ》を挟んで直接契約を結び注文していた（『オランダ商館長日記　訳文編之九』、同一〇、同一一）。

また、買物使《かいものつかい》と呼ばれた、出島に日常生活品を供給する長崎現地の小商人も、商館側の注文をうけて若干の輸出用商品の調達を担当した（詳細は第三節）。なお、幕府の高官や諸藩が海外商品を購入するために派遣した役人や御用商人もしばしば「買物使」や「買物掛」と呼ばれた。

この時代、幕府の貿易統制は主に白糸貿易に現れた。幕府は、外国商人と白糸を取引する特権を幕領の主要都市の有力商人つまり五ヶ所商人に付与し、五ヶ所商人との連携をとりながら、国内市場の糸価高騰の抑制と、海外産品の安定的な輸入の実現を図った。白糸輸入以外の側面では、外国商人と国内の民間商人（図3―1の船宿や仲買商人など）との間の比較的自由な取引が認められていた。

2　貿易仕法の模索と商人の動向

自由商売への一時的な復帰

明暦元年（一六五五）、幕府の指示により糸割符制が廃止された。それを促したのは、鄭氏《ていし》配下の唐船商人による価格操縦とされている。アモイなどの港市を拠点とした鄭成功《せいこう》の勢力は、明政権にかわって中国をほぼ全域支配した清政権に対抗し、東南沿海地方で清軍との攻防戦を繰り返した。内陸から鄭氏への物資供給を断つため、清政権は商民の海外渡航を禁止するなどの政策、つまり海禁を敷いた。これをうけて鄭氏集団は、長崎・マニラ・マカオなど各地との貿易を促進することで活路を見出そうとした。この時期に長崎に渡航してきた唐船の大半は、鄭氏集団に属すか、その保護をうけた商船であった。鄭氏は、貿易シーズンの秋季に一度定まった価格がのちの一年中適用されるという糸割符制の弱点を見抜き、初めは少数の船のみを長崎へ渡航させ、糸価が高く設定されたのちにまた大量の生糸を載せる船団を派遣し、すでに定められた高めの価格で生糸を売却して巨利を博した。

しかし、それは単なる糸割符制の廃止を導いた契機に過ぎず、実際にはより深層的な原因があった。まず、一七世紀中期になると糸価の高騰が続き、本来は糸価の抑制のために結成を認められた糸割符仲間は存在感を失いつつあった。次に、糸貿易への新規参入を目指す新興商人は、旧体制の打破を求め幕府にいろいろと働きかけたようである（木崎弘美『長崎貿易と寛永鎖国』）。

糸割符制が廃止されると、いわゆる「相対《あいたい》商売」、すなわち国内の民間商人と外国商人との双方が自由に取引する状況が出現した。高品質の白糸に対する国内市場の需要が堅調であるため、おびただしい数の商人が長崎に赴いて個別に価格交渉を行うと、また全般的な価格の高騰を招いてしまう結果となった。この時代、海外の市場で売れる日本の産品は、漆器や磁器のような小口商品以外に、銀を筆頭とした貴金属類に限られていた。したがって、輸入品の価格高騰は、貴金属商品の大量な海外流出を意味したのである。

唐船貿易の宿町制

こうした自由商売の環境のもと、民間の取引仲介業者としての船宿の成長が著しかった。ただし、市場メカニズムが働いた結果、貿易の利益が一部の船宿、とくに定住中国系商人が経営する船宿に集中していく傾向が生じた。これに対し、町中からは利益均霑の要求が高まり、やがて宿町制《しゅくまちせい》が導入された。

本来は、唐船が入港したのち、どの船宿を利用するのかは唐船商人に自ら選ぶ自由が与えられた。寛永期に唐船の渡航が長崎一港に限定されたのち、奉行所の指導のもと、船宿の主要な収入源である仲介手数料、つまり口銭《こうせん》の一部をとって惣町つまり町全体へ還元する制度が採り入れられ、おのおのの町の順番を立て配分し、番当たりの町は「宿町」と呼ばれた（中村質『近世長崎貿易史の研究』）。

こうした配分のしくみは、寛文六年（一六六六）に導入された宿町制にいかされた。惣町を構成する町々（VOC商館が所在する出島町と、遊廓街としての丸山町《まるやままち》・寄合町《よりあいまち》を除く）は、事前に決定された順番で船宿のように、唐船の商人および他の乗組員へ宿泊施設を提供しながら、取引仲介・商品調達・荷役・船の保管などの唐船商人滞在中の世話役を務めた。番当たりの町はやはり「宿町」と呼称されるが、一つの町の力（旅館に使用可能な家屋、動員できる人力など）だけでは唐船一隻の世話を丸ごとみるには無理があり、もう一つの町（付町）の助力も命じられ、二つの町が共同で対応する体制が形成されたのである。

この時期、おのおのの唐船には船頭（船主ともいう）と呼ばれた責任者が一名付いているものの、便乗する商人いわゆる「客」は一〇名から数十名おり、それぞれ自分の貨物を持ち独自に商売を行う状況であった。船頭と一般の乗組員は指定された宿町と付町に居住するが、客商人の多くは以前の通りもともと親交のある船宿に宿泊し、積み荷の販売や帰り荷の調達なども依頼することが後を絶たなかった。やがてそれらの船宿は「小宿」と称され、宿町を補佐する下請け業者として経営を認められ、その見返りに口銭の一部を宿町に還元することで両者の共存を図った。

出島の買物使

出島は、オランダ人を長崎の町人社会から隔離するための人工島であり、周りには海があり、橋一本で市中につながる。日常生活の需要を満たすには、買い物を手伝ってくれる人が不可欠であった。前節の最後に少しふれた買物使はその役目を果たす商人であり、「コンプラ仲間」とも呼ばれている。「コンプラ」はポルトガル語の「コンプラドール」（compra-dor）に由来し、商品仕入れの代理商を指す。広州《こうしゅう》などの貿易都市にも存在し、中国語では「買弁」と称された。平戸の時代から、買物使の前身にあたる商館付コンプラドールはオランダ商人の注文をうけて買い物の手伝いをしていた。商館移転を機にして平戸時代のコンプラドール二名、小柳兵左衛門《こやなぎひょうざえもん》と鮫屋《さめや》久左衛門《きゅうざえもん》も幕府の許可で長崎に随行してきた。承応二年（一六五三）に業務の繁多で人手不足になり、平戸から平山利兵衛《ひらやまりべえ》ほか三名が長崎に呼び出された。しかしそれも大きく改善せず、一三年後にまた奉行の指示で村田彦左衛門《むらたひこざえもん》ほか九名が加えられ、総数は一六名となり、二人ずつが一ヵ月交代で勤める体制が確立した（松井洋子「出島とかかわる人々」など）。

出島の買物使たちは、のちの日本側の史料で出島諸色売込人と呼ばれるようになった。ここでの「諸色」はおそらく、長崎滞在中の日常生活に必要な雑貨類商品を指しているが、実際には醬油や醬油瓶のようなＶＯＣ向けの雑貨類商品も含まれていた。

貨物市法と五ヶ所商人の再結成

相対商売のもと、輸入価格の高騰により貴金属の大量流出には歯止めがかからなかった。一方、国内でもそれらの貴金属が貨幣鋳造の材料として使われ、人口増に伴い需要量も拡大し、各地の鉱山の生産が伸び悩むにつれ状況はさらに深刻化した。これを背景に、寛文十二年（一六七二）に、長崎奉行の牛込忠左衛門《うしごめちゅうざえもん》の主導のもと、いわゆる貨物市法《かもつしほう》が導入された。端的にいえば、それはかつての糸割符制のメカニズムを、各種の舶来品の取引に適用させる制度として設計された。

前の糸割符制の時代と同じく、五ヶ所商人は再び仲間集団を組み、市法会所と呼ばれた事務所を長崎に置き、幕府の御用商人が扱う商品、および宿町が扱う一部の唐船商品を除けば、他の輸入品を一括購入し、また入札の形で国内に向けて販売し、売買の利銀を内部で持株による配当を行うしくみであった。価格の決定についても、日本側が主導権を握り、市法会所がまず五ヶ所の目利の評価意見をまとめたうえで価格設定の原案を提示し、奉行の承認を得れば、それは輸入品購入の原価となる。外国商人がそれに納得すれば取引が成立し、納得しなければそのまま積み帰るしかない、相当受け身的な地位に追い込まれた。なお、ここでの「五ヶ所」は長崎・京・堺・大坂・江戸という五つの都市のみを指しているわけではなく、幕府が定めた五つの「裁判」（「宰領」とも称す）つまり商業区のことであった。例えば、平戸の商人は「江戸裁判」、薩摩の商人は「大坂裁判」に属し、各藩は「五ヶ所」に配属された自藩の商人を介して長崎貿易に関わることができた。全国の市法商人の数は六〇〇〇人以上に達し、「長崎裁判」の商人は単独で九割前後を占めた（太田勝也『鎖国時代長崎貿易史の研究』）。

貨物市法の実施は、舶来品の買い取り価格を抑える効果をもたらした一方、長崎をはじめ「五ヶ所」の商人が貿易に参入し利銀の配当をうけることができるため、国内ではひろく歓迎され「良法」と評価されていた。

貨物市法時代の貿易構造

図3-1にみられるVOC商館移転後の状況と比べながら、貨物市法期の貿易構造を確認しておく。重要な変化は三点ある。まず、かつての糸割符仲間の地位は市法商人に変わった。市法商人も糸割符仲間と同じく「五ヶ所」に所属する商人で構成された商人集団であるが、白糸のみならず、各種の輸入品を国内市場に供給する存在となった。輸入貿易への幕府の統制は全面的に拡大したといえよう。

次に、唐船貿易のサイドでは、かつての船宿が果たしていた取引仲介の機能は主に宿町にとって代わられ、船宿の一部は宿町を補佐する小宿として残存した。宿町制も糸割符制と同様に、外国商人にとって自由な取引活動の制限であったが、町人間の利益均霑を確保する都市政策の側面が強かった。

三点目の変化は、市法商法が導入されてから数年後、輸出品供給の分野に現れた。一七世紀後期、銅の輸出は、幕府による禁輸が一時にあったものの、全体的に拡大していく傾向があった。泉屋《いずみや》（住友家《すみともけ》の祖先）・大坂屋《おおざかや》・平野屋《ひらのや》などの銅吹屋が成長し、大坂を拠点に各地から集積された荒銅《あらどう》（粗銅）を精錬し純度の高い棒の形の棹銅《さおどう》に加工した。棹銅を長崎に運送して外国商人に売り込む商人は銅屋と呼ばれ、輸出銅分野の仲買商人の役割を果たしていた。ただし、銅屋と銅吹屋は完全に分業されたわけではなく、住友家のように銅屋も兼ねる有力な銅吹屋も存在した。延宝六年（一六七八）、大坂奉行の裁定で、由緒のある銅貿易商一六人の銅屋株が公認され、幕府の輸出品を扱う仲買商人への統制の端緒となった（今井典子『近世日本の銅と大坂銅商人』）。

3 長崎会所を軸とした運営体制の形成

貿易統制の強化と長崎会所の設置

康熙二十三年（一六八四）、清政権は鄭氏の勢力を降伏させ、長年にわたる海禁を解除し、中国商人の海外貿易を認めた。この時代、日常的に使われる貨幣である銅銭の鋳造材料を調達するため、清政権は日本産銅の輸入を強く期待した。これにより、長崎渡航の唐船は激増し、年間一〇〇隻の規模を超えた。しかし、日本側では貴金属以外には輸出の主力商品が欠如したため、貿易の拡大による銀や銅の大量流出は深刻な問題として浮上した。

対策として幕府は、貞享二年（一六八五）に定高《さだめだか》、つまり年間貿易総額を設定し、同年に貨物市法を廃止して糸割符制を復活させた。さらに三年後、年間受け入れ唐船の隻数も制限し始めた。その年の定数は年間七〇隻であったが、のちに何度も調整され全体的には段々縮小していく傾向であった。また、制限による密貿易の増加を防ぐため、幕府は、元禄元年（一六八八）に市街地に隣接する十善寺郷《じゅうぜんじごう》の御用薬園の地を整備し、唐人を収容する施設として唐人屋敷を建設することを決定し、翌年の春から使用させ始めた。

一方、この時期、国内の銅生産量がさらに伸びていき、銀に代わって最も重要な輸出品になった。元禄八年、江戸の豪商伏見屋四郎兵衛《ふしみやしろうべえ》が、運上金《うんじょうきん》を納めることを条件に、定高枠外で銅の輸出貿易の請負を幕府に認められ、銅代物替《しろものがえ》という名目の銅輸出を始めた。翌年さらに規模を拡大し、金一万両の運上を幕府に約束した。しかし、次の年になると、個別の請負商人ではなく、長崎で代物替会所を立ち上げ、会所の運営を長崎町年寄高木彦右衛門《たかぎひこえもん》たちに任せた。当年度の収益は金四万五〇〇〇両に達し、そのうち三万五〇〇〇両は運上金と命じられた（山脇悌二郎『長崎の唐人貿易』）。

こうした動きは、当時の勘定奉行荻原重秀《おぎわらしげひで》が主導した積極的な財源創出策の一環としてとらえることができよう。幕府は貿易都市長崎の有力町人層を取り込み、貿易への介入拡大を図り、元禄十一年にまた長崎会所という機関を設置し、町年寄を筆頭とした町役人を実際の運営にあたらせ、銅代物替のほか糸割符会所が特権的に取り扱ってきた糸類商品の一括購入と国内向けの販売も担当させた。長崎会所は、生糸の輸入貿易と銅の輸出貿易を独占的に行うことで、多大な利益を獲得したが、会所役人の給料・会所運営費・町人（借家層も含む）全体への配分銀を残し、残余はすべて幕府に運上することが求められた。このように、幕府の貿易統制は運上金の徴収による利益収公と直結するようになったのである。

唐館出入商人の指定制

唐人屋敷は長崎では唐館《とうかん》とも呼ばれ、その設置により、かつて宿町や小宿が持っていた唐船乗組員への宿泊提供の機能はこの一ヵ所に吸収させられた。設置直後、唐人の買い物はどうすればよいかという現場の役人の問い合わせをうけて、長崎奉行は当面の間、唐人は旧知の小宿に自由に頼んでよいとの指示を出した。しかしその後、商品授受時の密売買を防ぐため、分野ごとに商人を指定する傾向が次第に現れた。まず元禄五年（一六九二）、滞在中の肴・野菜の供給分野に始まり、町人権左衛門《ごんざえもん》ほか四名は「唐船用肴・野菜」の支配人に任命され、唐館出入用の提札《さげふだ》も交付された。数年後、奉行所はまた、町人の博多屋《はかたや》平左衛門《へいざえもん》・博多屋《はかたや》吉兵衛《きちべえ》二名を、海産物を扱う俵物《たわらもの》大問屋に任命した。宝永四年（一七〇七）、数名の唐館出入商人の密売事件が摘発され、翌年に奉行所は、出入商人への管理を強化するため、商品ごとに担当商人を指定し人数や取引仕法を詳しく規定した。

当該法令に現れた商品名には、俵物・銅器物・蒔絵《まきえ》道具・小間物《こまもの》・伊万里焼《いまりやき》のような貿易品のほか、野菜・肴・薪・調味料などの滞在中の生活用品もみられる。貿易品の販売と日用品の販売との枠組みの違いは明確ではなかった。売買の方法は大体二種類があり、俵物のように、担当商人が唐人側の注文に応じて商品のサンプルを館内に持ち込み、通訳に携わる通事《つうじ》を介して価格を相談し、交渉成立後に商品を調達する方式もあれば、銅器道具や漆器道具などに関しては、担当商人が札場《ふだば》と呼ばれた唐人屋敷の大門と二ノ門の間の広場で出店し、通事を挟んで唐人と対面して取引を行う方式もあった。これらの商人は、一八世紀中期のある時点から売込人と称されるようになった（彭浩「唐船貿易の統制と売込人」）。

正徳新例と値組法

一八世紀に入ると、銅の生産量は早くも限界を迎えてきた。この時期、将軍家宣《いえのぶ》の侍講《じこう》を務める儒者の新井白石《あらいはくせき》は、荻原重秀が主導する財政政策を批判するスタンスに立ち、貴金属の流出を試算して貿易緊縮の必要性を訴え、そしていわゆる白石上書の貿易政策の改革案を幕閣に提示した。幕政を主導した老中格側用人《そばようにん》間部詮房《まなべあきふさ》もそれに賛同し、長崎奉行の議論を経て修正案を練り上げ、正徳五年（一七一五）に貿易統制を強化するための一連の措置を発令した（太田勝也『鎖国時代長崎貿易史の研究』）。それらはのちに「正徳新例」という名でまとめられた、江戸時代の最も代表的な貿易法令の一つであった。

新例の内容といえば、一般的な日本史の教科書や概説書には、唐船貿易とオランダ船貿易の定高を新たに確認したうえで、年間受け入れる外国商船の隻数を減らし、年間銅輸出量も制限したことが述べられているが、取引方法の変化という点からすれば、値組《ねぐみ》法の適用範囲の拡大も特筆される。

それ以前は、糸類商品の場合は、糸割符制が復活されたため長崎会所による価格評価つまり値組で購入価格を決定したが、糸類以外の輸入品に関しては、会所の監督のもと舶来品の展示会が開催され、国内の商人が入札に参加し、高い価格を提示した商人が商品の購入者になり、代金を会所を介して荷主にあたる外国商人に渡すしくみであった。売り手市場のため、こうした入札法を用いると自然に輸入品の価格高騰を招いてしまう。値組法に切り替えると、長崎会所は外国商人から直接商品を購入する唯一の取引相手になり、会所側が買付希望価格の帳簿つまり値組帳を作成し、それをベースに外国商人と価格を交渉し、商談で若干の価格調整は許されるものの、値上げの幅は相当抑えられ、買い手にとっては非常に有利な状況であった。会所はこうして値組法で安く購入した商品を、また国内商人に対して入札法で高く売り出し、売買の利を存分に享受することができた（山脇悌二郎『長崎の唐人貿易』）。

貿易の利潤を二分し、一部は主に長崎町人への配分、いわば「地下配分金」とし、一部は幕府への運上金とする配分法は、前に述べた会所成立期と変わりはなかった。しかし、会所成立の当初は〈地下配分は定額、運上は余剰分〉という決まりだったが、新例実施のおよそ八年後に〈運上は定額、地下配分は余剰分〉へと調整された。のちには会所の経営状況により、運上金の額が改訂されたり、一時廃止されたり、また復活されたりした経緯もあった。

抜け荷と唐物の流通統制

新例は年間唐船貿易の隻数を三〇隻まで大幅に削減した。これによる密貿易の拡大を防止するため、貿易統制の遵守を承諾した唐船商人に通商許可書として信牌《しんぱい》を発行する制度を導入した。新例が実行に移ると、信牌を持たない唐船が北九州海域に移動し、往来する日本の民間商船と密かに取引する機会を狙う事態が発生した。幕府は享保二年（一七一七）と翌三年の間、北九州地域に目付《めつけ》を派遣し、密貿易船を駆逐するための萩《はぎ》・小倉《こくら》・福岡諸藩の共同作戦を決行させ、信牌制の運用を徹底させた（彭浩『近世日清通商関係史』）。

一方、密貿易の取り締まり強化は、単なる密輸の水際対策にとどまらず、唐物《からもの》（唐船の舶来品のみならず、すべての輸入品への汎称）の国内流通にも及んだ。長崎から上方、または九州各地に搬送された唐物は、通常は荷受問屋（荷請問屋とも書く）を経てから該当地域の市場に流れ込む。これらの荷受問屋は、長崎問屋や唐物問屋とも称され、本来は商品経済の成熟化に伴い民間に自然に生成したものと考えられるが、上方市場では、早くも一七世紀中期頃に幕府によって個別の問屋に指定される傾向が生じた（山脇悌二郎『近世日中貿易史の研究』）。ただし、長崎貿易の商法変革の状況を勘案すると、そうした指定問屋による独占的な荷受は、同業者から反発をうけやすく、当初から変動せずに維持されていたと考えられない。受荷問屋の指定制度の定着は、大坂の唐薬問屋株仲間の結成にみられるように、おそらく物価と流通の統制を強化する享保改革期を待たなければならなかった。

上方市場を経由せず、直接長崎から唐物が流入してくる九州各地にも、享保期以降に諸藩が唐物の荷受問屋を指定する傾向が生じた。佐賀藩・福岡藩の事例はすでに確認され（丸山雍成「商品流通と交通」、八百啓介「近世福岡藩における唐物流通」）、久留米《くるめ》藩《はん》も成立の時期は不明であるものの、一八世紀のある時期から同様な荷受問屋の指定制度が現れた（「町奉行勤方覚」久留米市教育委員会所蔵）。

このように、一七世紀後期・一八世紀前期、幕府の貿易統制は、長崎会所の設置や値組法の適用拡大で最も厳格なレベルに達した一方、五ヶ所商人の認可・監督と荷受問屋の指定を通じて、唐物の流通統制も着々と進められた。

4 会所貿易に関わる商人と商業機関

五ヶ所商人の新たな位置づけ

本節では図3-2をみながら、長崎会所の後ろで貿易品の流通や集荷を担う商人と商業機関について検討したい。まず

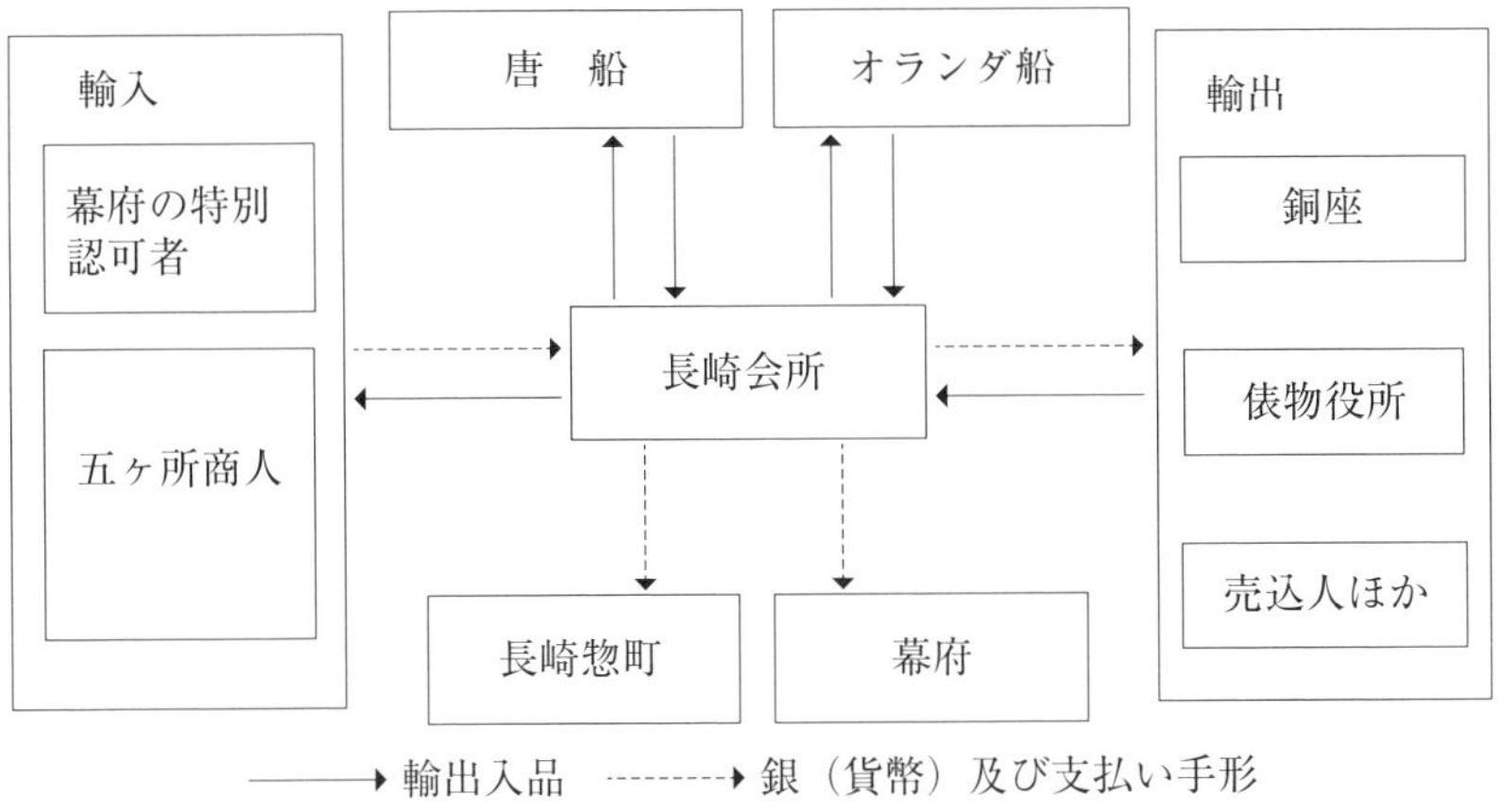

図3-2　18世紀後期・19世紀前半の貿易構造（彭浩 *Trade Relations between Qing China and Tokugawa Japan*, Fig 2. 10. にもとづいて微修正）

注目したいのは、五ヶ所商人である。

値組法の適用拡大により、国内各地の商人は直接に外国商人から輸入品を購入することができなくなり、輸入品を入手するには長崎会所が開いた入札会に参加する必要があった。しかも、入札会はすべての商人に開かれるわけではなく、本商人と呼ばれた資格所有者しか参加できなかった。資格取得の条件は、五ヶ所への所属が認められることであり、資金力や人柄が五ヶ所のなかの一ヵ所から認められ、当該箇所の責任者（宿老）から「根証文《ねしょうもん》」と呼ばれる保証書がもらえれば、本商人の資格を取得することができる。

長崎を除く四ヵ所はかつてのように、毎年、宿老などの役人を長崎に派遣した。唐船やオランダ船が入港すると、宿老たちは、長崎奉行所に集まり、そこで船の積み荷帳をみせられ、それぞれ書き写したうえで、すみやかに大坂などに情報を転送し、それをうけて上方市場の相場は高下したという（「五ヶ所商人大意書」一橋大学所蔵写本）。

近世初期以来、「反物」つまり生糸や絹織物は主として織物生産の中心地である京、薬種・砂糖類などの「反物」以外の貿易品は主として国内最大の商品集散地大坂に運送されていた。落札した五ヶ所商人は、陸上または海上の運送業者を利用し、商品を大坂と京の荷受問屋に届け、荷受問屋を介して上方市場に供給していた。一方、九州各地では、一八世紀以降、五ヶ所商人が落札した商品を長崎の市中商人か長崎に訪れた諸藩の旅商人に売り渡し、市中商人や旅商人がまた各城下町に設けられた荷受問屋を介して地方市場へ唐物を供給するという「近国」地方への流通ルートも次第に確立された（八百啓介「近世福岡藩における唐物流通」、「町奉行勤方覚」久留米市教育委員会所蔵など）。

銅の供給体制と大坂の銅座

元禄九年（一六九六）、すなわち前節でふれた、伏見屋による銅代物替（定高枠外に特別許可された取引）の開始の一年後、定高枠内の銅貿易への運上賦課も幕府に求められるようになった。それを機に江戸商人桔梗屋《ききょうや》又八《またはち》ほか二人も自らの一手請負を願い出、幕府に認められたものの、順調に始動できなかった。勘定所の役人が再調整した結果、元禄十四年に大坂で銅座が開設され、これで銅屋が銅貿易の主役を務める時代は転換期を迎えた。

銅座が成立してまもなく資金繰りが行き詰り、事実上は、銅吹屋仲間は長崎の銅廻送を請け負うようになり、そうした状況のもと銅座がついに成立の一〇年後に廃止された。その後、銅吹屋仲間による長崎廻銅は数年間続いたが、享保元年（一七一六）頃から、長崎会所が①荒銅の購入、②銅吹屋への鋳造委託、③長崎への棹銅廻送、④外国商人への販売などを全面的に担うよう命じられた。

しかしその後も、銅相場などの影響により輸出銅の供給体制が落ち着かず、銅座の設置と廃止が繰り返され、数十年にわたる試行錯誤を経てようやく、明和三年（一七六六）に長崎奉行も兼任する勘定奉行石谷清昌《いしがやきよまさ》の指示により、銅座が大坂で三度目の設置をみ、輸出用銅のみならず、国内市場に供給する銅の生産と流通もまとめて管理する体制が構築され幕末まで存続した（今井典子『近世日本の銅と大坂銅商人』）。

また、銅相場の上昇をうけて輸出用銅の外国商人向けの販売価格は一時的に引き上げられたこともあるが、一八世紀中期から幕府の指示により固定された。しかも固定された価格は国内相場より遥かに低かった。こうした赤字の銅貿易は長期にわたり続いた。それを成り立たせたのは、長崎会所が輸入貿易の分野で巨額の利益を得て銅貿易の損失を補塡するのに十分に余裕があると試算・考量されたためだったと考えられる。

海産物の集荷統制と俵物請負人・俵物役所

銅輸出がピークに達した一七世紀末、唐船貿易の海産物の輸出も少しずつ拡大した。前節でふれたように、元禄期・宝永期からすでに取扱い問屋を選定し、俵物の取引を総括させる動きが生じた。しかし、のちにさまざまな調整が行われ、不安定の状況は長く続いた。

試行錯誤の結果、一七四〇年代中期になると、八名の市中商人がいわゆる俵物一手請方問屋に任命され、全国範囲で俵物の独占集荷は始まった。彼らは長崎のほか大坂・下関《しものせき》に俵物会所を設け、江戸などにも指定問屋を置き、それぞれの地域の集荷を分担させた。なお、松前は俵物の最大産地であり、そこに進出した近江商人は松前の干しナマコなどを長崎に運送し、長崎の俵物会所に供給していた（小川国治『江戸幕府輸出海産物の研究』）。

一八世紀中期以降、いわゆる田沼《たぬま》時代になると、老中首座に登り詰めた田沼意次《おきつぐ》本人はもちろん、上は勘定奉行や長崎奉行なども幕府の財政再建に知恵を絞り、下は会所の役人や唐通事たちも貿易の低迷状況の打開策に腐心していた。さまざまな新規事業を開いて財をなす「山師」のような性格の人びとが各分野で大活躍する時代となった（藤田覚『田沼時代』）。こうした時代背景のもと、幕府は海産物の輸出拡大を狙い、安永七年（一七七八）に沿海各地の俵物増産を奨励する政策を打ち出し、そして干しアワビや干しナマコのような商品を可能な限り輸出に供給するために国内の流通と消費を制限した。こうして海産物の輸出は増加し、次第に銅を凌ぐ首位の輸出品となった（荒居英次『近世海産物貿易史の研究』）。

続いて天明五年（一七八五）、幕府はまた俵物の一手請負体制を廃止し、長崎会所の一部局として俵物役所を設置し、同時に輸出向け高級海産物の国内市場での自由売買も禁じ、献上品を除いてすべて俵物役所へ売却するよう命じた。各地の俵物問屋も俵物役所に配属する下請問屋として再編成された（小川国治『江戸幕府輸出海産物の研究』）。こうして俵物役所を軸とした全国範囲の網羅的な集荷体制が整えられた。

雑貨類商品の供給体制と売込人

一八世紀中期以降の長崎会所関係の帳簿類史料をみると、唐船貿易の輸出品は銅・俵物・諸色という三つの枠に分けられるのが一般的であった。広義の俵物は各種の海産物を指すが、取引枠としての俵物は干しナマコ・干しアワビ・干しフカヒレという三品の高級海産物に限定されている。銅・俵物以外の商品は諸色、つまり雑貨類と位置づけられ、昆布をはじめとする海産物もあれば、椎茸・寒天・和薬種・伊万里焼・漆器など、海産物以外の商品も多数含まれている。高級海産物および昆布などは、前に述べたように、はじめは長崎の俵物請負人、のちに俵物役所によって集荷を担当されていた。それ以外は大体小口の雑貨類商品であり、集荷の担い手は主に、売込人と呼ばれた長崎地元の商人たちだった（彭浩「唐船貿易の統制と売込人」）。

唐船貿易の売込人の前身は、第三節で述べた宝永期の唐人屋敷の出入商人だったと考えられる。当初は彼らに対するまとまった呼称がなく、一八世紀中期のある時点から売込人の名をつけられ、奉行所や会所関係の史料に現れた。売込人の具体的な担当がわかる史料は、いま確認できる範囲では、文化十一年（一八一四）に作成された諸色類商品の価格と冥加《みょうが》銀《ぎん》などを書き写した書物しかない（「唐方渡諸色直段幷冥加銀取立候元極書付」九州大学附属図書館所蔵）。当該史料から、売込人が基本的に品種ごとに指定されたことがわかる。一方、長崎の町人が務める売込人と性格的に異なる諸色の提供者もあり、薩摩藩の長崎蔵屋敷が代表例であった。薩摩藩は長きにわたって樟脳《しょうのう》という代表的な国産品を、長崎会所を介して外国商人に販売していた。

また、一八世紀中期以降、貿易品を扱う商人と生活用品を扱う商人との役割分担も決められた。唐船の場合は、諸色屋八名は仲間を組んで館内諸色売込人を務め、制度上はもっぱら唐人の日常生活品を供給する商人であったが、彼らはまた別枠で、五棓子《ごばいし》（ヌルデミミフシの虫癭《ちゅうえい》、薬種や染料として使われる）や寒天を貿易品として唐船側に売り込むことを奉行所によって認められた（「唐方売込五棓子之儀ニ付諸色屋共願出候次第、和薬屋嘉右衛門相糺取調子申上候書付」文化十一年、長崎歴史文化博物館所蔵)。この点は、前節で述べた出島諸色売込人（前身は出島買物使）とほぼ同様であった。

本節でみてきたように、一八世紀中期以降、どのように輸出品の集荷を確保するのかが幕府の貿易政策の重要課題となり、そこで輸出用の商品の集荷と流通に幕府の介入も拡大し、銅座や俵物役所などの機関が相次いで設置され、雑貨類の商品に関しても売込商人の指定制度が確立されたのである。

おわりに

本章は、貿易現場の長崎と国内市場をつなぐ国内商人や商業組織に焦点を絞り、一七・一八世紀の長崎貿易の構造と運営のしくみを追ってきた。

近世初期、長崎町人が経営する船宿はポルトガル船や唐船の貿易の取引仲介を務めていたが、一七世紀以降、まず最も重要な輸入品である生糸の販売分野で、外国商人から白糸を一括購入する商人集団が幕府によって承認された。ただし、その時点からすべての輸出品の取引が一元的に長崎会所の仲介で行われる体制の確立に至るまでは、長年にわたる制度づくりの試行錯誤が繰り返されていた。長崎会所が設置されたのちも、会所と国内市場との間には、輸入品に関しては五ヶ所商人が介在し、輸出品に関しては銅座・俵物役所のような機関や売込人が介在する状況が、また長い年月かけて次第に形成された。長崎貿易は、外国商人と国内市場との間にまず長崎会所が介在し、さらに貿易現場の長崎と各地の主要商品集散地との間にまた幕府が設置した機関や指定した商人がつないでいく、という重層的な構造を持っていた。

同時代の清朝も、主な貿易港市の広州で外国商人と直接取引する国内商人への管理と監督を強化していたが、長崎会所のような外国商人からすべての商品を一括購入する貿易機関の設置はなく、輸出入品の国内流通を統制するにも至らなかった。では、なぜ幕府はそれほど厳格な貿易統制を必要としたか。それは近世日本の独自の経済事情と切り離しては考えられない。

まず、主力商品の銀、続いて代替品の銅は産量不振に陥り、海産物の増産は高く期待されたもののそれも限界があり、このように安定的な生産量を保つ有力な輸出品が現れない限り、貿易の縮小は避けられなかった。こうした状況のもと、幕府にとっては海外貿易から巨額の利を得るのは次第に困難になり、輸入品の国産化を進めて海外市場への依存を脱却していくのはむしろ得策であった。ただし、①薬種や書籍の輸入確保、②貿易都市長崎の存続、③海外情報の入手などからすれば一定規模の貿易を維持するのも不可欠とされ、貴金属の流出の不拡大を前提に、どのように貿易を継続させるのかは幕府の課題となった。少人数の請負商人に任せるか、独占的な機関を設置するか、程度の差があるにもかかわらず、いずれも政権側の介入を意識した対策であり、結果的に統制色の強い長崎会所を軸とした貿易の運営体制が構築された。

この体制は、海外貿易を必要最小限に維持するのに機能するが、問題点としては、民間の商業要素の働きが極端に抑えられ、現場の商人の多くが長崎会所のような幕府が設置した貿易機関の役人に登用され新規貿易を開拓する意欲が低下したことがあげられる。結局、貿易体制が硬直化していくなかで通商条約の時代を迎えたのである。

〔参考文献〕

荒居英次『近世海産物貿易史の研究―中国向け輸出貿易と海産物―』吉川弘文館、一九七五年

荒野泰典『近世日本と東アジア』東京大学出版会、一九八八年

安野眞幸「鎖国後長崎唐人貿易制度について」『法政史学』一九、一九六七年

今井典子『近世日本の銅と大坂銅商人』思文閣出版、二〇一五年

岩生成一『新版朱印船貿易史の研究』吉川弘文館、一九八五年

太田勝也『鎖国時代長崎貿易史の研究』思文閣出版、一九九二年

小川国治『江戸幕府輸出海産物の研究―俵物の生産と集荷機構―』吉川弘文館、一九七三年
加藤榮一『幕藩制国家の形成と外国貿易』校倉書房、一九九三年
木崎弘美『長崎貿易と寛永鎖国』東京堂出版、二〇〇三年
木村直樹『幕藩制国家と東アジア世界』吉川弘文館、二〇〇九年
鈴木康子『長崎奉行の研究』思文閣出版、二〇〇七年
鶴田　啓「近世日本の四つの「口」」荒野泰典ほか編『アジアのなかの日本史Ⅱ―外交と戦争』東京大学出版会、一九九二年
永積洋子『平戸オランダ商館日記―近世外交の確立―』講談社、二〇〇〇年
中村　質『近世長崎貿易史の研究』吉川弘文館、一九八八年
中村　質『近世対外交渉史論』吉川弘文館、二〇〇〇年
藤田　覚『田沼時代』吉川弘文館、二〇一二年
藤野　保「大名領国における糸割符制の変遷と商人の動向」『史淵』一〇〇、一九六八年
彭　　浩『近世日清通商関係史』東京大学出版会、二〇一五年
彭　　浩「唐船貿易の統制と売込人」藤田覚編『幕藩制国家の政治構造』吉川弘文館、二〇一六年
彭　　浩“Commercial Intermediaries in the Nagasaki Trade” in Peng Hao（彭浩）, *Trade Relations between Qing China and Tokugawa Japan: 1685–1859* (Springer, 2019).
松井洋子「出島とかかわる人々」松方冬子編『日蘭関係史をよみとく　上巻　つなぐ人々』臨川書店、二〇一五年
丸山雍成「商品流通と交通」藤野保編『佐賀藩の総合研究―藩制の成立と構造―』吉川弘文館、一九八一年
森岡美子「三井越後屋の長崎貿易経営」『史学雑誌』七二―六・七、一九六三年
八百啓介『近世オランダ貿易と鎖国』吉川弘文館、一九九八年
八百啓介「近世福岡藩における唐物流通」『社会システム研究』二〇、二〇二二年

矢野仁一『長崎市史　通交貿易編　東洋諸国部』清文堂出版、一九三八年
山脇悌二郎『近世日中貿易史の研究』吉川弘文館、一九六〇年
山脇悌二郎『長崎の唐人貿易』吉川弘文館、一九六四年
吉村雅美『近世日本の対外関係と地域意識』清文堂出版、二〇一二年
ロナルド・トビ「変貌する『鎖国』概念」永積洋子編『「鎖国」を見直す』国際文化交流推進協会、一九九九年

第4章　日朝関係と対馬藩

酒井雅代

はじめに

一六世紀末、明の征服を企図した豊臣秀吉《とよとみひでよし》は二度にわたり朝鮮半島を侵略した。ここで日朝関係には大きな断絶がもたらされた。戦後、対馬《つしま》の宗氏《そうし》は朝鮮との講和交渉を開始し、徳川家康《とくがわいえやす》が幕府を開くと、朝鮮使節の四溟堂惟政《サミョンダンユジョン》と徳川家康・秀忠《ひでただ》との接見を実現させた。その後、朝鮮王朝から幕府に対して回答兼刷還使《さつかんし》と呼ばれる外交使節が派遣され、日朝国交の回復が実現した。途絶えていた日朝貿易も再開され、朝鮮王朝と対馬宗氏との間で己《き》酉《ゆう》約条が結ばれた。日朝外交の実務は中世以来宗氏が担っており、開幕後、幕府もそれを追認する形で日朝関係が築かれた。

寛永八年（一六三一）に始まる藩主家宗氏と重臣柳川《やながわ》氏による御家騒動が幕府に審理されるなかで、かつて宗氏らが行った朝鮮国王や幕府の国書改竄《かいざん》・偽造が幕府の知るところとなった。それに対して寛永十二年に幕府が下した裁決は、柳川調興《しげおき》を流罪、実際に国書改竄・偽造を実行した柳川氏家臣を死罪、以《い》酊庵《ていあん》（対馬の禅宗寺院）の二代住持として外交文書作成に携わっていた規《き》伯玄方《はくげんぽう》を流罪とするもので（柳川一件）、宗氏は柳川一件後も引き続き日朝関係の実務を担った。規伯玄方が流罪となったことで、対馬藩には外交文書の作成可能な禅僧が不在となった。そこで宗氏は幕府に僧の派遣を求

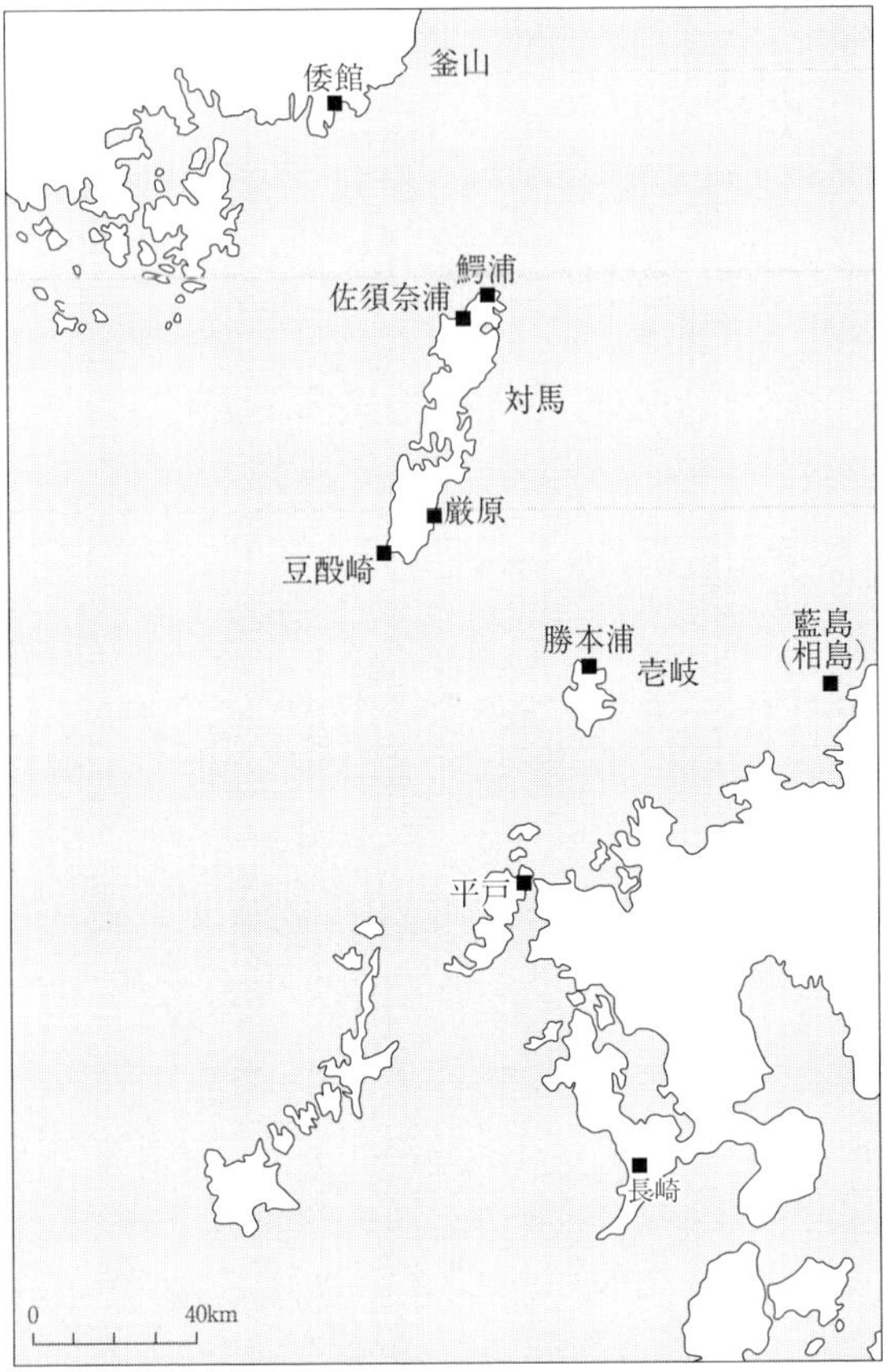

図4-1　日朝通交関係地図

め、東福寺《とうふくじ》の玉峯光璘《ぎょくほうこうりん》の対馬派遣が決定した。以降、万寿寺《まんじゅじ》をのぞく京都五山から以酊庵に碩学《せきがく》僧が送られた。

本章ではまず、一六三〇年代から近世を通じて継続された、対馬藩を介した日朝通交のあり方をみていく（第一節）。次に、その外交・貿易の現場であり、日朝の結節点でもあった釜山《ブサン》倭館《わかん》を概観したのち（第二節）、外交・貿易を支えた対馬藩の、一七世紀半ばから一八世紀前半にかけての国元の体制整備を確認していく（第三節）。最後に、一八世紀後半の情勢変化をうけ、藩体制や日朝通交制度がさらにどのように整備・変革されようとしたのかを検討する（第四節）。日朝通交の枠組み自体は近世を通じて変わることはなかったが、外交面では朝鮮の対日政策や幕府の対朝鮮政策の、財政面では日朝貿易の盛衰の影響をうけながら、対馬藩は日朝関係を維持していた。その変化の様相をみていきたい。

1　近世的日朝通交の確立

外交制度の改編・整備

寛永十二年（一六三五）、柳川一件に裁決を下した幕府は、宗義成《よしなり》に朝鮮王朝からの外交使節の来聘《らいへい》交渉を命じた。柳川氏が排除されたことで、対馬宗氏は単独で来聘の周旋をしなければならなくなった。さらに幕府は、将軍の対外的呼称を「日本国王」から「日本国大君」へと変更することをあわせて求めた。これに対し朝鮮側では、朝鮮から国書を送るという派遣方式や、先例と異なる呼称に異論もあったが、最終的に幕府の要求を受け入れた（中村栄孝『日鮮関係史の研究』など）。

この時期の朝鮮は、一六二七年に後金の侵入をうけ、朝鮮国王仁祖《インジョ》が漢城《ハンソン》を脱出する事態となるなど、後金の勢力拡大に圧迫されていた。一六三六年、国号を清と改めた太宗《たいそう》（ホンタイジ）は朝鮮に臣従を要求したが、朝鮮がこれを拒絶したことで清と朝鮮は戦争となった。幕府の命をうけた宗氏が朝鮮に使節派遣を求めたのは、この戦争の前年にあたる。後金の圧迫が強まるなかで日本との緊張関係を回避したい朝鮮は、制度変更も大ごとにせず受け入れた。通信使を派遣することで対日友好をめざしつつ、新しい外交体制を立てた幕府の政情を探索する目的もあったという（三宅英利『近世日朝関係史の研究』）。

寛永十三年、通信使来聘が実現した（李元植『朝鮮通信使の研究』など）。八月に漢城を出発した使節一行は、釜山から対馬を経て、壱岐《いき》、藍島《あいのしま》（相島）、赤間関《あかまがせき》を経て瀬戸内海を通り、大坂から淀《よど》に入った。淀からは陸路で江戸へ向かい、十二月上旬に江戸に到着し、江戸城で両国の国書交換が行われた。その際、通信使に日光東照宮《にっこうとうしょうぐう》参詣が提起され、一行は国王の命もなく前例にないことと拒否したが、対馬藩主の説得などに応じて日光東照宮に参詣した。

以来、朝鮮王朝から江戸幕府に対して、近世を通じて一二回（三回の回答兼刷還使を含め）、一回につき三〇〇～五〇〇人の使節が派遣された。通信使一行が通過する地域では、事前に街道・港・橋や滞在施設が修復され、来日時に通信使は豪華な饗応でもてなされた。また、筆談唱和・詩文贈答を通じて各地域の学者と通信使の交流もあった。一行が通過する地域には見物の人が多く訪れ、将軍のもとを外交使節が訪れるさまは、将軍の権威誇示にも一役買っていた。

朝鮮から日本に送られる外交使節としてほかに、訳官使《やっかんし》（問慰行《ムニヘン》）があった（池内敏『絶海の碩学』など）。倭学訳官（朝鮮の科挙に及第した日本語通訳官）を正使として、六〇～一〇〇人規模で構成される訳官使は、朝鮮王朝から対馬藩に派遣されるもので、寛永七年から慶応二年（一八六六）まで六〇回近く派遣された。通信使が将軍襲職慶賀の名目で主に派遣されたのに対して、訳官使は対馬藩主の帰国や将軍家の慶弔事などの際に派遣されたが、通信使が文化八年（一八一一）を最後に派遣されなくなったのち、幕末には訳官使が襲職慶賀の名目でも派遣されることがあった。このことから、対馬までの派遣ではあったが、訳官使は、幕府のもとで外交を担う対馬藩が招請し接待した「公的な」外交使節として通信使と役割を補い合う関係にあった、という位置づけも提唱されるようになってきた。

貿易制度の改編・整備

一七世紀前半には、貿易制度も大きく変化した（田代和生『近世日朝通交貿易史の研究』など）。朝鮮に独自通交が可能であった柳川氏が消えたことで、貿易は対馬宗氏のもと一元化された。

日朝貿易には、封進《ふうしん》・公貿易・私貿易の三つがあった。封進は、寛永十二年（一六三五）に成立した兼帯《けんたい》の制までは進《しん》上《じょう》と呼ばれたもので、対馬藩主から朝鮮国王に対するいわゆる朝貢貿易にあたり、公貿易は、対馬藩と朝鮮政府との定品・定額貿易である。兼帯の制で外交儀式と貿易取引が分離した結果、封進・公貿易の貿易品は適宜倭館に送られることになり、年一回、公木《こうぼく》（木綿）で決済がなされた。私貿易は、月に六回、倭館の開市大庁《かいしだいちょう》の市で実施された朝鮮人商人（東萊商賈《トンネしょうこ》）と対馬の役人・商人との相対取引である。私貿易は、禁輸品を除けば品目や金額の制約はなかったから、対馬藩は、天和三年（一六八三）、私貿易専管の役人である元方役《もとかたやく》を組織し、私貿易を統制して経営に力を入れた。

外交儀式についても整理された。これまでは一艘ごとに外交文書を携帯した使節を乗せ、そのつど朝鮮で外交儀式と貿易取引がなされたが、兼帯の制の成立以降、使節の名称をそれぞれ残しつつも、外交儀式は数回にまとめて行うこととなり、実際の船の派遣は年六回（寛永十九年以降は年八回）となった。

このように派遣する船の回数は定められたが、将軍や対馬藩主の隠居・死去・新立、朝鮮国王などの慶弔、朝鮮人漂流民の護送などの名目で、対馬藩は別に臨時使節を派遣することが可能であった。それらの使節も基準に従って朝鮮側の応接をうけられたから、対馬藩は臨時使節を派遣することで藩の貿易量を増やそうとした。

2　倭館という場

外交交渉・貿易の場としての倭館

朝鮮王朝から幕府や対馬藩に対して外交使節が送られることはあったが、日常的な外交交渉や貿易取引は釜山の倭館で実現した。倭館は朝鮮釜山に置かれた対馬藩の出先機関で、当初は釜山の豆毛浦《トウモポ》に置かれていたが、延宝六年（一六七八）に草梁《チョリャン》に移館され、敷地面積はそれまでの約一〇倍、一〇万坪ほどになった（田代和生『倭館』など）。周囲は塀で囲まれており、倭館の出入りは守門と呼ばれる門で厳しく管理された。倭館には、外交・貿易に関わる対馬藩の武士や町人など五〇〇人ほどが生活し、中央の龍頭山《ヨンドウサン》をはさんで東側にあたる東館には長期滞在者が、西側の西館には使節などの短期滞在者が居住した。倭館のなかに朝鮮人は居住せず、倭館の日本人と東萊府を結ぶ役割を果たした倭学訳官の居住・執務地が一キロ程度北にあり、一般の朝鮮人は倭館から離れた地域に移住させられていた。しかし、外交・貿易や朝市などで朝鮮人が出入りする倭館は、「鎖国」下でありながら日本人と朝鮮人が恒常的に接触する環境にあった。

図4–2　草梁倭館（「朝鮮図絵」京都大学附属図書館所蔵）

倭館を統制するのが、倭館館守である。倭館館守は、倭館内の治安維持につとめるとともに、倭館の責任者として朝鮮側との折衝を統括した。個別外交事案については、対馬から別に裁判《さいはん》（外交官）が派遣されて交渉した。貿易に関しては、代官が貿易品の売買交渉や決済、朝鮮側からの支給物受取などを担当した。倭館内には、臨済宗《りんざいしゅう》寺院の東向寺《とうこうじ》が置かれ、対馬から禅僧が派遣されて外交文書の記録・審査・勘案を担った。また、身分としては町人でありながら、藩士と同様に重視された朝鮮通詞《つうじ》（対馬藩の朝鮮語通訳官）が交代で倭館に駐在し、日朝接触の場での通訳を担ったほか、外交の事前折衝をつとめた。

「鎖国」下の国際交流の場としての倭館

「鎖国」下で日本人と朝鮮人が日常的に接する環境は、時にさまざまな問題を引き起こした。喧嘩・口論・打擲《ちょうちゃく》（暴行）などの事件が起こる一方で、倭館には対馬の男性のみが居住したから、交奸《こうかん》（日本人による朝鮮人女性の買春）事件も発生した。

朝鮮人と親しくなることで起こる犯罪もあった。密貿易の事例をみてみよう。一七世紀後半に発覚した「寛文抜船《ぬけぶね》一件」と呼ばれる密貿易事件は、日本から朝鮮に対して硫黄《いおう》や武器が大規模に輸出されたものであったが、その際に朝鮮語の通訳や渡海の案内をしたのは倭館に滞在したことのある対馬の人で、事前の打ち合わせや一部代金の決済は倭館内で行われた。一八世紀前半の「享保抜船一件」と呼ばれる密貿易事件は、反対に、日本人が朝鮮側から人参を密かに購入しようとしたものであったが、そのときに取引相手となった朝鮮人は、倭館の門の警備をする軍官や、倭学訳官のもとで雑務を担った小通事など、倭館で日本人と接する機会の多い朝鮮人であった。

つまり、倭館で頻繁に接するなかで人間関係がつくられ、時に犯罪行為へと結びついたことがわかる。もちろん、朝鮮も対馬藩も犯罪の抑止や処罰につとめ、倭館統制のために約条と呼ばれる規定が出されていた（尹裕淑『近世日朝通交と倭館』）。しかし日朝接触がある以上、防ぎきれるものではなかった。このような事件が日朝間での外交事案になった場合は、朝鮮通詞と倭学訳官とが外交折衝をし、館守や裁判が朝鮮側に働きかけるなどして、事態は解決へと導かれた。

ただ、倭館の環境は、弊害ばかりをもたらしたわけではなかった。日朝外交・貿易に関わる町人は語学力を必要としたから、藩から朝鮮渡海を許可された学習者の多くは倭館に「留学」して朝鮮語や朝鮮文化を習得した。

また反対に、朝鮮人が外交や貿易とは関係のない理由で倭館を訪れることもあった。その一つが両班《ヤンバン》（朝鮮の特権的な官僚階級）の「日本人見物」である（小田《おだ》幾五郎《いくごろう》『通訳酬酢《しゅうさく》』韓国国史編纂委員会所蔵）。朝鮮もまた、当時外国との自由な交流を制限していたため、日本人と接する機会のない両班も、朝鮮の地でありながら日本人が居住する倭館を訪れることで日本の文化を体験することができた。両班は、日本式の家屋で、日本人である通詞と対話しながら、酒食をともにして交流した。通詞の衣服や刀に興味を示すこともあれば、日本人のふるまいについて問うこともあった。通詞らはこのような機会を通じて、両班にあえて日本文化を伝え、通信使などで両班が日本に渡海したときに、文化的差異から朝鮮人と日本人との間で争いが起こらないよう工夫された。このような国際交流が倭館にはあった。

モノの結節点としての倭館

日朝貿易のうち、公貿易では、対馬藩から銅・錫《すず》・水牛角・蘇木《そぼく》などが輸出され、朝鮮から木綿や米がもたらされた（田代和生『近世日朝通交貿易史の研究』など）。私貿易では、近世前期から中期にかけては銀・銅・水牛角・胡椒《こしょう》・明礬《みょうばん》・蘇《す》芳《おう》などが朝鮮に輸出された。水牛角や明礬は東南アジア産品で、長崎で入手されて対馬から朝鮮に送られた。銀は、朝鮮を経て、外交使節である燕行使《えんこうし》で中国へもたらされた。一方で朝鮮から対馬へは、白糸（生糸）や絹織物、朝鮮人参などが輸出された。白糸は、もとをたどれば中国から朝鮮にもたらされたものである。これらの品は藩の専買品であり、人参は江戸藩邸や人参座で、白糸は京都藩邸を通じて朝鮮問屋や御用商人に販売され、莫大な利益をあげた。

しかし、日朝貿易は、元禄期（一六八八～一七〇四）をピークに衰退したとされ、一八世紀後半、対馬藩は幕府に対して私貿易は断絶したと述べた（後述）。実際には、封進・公貿易とともに、規模を縮小しながらも私貿易も続けられた。この時期の主要輸出品は銅で、封進・公貿易では木綿・米・大豆・小豆・人参などが、私貿易では牛皮・黄芩《おうごん》（薬種）・牛角爪・煎海鼠《いりこ》が主に輸入された（田代和生『日朝交易と対馬藩』、鶴田啓「天保期の対馬藩財政と日朝貿易」）。一九世紀半ばの事例では、私貿易の輸入品目のうち、牛皮による利潤が七割以上と最も多く、牛皮は大坂へと送られ、武具の材料に使われたという。一方で、煎海鼠はまったく利潤を生まなかったが、朝鮮から継続して輸入された。官営貿易で朝鮮に輸出する東南アジア産品（胡椒・明礬・蘇木）を長崎で入手するのに必要であったためで、朝鮮から輸入された煎海鼠は、長崎を経て清に輸出された（小川国治『江戸幕府輸出海産物の研究』）。

このように貿易品を中心にみると、一七世紀には銀・生糸を通じて日本―朝鮮―中国が、一七世紀から一九世紀半ばにかけては水牛角や明礬などの東南アジア産品を通じて東南アジア―日本（長崎・対馬）―朝鮮がつながっていた。また、一八世紀以降、清に対する主要輸出品であった煎海鼠は、日本各地で集荷されただけではなく、朝鮮からも輸入され、朝鮮―日本（対馬・長崎）―清へと輸出されていた。東アジアのそれぞれに統一政権が成立し、通交関係を制限するなかにおいても、モノを通じた東アジア・東南アジアのつながりが継続されており、倭館はその一つの中継地であった。

3　対馬藩の藩体制の整備と変革

藩の行政機構の整備

日朝外交・貿易制度が改編・整備され、倭館で外交・貿易が続けられるなか、対馬藩の国元の体制も整備されていった。

三代藩主の宗義真《よしざね》は、万治元年（一六五八）、大浦権太夫《おおうらごんだゆう》を勝手掛に登用して財政を専管させ、藩財政の確立を図った。まず、寛文元年（一六六一）に検地条目を定め、全島で大がかりな検地を実施した（『新対馬島誌』）。田畑や伝統的焼畑である木庭《こば》ごとに上々・上・中・下の四つに区分し、定免制《じょうめんせい》を採用して、麦を単位に年貢を賦課した。

また、寛文四年には、家臣の知行地を収公し、領地から切り離して城下に集住させ（府士）、知行にかわって蔵米を支給する禄制改革が実施された。ただ、権大夫が失脚して寛文五年に処刑されると一部が見直され、寛文十一年、在郷武士には知行地を返し（八郷《はちごう》給人）、八郷給人は奉役《うけたまわりやく》や下知役の役職について年貢徴収や沿岸防備を担った。

一方で一七世紀半ばには、他藩領から対馬に出稼ぎにくる人も多くいた。日朝貿易の盛況により藩内が経済的に活気づいたことに加え、慶安三年（一六五〇）頃から佐須《さす》銀山をはじめとする鉱山開発が進められたことで、西日本から多くの鉱山労働者が訪れた。

藩の財政機構だけでなく、行政機構も整備された。家老のもとに、表書札方《おもてしょさつかた》・朝鮮方・与頭方《くみがしらかた》・勘定奉行所・郡奉行所・大目《おおめ》付方《つけかた》・町奉行所・浦奉行所・船奉行所・典獄方《てんごくかた》・仕立物方・生産方の一二局が設けられ、それぞれの機構で『毎日記』などの記録が作成されるようになった。また、武士の子弟教育も開始された。貞享二年（一六八五）十一月には、小学校と呼ばれる藩校が設置され、八～一五歳までの子弟が勉学に励んだ。このようにして育成された人材が役人として登用され、藩の行政機構を支えていった。

日朝関係を支える藩体制の整備

一八世紀になると、対馬の藩内行政に関するものだけでなく、朝鮮関係の体制・機構の整備も進められるようになった（長正統「日朝関係における記録の時代」など）。一七世紀後半から、『毎日記』や通信使の際の記録はとられていたが、宝永二年（一七〇五）、朝鮮に渡海する使節に記録の作成が命じられた。

同時代に生きた対馬藩の儒者雨森芳洲《あめのもりほうしゅう》が著した『交隣提醒《こうりんてんせい》』には、対馬藩の使者が古式（昔からのあり方）を知らず、かえって朝鮮の訳官から教えられたという例があげられ、「朝鮮の事は年を経ており、古式を失うことがあるのは自然の理である。朝鮮の事を扱う人は、十分に念を入れて記しておかなければならない」とあるように、日朝国交回復から一世紀以上が経過して、いざ朝鮮との交渉をする際に根拠としてあげられる記録の蓄積が必要とされた。

享保六年（一七二一）、朝鮮通交関係の諸事を担当する朝鮮方の越常右衛門《こしじょうえもん》が中心となって、『分類紀事大綱』第一輯がつくられた（田代和生『日朝交易と対馬藩』）。この編纂は、藩の重要文書を保管・管理する書物方に配置された越常右衛門が正徳三年（一七一三）頃から個人的に始めたもので、その後、朝鮮御用支配家老の平田隼人《ひらたはやと》の命で藩の事業として展開された。朝鮮方に残る書状控・往復書状、日記・記録類などが集められ、一九世紀まで編纂された。

一方、享保十年には、朝鮮方で儒者の松浦霞沼《まつうらかしょう》が『朝鮮通交大紀』を完成させた。これは、近世以前の高麗・朝鮮と日本の通交者との間で交わされた外交文書を集録したものである。松浦霞沼は、編纂の目的として、朝鮮側の対馬に対する態度の考察、朝鮮に対する対応の心得、幕府からのお尋ねへの応答の心得の三つをあげており、日々の朝鮮への対応の参考にするだけでなく、幕府からの問い合わせにも対応できるよう編纂された。

こうして一八世紀には、日々果たしている「朝鮮の役儀」を記録し集積することによって、のちの時代に先例として参照できる体制が整備された。

また、記録の集積だけでなく、享保十二年には、雨森芳洲の建議で藩により通詞養成のための学校がつくられた（田代和生『日朝交易と対馬藩』、米谷均「対馬藩の朝鮮通詞と雨森芳洲」など）。日朝貿易が活況の時代には、貿易に関わることで語学力をつけた町人層のなかから、藩が必要に応じて通詞を採用することで需要を満たしていた。ところが、貿易が衰退し十分な語学力を身につけている者が少なくなると、これまでのような形での体制維持が難しくなり、このままでは通信使来日などの「通詞御用」に差し支えることが危惧された。

そこで享保十二年、特権商人の「六十人」の子弟を対象に藩自らが朝鮮語教育を行うようになった。ある程度の語学力が身につくと、藩から詞稽古御免札《ことばけいこごめんふだ》（藩公認の語学生）が与えられ、倭館への留学が可能になった。そのようにして教育をうけた者のなかから専任の通詞職が生まれるようになり、一八世紀後半にはしだいに「六十人」以外にも門戸が開かれ、「朝鮮の役儀」を支えた。

以上みてきたように、一七世紀後半には藩財政が確立され、藩の機構整備が進められた。日朝貿易の盛況と鉱山開発の進展で財政的にも比較的恵まれていた。しかし、それも長くは続かなかった。一八世紀には、貿易がふるわなくなり、藩内の銀山も閉山に向かった。それでも対馬藩は「朝鮮の役儀」をつとめなければならなかった。そのため、朝鮮関係の体制・機構を整備し、制度的に維持していこうとしたのである。

4　日朝貿易の衰退と制度改編への動き

藩財政の逼迫と藩政改革の始まり

日朝貿易の衰退に伴い財政が立ち行かなくなった対馬藩は、その不足した財政を補塡するため、幕府からたびたび財政補助をうけた。明和七年（一七七〇）には、毎年銀三〇〇貫の補助を幕府に取りつけていたが、安永四年（一七七五）からは、家老杉村直記《すぎむらなおき》を中心として、幕府に「御本願」と呼ばれる嘆願運動を開始した。私貿易が断絶し、このままでは「朝鮮の役儀」がつとめられないとして、その財政不足を補塡する「御手当」を求めたのである。

それに対する幕府内の反応は、勘定所と老中《ろうじゅう》の間で異なっていた（鶴田啓「一八世紀後半の幕府・対馬藩関係」）。勘定所は、経済合理性の観点から、宗氏を国替《くにがえ》とし、軍事は九州の他大名に分担させ、交易は長崎奉行の管轄とすることを主張した。一方、老中は宗氏に補助を与えてこれまで通りの方式を維持しようとし、結果、安永五年、日朝関係の実務はこれまで通り対馬藩に任せ、「永続御手当金」として毎年一万二〇〇〇両を下賜することが決定した。

ただ、幕府は御手当金を下賜する際、対馬藩に対し書付を示し、新たに取り立てられた心づもりで風儀を改め、朝鮮関係に関することであっても簡略化できるものは伺いのうえで簡略化して「御役儀」の継続を第一にすることを求め、心得違いのことがあればたとえ風聞であっても厳しく取り調べると告げた（対馬宗家文書「御倹徳記録」長崎県対馬歴史センター所蔵）。翌安永六年、一〇代藩主宗義暢《よしなが》が参勤交代を終えて帰国する際にも同様のことが申し付けられており、以降、対馬藩では諸役人を減らすなどの倹約政策を実施し支出を減らした。

それから一〇年が経過した天明七年（一七八七）十月、家老らは一一代藩主宗義功《よしかつ》に対して、御手当金拝領時の幕府の書付を再び確認するとともに、近々、通信使や参勤交代など臨時の出費があるだろうから、藩主に「御省略」（簡略化）をするよう求めた。藩主は、藩主自らも含んだ倹約をすることを家老らに述べ、倹約政策が実施されることとなった。この仰出が「御倹徳」と呼ばれる藩政改革の始まりである（長野暹「天明・寛政期における対馬藩の藩政改革の一考察」）。

同年十二月、筆頭家老古川図《ふるかわず》書暢往《しょながゆき》から藩主へ「存寄書」が提出された。詳しくは後述するが、これは同年十月の倹約政策を拡充したものである。以後、古川は藩政運営の中心人物として「御倹徳」の指揮をとった。

家老古川図書による藩内の現状認識

「存寄書」から、家老古川図書が対馬藩内の現状をどのように理解していたか、何をどのように改革しようとしたのかをみていこう（対馬宗家文書「御倹徳記録」長崎県対馬歴史センター所蔵）。

藩財政について古川は、田代領《たしろりょう》（肥前国にある飛地領）・対馬・日朝貿易の利益と幕府からの拝領金を合わせると現状で収支の都合は合うとしながらも、十月の年寄中からの進言にあったように、急な臨時支出には対応できない状況であると述べ、その原因が貿易の不安定さや田代・対馬郷村の衰微にあるとみていた。

ところが、藩は日朝貿易の盛衰については詳しく評議する一方で、領地に関する政策には近年まったく手をつけておらず、今のままでは郷村の百姓がさらに零落して年貢も徐々に減ることは必然であると述べる。藩財政の安定のためには領地からの利益を増やす必要があり、そのためには「農政興起」（農業振興）が必要であると主張した。奢侈《しゃし》な風俗を改めさせて農業を振興し、さらにその産物を商品として上方に移出すれば百姓の利益にもなるだろうと説いた。

城下町厳原《いづはら》についても、町人が困窮・零落している状況であると述べる。その原因は、町人が「手堅キ商売体」に心を寄せず、朝鮮との貿易により「濡手に粟を握」ることだけを考えていることにあるとみていた。倭館において町人は、町代官などの役人として私貿易の業務や会計に携わるほか、「六十人」と呼ばれる特権商人であれば朝鮮人との相対取引を家業として行って利益をあげていた。また、役人や特権商人でなくとも、対馬藩士や商人の「下人」として朝鮮に渡海することで、貿易や商売も可能であった。

一方で、対馬が海に囲まれた立地にありながら、現在は漁業を生業とすることもできておらず、対馬の産品を他国で販売することもできていない状況にあることを憂い、他藩領から入ってくる品を減らし、対馬の産品を積極的に生み出すことが対馬の利益になるとした。つまり、町人を貿易に依存している状況から脱却させて殖産興業を進めることによって、地に足のついた商売が可能となり、町の再建も図れると考えたのである。

農業振興・殖産興業政策の実施

では、実際にどのように改革が進められたのかみていこう。

天明八年（一七八八）正月、家老古川図書に加えて、加役として印判役の大森《おおもり》繁《はん》右《え》衛門《もん》、町奉行に岩崎《いわさき》右平《うへい》、郡奉行に平田《ひらた》浅《せん》右《え》衛門《もん》、郡佐役に福島《ふくしま》佐《さ》兵衛《へえ》、杉山仕立物頭に橋辺《はしべ》作左《さくざ》衛《え》門《もん》が任命され、この指揮下で「農政興起」（農業振興）・「国産諸職仕起」（殖産興業）が進められた。これは、「存寄書」で家老古川図書が候補としてあげた役人がそのまま任命された。

村（八郷）については、同月、佐護郷《さごごう》給人の佐護長《ちょう》右《え》衛門《もん》・大石阿《おおいしあ》吉《きち》を八郷吟味役として任命し、廻村して百姓に耕作のしかたを教えるとともに、これまでの奢侈なふるまいを改めさせるよう指導を命じた（対馬宗家文書「御倹徳記録」長崎県対馬歴史センター所蔵）。農業振興と併行して、橋辺作左衛門のもと巡回・土地調査が行われ、杉・棕櫚《しゅろ》・桑・諸木などが植えられるようになった。また、八郷だけではなく、城下においても空いた土地があれば畠作をし、それが可能でなければ竹木・果諸木・桑・櫨《はぜ》・茶などを植え、有効に活用することが求められた。

その後、古川が江戸に赴くことになったため、農業振興は御郡支配の指揮に移行したが、この政策はその後も継続されたとみられる。寛政三年（一七九一）には、杉・棕櫚《しゅろ》・楮《こうぞ》・桑・桐・椴《とど》の仕立が計一八万五〇〇〇本以上となり、楮皮は紙の原料として、多少の収入をもたらすまでとなった。また、養蚕も始められ、品位のよい生糸が生産された。

一方で、町では、町人による国産品の試作・事業化をめざす殖産興業が奨励された。国産品の育成は、宝暦年間（一七五一～六四）にもいわれていたが、その当時は具体的策を立てなかったために広まらず、天明八年正月、家老らから改めて達せられた。

事業化にあたっては、町人から願書を町奉行に提出させ、既存の産業に差し支えないかどうか、産業発展が見込めるかどうかを藩が審査した。許可されると、一つの「職」に対し、数人の町人に一定期間の開発・販売独占（寡占）を認めた（対馬宗家文書「御国産仕立方諸職仕据方役々より申上帳」長崎県対馬歴史センター所蔵）。ほとんどの場合、はじめは他藩領から熟練の人を雇い入れ、そのもとで技術を身につけたが、最終的には対馬の人のみでその職を維持できるようにすることが見込まれた。

願書から、傘・醤油・醤油糀《こうじ》・酢・素麺・飴、干菓子・紙漉《かみすき》・曲げ物・線香・小竹・筆・素焼（七輪など）・白灰焼《しろばいやき》・炭焼・瓦・鬢付《びんづけ》・油〆・雪駄《せった》・塩浜取開《とりひらき》・織物（小倉織）・石碑・鋳物・金銀銅鉛発掘、砂糖黍《さとうきび》などさまざまな産業の国産化がめざされたことがわかる。

事業化について、藩は願書を審査し許可するのみで、資金調達は町人に任されていた。ただ、藩はいくつかの特例によって国産化を後押しした。例えば天明八年、紙の国産を許可されていた松山平右衛門《まつやまへいえもん》・主藤平左衛門《すとうへいざえもん》に対して、楮などの植物購入費用の工面のため、松板七〇〇〇間を三年間、移出することを許可した。山林の諸木は「国の元」であり、板木の移出を藩は禁止していたが、国産事業を育成するためにあえて許可したのである。

このようにして殖産興業政策が進められた結果、鬢付・石碑・曲げ物・酢・紙の一部・傘・醤油の諸品は徐々に国産化に成功し、他藩領からの移入が差し留められた。鬢付職は、藩内の需要を満たしただけでなく、移出できるほどにまで成長した。

表4-1　18世紀日朝間での密貿易事件の件数と取引品目

西　暦	総計	品　目		手　段
		人参	銀等	抜船等
1701～1710	5	2	1	訳官使1
1711～1720	24	13	6	抜船等4，訳官使3，通信使1
1721～1730	17	12		抜船等7，訳官使2
1731～1740	59	36	19	
1741～1750	28	24	3	
1751～1760	6	4	1	
1761～1770	4	1	銀等1 潰銅1	
1771～1780	0			
1781～1790	3			
1791～1800	0			

酒井雅代「18世紀前半の沿岸警備体制と対馬藩」所収の表3をもとに作成.
・密貿易の件数を，実行年で集計した.
・密貿易の品目がわかるものは抽出し，人参・銀等に区分した．船ごと実行した密貿易は，手段の欄に特記した．人参・銀等と重複する場合があるため，手段の欄の件数を合わせても総計とは一致しない.

町人の朝鮮渡海禁止計画

このような政策を進めながら、古川図書は、町人が関与する形で成り立っていた日朝貿易の制度を抜本的に見直すことも考えていた。その背景として、まず一八世紀の密貿易の状況を概観しておきたい。

一八世紀に発生した日朝間の密貿易事例をまとめた表4-1をみると、一八世紀初頭、人参を密かに購入すべく船を調達して実行された密貿易（抜船）がたびたびあったことがわかる（対馬宗家文書「罰責類集」「科人帳《とがにんちょう》」長崎県対馬歴史研究センター所蔵）。また逆に、朝鮮人が船で運んでくる場合もあった。その一例が、対馬を訪れる訳官使（問慰使）の密貿易である。訳官使は外交使節ゆえ行規《ぎょうき》が緩く、それを利用し、渡海のたびに人参が持ち込まれていた。表4―1でも、一七一三年や一七年の事例があげられ、二一年には訳官使全員が密貿易事件に関わっていたことが露見した（田代和生「渡海訳官使の密貿易」）。

事件をうけて渡航行規が改められると、密貿易は主に倭館に滞在する対馬の人びとと朝鮮人の間で発生するようになった。人参の価格は年々上がったから、その利益をねらった日本側の需要は高く、倭館に銀を持ちこんでは人参を密かに購入し、対馬に帰国する際に身につけて運んだ。しかし、表4―1からわかるように、人参の密貿易は一八世紀後半にはみられなくなった。

藩政改革に乗り出した古川は、今は人参の価格下落によって密貿易は止んでいるが、利分が見合えば再び発生すると推測し、そうなれば藩が人参を専買して価格調整をしている「御工夫」がうまくいかなくなってしまうと危惧した。また、対馬藩が「私貿易断絶」を口実に幕府から財政補助をえているにもかかわらず、町人が朝鮮に渡海して貿易をし、時には日朝間で騒動が発生することは、幕府に不審を持たれかねないとも考えた。

つまり、町人が朝鮮に渡海していることは、先に述べた町の衰微の原因となっているだけでなく、藩の貿易に差しさわり、幕府に述べた「私貿易断絶」の名目をおびやかすものとみていた。この「三害」を取り除くため、古川は、その原因となる町人の朝鮮渡海を徐々に禁止し、貿易の藩営化を図ろうとしたのである。

この改革案は、急に実行するとかえって禍を引き起こすかもしれないとすぐには実行に移されなかったが、一八世紀後半、制度を抜本的に変えることで藩内を引き締め、藩による厳格な管理下に置くことが企図されていた。

幕府の内達と「御倹徳」の拡大

時期はさかのぼるが、天明八年（一七八八）、農業振興・殖産興業政策が実施され始めたところで、家老古川図書は、老中松平定信《まつだいらさだのぶ》より呼び出しをうけ急遽江戸に向かうことになった。古川は、三月晦日に江戸に到着し、松平定信から「御国事御取締り方」（藩内の引き締め）と「隣交之儀」（朝鮮との外交）についての内達（後述）をうけ、七月に対馬へ戻った。

松平定信から藩内の引き締めを指示された古川は、対馬藩が置かれている現状を次のように分析した。外国に接する対馬の不如意については幕府がとくに注視しているところであるが、それに加え、幕府はこれまでと違い、諸国の治否も気にしていると聞く。「朝鮮の役儀」を担っているのは他大名にはないことであるので、これまでは幕府も対馬藩側の主張をうまく汲んでくれたが、それを盾に幕府に依存している状況について、たとえ内情は仕方のないこととしても諸大名の知るところとなり風俗の害となると幕府が考えた場合、どのような難しい事態になるか知れない。例えば、朝鮮の外交使節の来日の際、藩の経済状況に応じ、使節の警護は他大名に命じ、対馬藩は両国通信手次《てつぎ》の役目のみをすること、と幕府の判断が変わってしまったならば非常に口惜しいことである。そのため、ここで藩主を筆頭に藩内一和となって引き締めを徹底することが急務で、これはと目立つほどの「御省略」をしなければならない状況にある。

つまり、対馬藩はこれまで「朝鮮の役儀」を果たしていることなどを理由に幕府からたびたび財政補助を引き出してきたが、これまで通りには進まないことを松平定信の内達で認識し、目に見える形での抜本的な藩政改革をしなければ立ち行かない状況であると理解したのである。

この理解にしたがって、天明八年九月、古川は倹約仕法の素案をまとめ、これがほぼそのままの形で実行に移された（対馬宗家文書「御倹徳記録」長崎県対馬歴史センター所蔵）。衣食や武具類・武器類などの倹約はもちろん、音物の贈答や分限不相応な居宅の禁止を徹底した。翌寛政元年（一七八九）には大坂役方を縮小し、京都・博多《はかた》・壱岐勝本《かつもと》の屋敷をまず一〇年間廃止することを決定して倹約につとめた。

また、小阿須《こあず》御茶屋（藩主別邸）を廃止し、その跡地に講武所《こうぶしょ》（武芸稽古場）が設けられた。藩主自らが倹約の「御覚悟」をみせることで、家中に改革を徹底しようとしたのである。天明八年十一月から、月三回、大学や論語の講義が始められた。雨森友之進《あめのもりとものしん》・満山右内《みつやまうない》といった藩儒が講師をつとめ、藩役人から八郷給人まで広く参加を認めた。寛政元年六月からは、鑓《やり》・居合《いあい》・太刀・射芸・鉄砲・捕手・砲術などの武芸稽古が、月二回、一四組の師匠により行われた。

このように、「御倹徳」の改革は、町・郷村の立て直しや単なる倹約にとどまらず、最終的には文武興隆による藩内の改革へと拡大した。それは、直接的には松平定信の内達に影響をうけた部分が大きいが、幕府の情勢が大きく変化しているなかで藩が置かれている現状を理解し、総合的に藩政の立て直しを図ろうとしたものとみることができるのではないだろうか。

外交制度の改編—対馬易地聘礼へ

一八世紀後半、こうした藩政改革によって抜本的に藩の立て直しを図ろうとした対馬藩は、もう一つ、「朝鮮の役儀」の問題に対処しなければならなかった。

天明八年（一七八八）三月二十日、幕府は、通信使来聘は先例の通りに実施することとするが、来聘時期については追って伺いを立てるようにと指示した。天明六年九月に一〇代将軍徳川家治《いえはる》が没し、家斉《いえなり》が一一代将軍を襲職していたから、対馬藩は朝鮮と来聘交渉をする必要があった。対馬藩江戸藩邸では、家老杉村直記が老中の水野《みずの》忠友《ただとも》や松平定信のもとに赴き、通信使の江戸来聘交渉といまだ将軍に謁見していない藩主の御目見《おめみ》えをたびたび願い出ていたが、右の指示は、それに対する幕府の返答であった。

一方で、老中松平定信は、江戸に到着した家老古川図書を呼んで通信使来聘延期についての見解を問い、家老杉村直記を退けたうえで、五月二日、凶年を理由として朝鮮に対し通信使の来聘延期を交渉するよう古川図書に命じた。帰国した古川は十月、外交使節（通信使請退大差使《しょうたいだいさし》）として朝鮮に派遣された。倭館を管轄する東萊府では、これが日朝の規定外の外交使節であることや、延期年限が記されていないことなどを問題視し、使節の応対を拒否したが、寛政元年（一七八九）三月、最終的に朝鮮朝廷で延期が認められた。

易地聘礼交渉の頓挫から聘礼の実現まで

二年後の寛政三年（一七九一）五月、松平定信は通信使の対馬での聘礼、いわゆる易地《えきち》聘礼《へいれい》を朝鮮側と交渉することを対馬藩に命じた。これまで江戸で行っていた両国の国書交換の儀式を、対馬で行おうというものである。先の聘礼延期はこの易地聘礼交渉を見越してのもので、十二月、外交使節（通信使議定《ぎじょう》大差使）として平田隼人が倭館に派遣された。

しかし、今回は単なる規定外の使節というだけでなく、これまでの江戸聘礼からの制度変更を伴うものであったため、東萊府も朝鮮朝廷も使者の帰国を要請した。寛政五年には、将軍世子誕生を知らせる外交使節が派遣され、外交折衝の機会を設けることで事態の打開がめざされたが、膠着《こうちゃく》状況は続いた。結局、寛政六年八月、朝鮮から正式に易地聘礼拒否の外交文書が出され、十一月、対馬藩から幕府老中の松平信明《のぶあきら》に報告された。

ところが、寛政七年三月、新たに倭学訓導《くんとう》（倭学訳官）として着任した朴俊漢《パクスナン》が告げた内密話によって、事態は再び動き出した。朴俊漢は、倭館の朝鮮通詞小田幾五郎に対して、省弊（経費削減）を前提とした易地聘礼交渉を持ちかけた。表向きには朝鮮側の拒否で交渉は終了したが、朝鮮朝廷の内密の指示をうけたといい、両者は秘密裏に交渉を進めた。その経過は通詞を通して、適宜倭館館守戸田頼母に報告された。

朴俊漢は十月、倭館館守の任期を終えて帰国を控えた戸《と》田《だ》頼母《たのも》に対面し、藩への報告のために信頼性のある書状を望む通詞の要望に応じて、東萊府使からの書状を手渡した。朴俊漢は、易地聘礼に朝鮮側も前向きであることが江戸に伝えられ、幕府の意向が倭館にもたらされたら、朝鮮朝廷に伝達し、その後、対馬藩から派遣される使節と具体的な交渉を進めようと考えていた。ところが、幕府は以前の延聘をそのまま受け入れた。

その後も、倭館の現場では内密に交渉が進められた。朴俊漢は再び倭館館守となった戸田頼母との間で経費削減を条件とした易地聘礼に合意し、寛政九年九月、それを承認する東萊府使からの文書をもたらした。さらに寛政十年十二月、易地聘礼を承認する旨の礼曹《イエジョ》（儀礼・外交を扱う中央官庁）の謝書などが新訓導となった朴致倹《パクチコム》によりもたらされ、両国は易地聘礼で合意したかにみえた。その後、倭館では、通信使の人数や冠服など、具体的な削減項目について話し合われた。

ところが、その最中の文化二年（一八〇五）、朝鮮で訳官による外交文書の偽造事件が明るみに出た。朝鮮側は、東萊府使や礼曹名義で出された文書は訳官が偽造したものであり、これまでの易地聘礼の協定は無効であると主張したが、対馬藩は両国間で外交文書の往復も済んでいるとして協定通りの易地聘礼の実現を要求した。

一方、そのような事態を知らない幕府は、通信使の来聘を要請するよう対馬藩に命じたので、対馬藩は外交使節（通信使請来大差使）を派遣した。それに対する朝鮮側の回答は易地聘礼を拒否するものであったため、対馬藩側はその文書の受け取りを拒否し、交渉は膠着状態が続いた。

結局、文化四年末、対馬藩側は、朝鮮側の要求を受け入れて外交文書を受領した。今回の文書は受領したうえで、偽造事件を幕府へ報告し、再び外交使節を送って易地聘礼を求めるのがよいとの訳官の提案をうけてのものであった。それにしたがって、文化五年、対馬藩は朝鮮側に改めて易地聘礼を求めた。

それに対する朝鮮側の返答は、偽造事件を幕府に報告したうえで、易地聘礼についての幕府の意向を確認し、そこで幕府が易地聘礼を求めれば応じるというものであった。朝鮮側は、幕府の命をうけた対馬藩の使節ではなく、直接幕府の意向を確認する機会を求めた。そこで、文化六年七月、訳官使と幕府目付の遠山景晋《とおやまかげみち》が対馬で対面した。以降は具体的な経費削減について話し合われ、文化八年、易地聘礼が対馬で実現した。

易地聘礼交渉をめぐる対馬藩・幕府・朝鮮

以上みてきたように、松平定信の指示で始められた通信使来聘延期・易地聘礼交渉は、二四年をかけ実現に至った。天明八年（一七八八）に始まった延期交渉では朝鮮側の理解がえられたが、制度変更を伴う易地聘礼交渉は難航をきわめ、寛政六年（一七九四）に交渉は失敗に終わった。朝鮮朝廷—東萊府—訳官という表向きのルートでの交渉は終わったが、朝廷の有力者（左議政蔡済恭《チエジエキヨン》）が訳官（朴俊漢）に密命する形で、寛政七年に交渉は再び開始された。しかしその交渉も、主導者の蔡済恭と交渉担当訳官の朴俊漢が正祖二十三年（一七九九）に死去したことに加え、国王正祖の死去に伴って政争が起こり、偽造事件も発覚すると再び頓挫した。

一方、日本（対馬藩・幕府）側をみると来聘延期交渉は老中松平定信が家老古川図書に直接命じて始められ、古川図書が寛政二年に死去すると、松平定信・松平信明の指示のもと、家老大森繁右衛門が易地聘礼の推進を引き継いだ。ただ、釜山の倭館での最前線の交渉は対馬藩に任されており、途中経過が幕府に逐一報告されている様子もない。「朝鮮の役儀」を担う対馬藩が、幕府の命をうけながらも、独自の方法で交渉を進めているのである。

また、通常の意思決定は、幕府―対馬藩江戸藩邸―対馬藩国元―倭館館守―通詞のルートで進められるが、このときの交渉では、易地聘礼を推進する家老からの指示は交渉担当の通詞に直接伝えられ、限られた者のみで交渉が内密に進められた。対馬藩国元や倭館には、江戸聘礼を求めて易地聘礼に反対する元家老杉村直記の勢力が残っており、最前線で交渉にあたる通詞のなかにも易地聘礼反対派の派閥に取り込まれた者がいて、交渉はなかなか進展しなかった。

老中松平信明は、そうした藩内の動向にたびたび介入し、最終的には幕府が反対派を処罰することで対処した。朝鮮側でも、純祖七年（一八〇七）夏頃から政情が落ち着いてきて、易地聘礼は実現へと動いていった。

おわりに

一六三〇年代、近世的日朝通交が確立した。幕府が独自に外交使節を立てたり日朝貿易を行うことはなく、日朝外交の実務は対馬藩に委ねられ、日朝貿易は対馬宗氏のもと一元化された。対馬藩は、釜山に置かれた出先機関の倭館を通して「朝鮮の役儀」をつとめながら、貿易を中心に藩財政を維持していた。

一七世紀には、藩体制も整備され、藩内の支配も進んだ。ところが、貿易がふるわなくなり、藩内の銀山も閉山に向かうと、貿易利益を大きな財政基盤としていた藩体制は変革せざるをえなくなった。そのなかでも「朝鮮の役儀」を安定的かつ持続的に維持できるよう、一八世紀前半には、記録類の蓄積・編纂が行われるようになり、藩自らが専任の通詞を養成する機構も整備された。

一八世紀後半になると、藩財政がさらに逼迫《ひっぱく》し、対馬藩は、「朝鮮の役儀」を果たしていることを口実にして幕府にたびたび財政支援を願い出るようになった。天明期（一七八一～八九）には、「御倹徳」と呼ばれる藩政改革が実施され、藩領内の農業振興と殖産興業により、貿易に依存した財政から少しでも脱却しようと試みられた。そのなかでは、これまで町人が関与する形で成り立っていた貿易制度を抜本的に見直すことまで考えられた。この改革は、老中松平定信からの内達をえて、対馬藩の現状に危機感を覚えたことでさらに加速し、百姓・町人だけでなく武士までをも対象にした、文武興隆・倹約を含んだ政策として展開された。

一方で、日朝外交についても、通信使の易地聘礼という制度改革を幕府が望んだため、対馬藩は「朝鮮の役儀」をつとめる藩として、この要望に応える必要があった。制度改変を伴う外交交渉は、朝鮮側の拒否にあい難航をきわめたが、対馬藩は倭館で内密に交渉を続けながら実現にまでこぎつけた。

この後、幕府の関心は欧米列強に移っていき、日朝両国は「互いに関心を低下させた」とされる。しかし、その間も対馬藩が介在する形での日朝通交の枠組みは変わらず機能しており、日朝間で発生する諸問題は、対馬藩（倭館・国元・江戸藩邸）が介在する形で解決され続けた。対馬藩は、そのような役割を果たし続けるために藩の制度を整備・改革していかなければならなかった。一方で幕府もまた、実現に至ることはなかったが、一三回目の通信使来聘を計画しており、日朝関係を改編・廃止しようとする意思はなかった。欧米列強が両国に接近するなかでもそれは変わらなかった。

〔参考文献〕

李　元植『朝鮮通信使の研究』思文閣出版、一九九七年
池内　敏『絶海の碩学』名古屋大学出版会、二〇一七年

伊東多三郎「対馬藩の研究」『歴史学研究』九六・九七、一九四二年
大場生与『近世日朝関係における訳官使』（修士論文）慶應義塾大学、一九九四年
小川国治『江戸幕府輸出海産物の研究』吉川弘文館、一九七三年
長　正統「日鮮関係における記録の時代」『東洋学報』五〇―四、一九六八年
酒井雅代『近世日朝関係と対馬藩』吉川弘文館、二〇二一年
田代和生『近世日朝通交貿易史の研究』創文社、一九八一年
田代和生「渡海訳官使の密貿易―対馬藩『潜商議論』の背景―」『朝鮮学報』一五〇、一九九四年
田代和生『倭館―鎖国時代の日本人町―』文藝春秋、二〇〇二年（のち増補改訂して同『新・倭館―鎖国時代の日本人町―』ゆまに書房、二〇一一年）
田代和生『日朝交易と対馬藩』創文社、二〇〇七年
田代和生校注『交隣提醒』平凡社、二〇一四年
田代和生編集・校注『通訳酬酢』ゆまに書房、二〇一七年
田中健夫「対馬藩」『新編物語藩史』一二、一九七七年
鄭　成一『朝鮮後期対日貿易』新書苑、二〇〇〇年
鶴田　啓「天保期の対馬藩財政と日朝貿易」『論集きんせい』八、一九八三年
鶴田　啓「一八世紀後半の幕府・対馬藩関係―近世日朝関係への一視角―」『朝鮮史研究会論文集』二三、一九八六年
鶴田　啓『対馬からみた日朝関係』山川出版社、二〇〇六年
仲尾　宏『朝鮮通信使と徳川幕府』明石書店、一九九七年
長野　暹「天明・寛政期における対馬藩の藩政改革の一考察―「農政興起国産諸職仕立方」に関して―」『佐賀大学経済論集』五―一、一九七二年

中村栄孝『日鮮関係史の研究 下』吉川弘文館、一九六九年
許　芝銀「境界面としての倭館――『通訳酬酢』の「風儀之部」・「酒禮之部」・「飲食之部」を中心に――」『JunCture』五、二〇一四年
洪　性徳「朝鮮後期「問慰行」について」『韓国学報』五九、一九九〇年
三宅英利『近世日朝関係史の研究』文献出版、一九八六年
尹　裕淑『近世日朝通交と倭館』岩田書院、二〇一一年
米谷　均「対馬藩の朝鮮通詞と雨森芳洲」『海事史研究』四八、一九九一年
『厳原町誌』厳原町誌編纂委員会、一九九七年
『新対馬島誌』新対馬島誌編纂委員会、一九六四年
『増訂対馬島誌』名著出版、一九七三年
『長崎県史　藩政編』吉川弘文館、一九七三年

第5章

貨幣改鋳と経済政策の展開

高槻泰郎

はじめに

本章は、一八世紀を中心に、幕府による貨幣改鋳と経済政策を、物価と貨幣価値の安定化という視角から概観する。ここではとくに、米価と貨幣両替相場（金・銀・銭の交換比率）に着目する。米価と貨幣両替相場の急激な変動を押さえ、望ましい水準に誘導することは、幕府が一貫して重視した政策課題の一つであり、とりわけ一八世紀にはさまざまな政策が試みられ、一九世紀以降の政策にも大きな影響を与えている。

そこでまずは米価と貨幣両替相場それ自体について理解を共有したうえで、①政策当事者の意図、②政策の進行過程、③効果の三点に留意しながら、時系列に沿って述べる。右のうち②については史料として残りやすいため、詳細な研究が積み重ねられてきたが、①と③、とくに③については、状況証拠にもとづく推測に頼っている部分が少なくない。とりわけ貨幣改鋳が経済に与えた影響については、経済的な統計が得られないことから、明らかでない部分が多いため、確かな論拠をもって明らかにされていることと、そうでないことを区別することを意識した。

本章の内容は多くの先行研究に依拠するものであるが、貨幣改鋳の事実関係については、主として田谷博吉『近世銀座の研究』と日本銀行調査局編『図録 日本の貨幣3』に依っているため、逐一出典を記す煩を避けた。江戸幕府の出した触書についても典拠は省略した。

本章が依拠した史料のうち、とくに重要な「両替年代記」と「三貨図彙《さんかずい》」については、簡単にその属性を紹介する。「両替年代記」は、天保三年（一八三二）、本両替仲間の一員である播磨屋《はりまや》両替店の支配人であった中井金兵衛《なかいきんべえ》が、仲間の大行事箱に収められていた明暦以来（明暦元年は一六五五年）の記録を整理したものを、さらに弘化二年（一八四五）に、同仲間の竹原《たけはら》両替店の支配人久兵衛《きゅうべえ》が整理・選択し、編年体に編纂したものである。後世の編纂物ではあるが、留められている記録それ自体の信憑性は高く、江戸幕府の諸政策が市場にどのような影響を与えたのかを知るうえで貴重な史料である。ここでは翻刻版（末尾参考文献）を参照し、その頁数を掲げる。

「三貨図彙」は、大坂商人の草間直方《くさまなおかた》（一七五三〜一八三一）が、江戸時代に流通した金・銀・銭の三貨について、その沿革を詳述し、物価の高低をも記して、商家の参考に供しようとしたもので、文化十二年（一八一五）に脱稿している。幕府の貨幣改鋳を論じるうえで頻繁に参照されてきた史料であるが、後世の編纂物である以上、ここに書かれていることを事実と認めるためには、傍証史料による裏づけがなされることが望ましい。本章では、裏づけが可能な記述を参照するように心がけたが、なかには「三貨図彙」にしか書かれていない情報もあるため、その場合は草間直方の意見として参照するに止めた。ここでは、瀧本誠一校閲にかかる翻刻版を参照し、その頁数を掲げる。

本章で言及する米価・貨幣両替相場については、小葉田淳監修『読史総覧』所収の「米相場表」と「金・銀・銭相場表」が示す年ごと（ないし年に数点）の値動きによって確認することができる。日単位や月単位ではなく、年単位の値動きで政策の効果を正確に観察することができるのか、という懸念は残るが、一八世紀中期より前の時代については、基本的に年単位でしか値動きを追うことができないため、現状では受け入れざるをえない。

1　米価と貨幣両替相場の概説

米価とは何を指すか

近世社会において、諸物価のなかでも、とりわけ米価が重要であったことはいうまでもない。米納年貢制のもと、米価は領主財政の歳入を左右したのはもとより、年貢を納めたのちの余剰米を販売した農民や、米を貨幣で購入して消費した人びとも含め、近世期のすべての人びとの生活を左右するものであった。

太宰春台《だざいしゅんだい》が「米の価貴《あたいたか》ければ士と農とに利あり、工商とに害あり、米の価賤《やす》ければ工と商に利ありて、士と農とに害あり」（『経済録』巻五、享保十四年〈一七二九〉成立、ルビは筆者）と述べているように、米価は高すぎず、安すぎず、一定の水準のなかに収まっていることが、当時の社会においては望ましかった。

しかし、市場取引に委ねていては、米価が望ましくない水準に達してしまうことがありえた。稲作は自然条件に左右され、豊作時に米を国外に輸出することも、また不作時に輸入することもしなかったため、それは致し方ないことであった。いつか米価は望ましい水準に戻るのかもしれないが、その「いつか」まで米価の高騰ないし低落に耐えきれず、生活が破綻をきたす者も出てきてしまう。幕府が米価の統制を実施したゆえんである。

幕府が統制の対象とした米価とは、主として江戸市中の米価と、大坂堂島《どうじま》の米価であった。江戸では、集中的に米取引を行う市場は存在せず、江戸米価といえば、もっぱら米商人がつける価格（米商人が米商人に対して提示する取引価格、米の小売商が消費者に提示する小売価格で、金一両に対する米の量として表記）を指している。一対一の取引において提示された価格であるので、外部の者には見えにくく、事実、江戸米価の連続的な数値は、大坂に比して得にくい。

一方、大坂米価とは、堂島米市場で取引された米切手の価格（米一石に対する銀建てで換算した価値）を指し、広く公開されて江戸も含む各地の米価に影響を与えていた。当時、最大の米市場であったと考えられる大坂の堂島米市場（図5−1）では、大小あわせて三〇近くの大名の発行した米切手が取引された（高槻泰郎『近世米市場の形成と展開』）。米切手とは、これら大名が大坂に設置した蔵屋敷《くらやしき》が発行した証券で、どの蔵屋敷が発行したものであっても一枚当たり一〇石の米との交換を約束するものであった。

なかでも、一八世紀半ば以降では、筑前蔵（黒田家《くろだけ》）・肥後蔵（細川家《ほそかわけ》）・広島蔵（浅野家《あさのけ》）・肥前蔵（鍋島家《なべしまけ》）・中国蔵（毛利家《もうりけ》）・加賀蔵（前田家《まえだけ》）の発行した米切手が堂島米市場において定評を獲得し、これらの価格が大坂米価として参照された。米俵の価格ではなく、米切手の価格であったことが、一八世紀半ば以降に問題となるのだが、それは追って述べる。

貨幣両替相場とは何を指すか

江戸時代の貨幣制度を指して、三貨制度と呼ぶことがある。金貨・銀貨・銭貨が併用されたことにちなむ名称だが、幕府は元禄十三年（一七〇〇）に金一両＝銀六〇匁＝銭四貫文（四〇〇〇文）として貨幣の交換比率を公定し、幕府の支払いはこの相場にもとづいて行われること、市中の取引についても右の相場に準拠すべきことをふれている。市中の交換比率＝貨幣両替相場は日々変動するものであったが、米価と同じく右の基準を大きく逸脱してしまうことがあった。後述するように、右の公定令自体も、元禄改鋳に伴う急激な貨幣両替相場の変動に応じて発令されたものであった。

米価については直感的にわかりやすいが、貨幣両替相場の変動が当時の人びとにどのような影響を与えたのかについては、多少の補足が必要である。金と銀の相場（江戸では銀相場、大坂では金相場と呼ぶ）を例にあげよう。仮に銀の価値が金に対して安くなり過ぎたとする。数字にすれば、金一両＝銀六〇匁であったものが、金一両＝銀七〇匁になってしまう場合である。このとき、例えば大名はどのような影響を受けるだろうか。

参勤交代の制度化により、江戸と国許の二重生活を余儀なくされた諸大名は、江戸では金建て、米や産物を売却する大坂では銀建てと、二つの価値尺度に直面した。銀の価値が金の価値に対して安くなれば、大坂で年貢米を売り、その代銀を江戸に送って金に換える大名は、江戸での生活に差し支えることになる。銀の価値が金の価値に対して安くなっているため、実質的な収入が目減りしてしまうのである。

反対に銀の価値が金に対して高くなりすぎると（金一両＝銀五〇匁など）、例えば大坂を含む上方から物資を輸入し、江戸市中で販売する諸問屋が影響をうける。銀で値付けされた酒や呉服などを、金で買うのだから、銀の価値が金に対して高すぎると、江戸の諸問屋の利益は減ってしまう。あるいは彼らが小売価格に転嫁すれば、江戸市中の消費者は迷惑する。

銀貨（秤量銀貨）は一八世紀中期以降、急速に流通量を減らしており（岩橋勝『近世貨幣と経済発展』）、上方においても、銀建てで行う決済は、もっぱら銀建ての信用手段（手形取引や帳簿取引）や金貨・銭貨で行われていた。貴金属貨幣としての銀貨がほとんど流通していなかったのにもかかわらず、銀建ての価値尺度が残ったからこそ、銀の価値と金の価値の相対関係（貨幣両替相場）が問題となったのである。

こうした貨幣両替相場の望ましくない変動に際して、幕府は政策的な介入を試みたのだが、それは米価も含む物価の問題と無関係ではなかった。かつて経済学者は、貨幣の量が増えれば（減少すれば）物価が上がる（下がる）という因果関係を所与としていたが、近年こうした因果関係それ自体が再検討の対象となっている。

そうであればこそ、江戸幕府による貨幣改鋳が、物価や経済にどのような影響を与えたのかを明らかにする意義は大きい。江戸幕府は貨幣改鋳を繰り返すなかで、それが物価も含め、さまざまな形で経済に影響を与えることを経験的に学んでいった。その経験を復元することが、貨幣の問題を考えるうえで重要な参照点を提供することになる。

2　元禄から正徳期の経済政策

元禄の改鋳

荻原重秀《おぎわらしげひで》主導のもと、幕府が最初に行った貨幣改鋳である元禄改鋳は、物価や貨幣両替相場の安定をめざして行われたものではないが、結果として貨幣両替相場に甚大な影響を与え、一八世紀以降の政策に少なからざる影響を与えている。

元禄八年（一六九五）八月、幕府が改鋳を宣言した町触は二つの要素からなる。第一に「金銀極印古くなり候につき」、吹き直しを命じる、第二に、近年、鉱山より産出される金銀が多くなく、世間に流通している金銀が次第に減ってきたことをうけ、金銀の位を改めて吹き直し、世間の金銀を多くする、この二点である。

発行から一〇〇年弱が経過しようとしていた慶長金銀には、極印の摩耗や破損などが目立ち始め、事実、これらを選別するような動きが生じて、市中取引が阻害されることもあった。限られた鉱物資源のなかで、十分かつ破損・摩耗のない貨幣を供給するために、品位を下げて吹き直す、というのが幕府の表明した改鋳意図であった。

しかし、真の目的は、慶長金銀の改鋳によって益金をあげ、財政補塡をなすことにあったと考えられる。初期において幕府財政に相当の比重を占めた鉱山収入は、寛永末期（一六四〇年代初頭）以後、大幅に減少し、明暦三年（一六五七）の大火に伴う復興資金、五代将軍綱吉《つなよし》の奔放な支出、寺社造営などが重なり、幕府財政は悪化の一途をたどった（大野瑞男『江戸幕府財政史論』）。元禄七年九月には、幕府勘定所が同年の歳入見積額と過去の支出額を比較する資料を作成し、約一〇年以前の数年間の平均支出額であれば黒字、元禄五・六年規模の支出額が維持されるならば赤字となることを報告している（藤田覚「元禄期幕府財政の新史料」）。改鋳の前年に実施されたこの調査は、改鋳に向けた予備調査であったと推測され（同前）、改鋳の目的が幕府財政の改善にあったとの見通しを補強するものである。

この改鋳を通じ、幕府は金貨については慶長金の一・五倍、銀貨については慶長銀の一・二五倍の量にそれぞれ改鋳することを企図した。新旧貨幣の交換に際しては増歩《ましぶ》（価値減少の補塡分）を渡していたが、金貨・銀貨ともに一％しか支払われず、のちに金貨を中心に増額はなされたものの、旧貨（とくに慶長金）の退蔵が進んだことは（「三貨図彙」二七九頁）、増歩が不十分であったことを示している（このときに慶長金銀が退蔵されたことは、後述する正徳改鋳に際して、慶長金銀が市中に出回ったことから裏づけることができる）。したがって、十分かつ破損・摩耗のない貨幣を供給することよりも、改鋳益金の獲得に重きが置かれていたことは否定できない。

新金が忌避された結果、銀と銭に決済需要が集中し、元禄十二年頃より、金に対する銀・銭の騰貴という形で貨幣両替相場が大きく偏った。これによって米・綿・薬種・酒などを銀建てで価値表示する上方より買い受けた江戸市中の問屋の取引条件が悪化し、江戸市中の問屋仲間によって構成された業種横断的な互助組織である十組問屋《とくみどんや》は、幕府に是正を訴えている（林玲子『江戸問屋仲間の研究』）。これをうけ、元禄十三年十一月、幕府は冒頭に紹介した御定相場を示して、これに準じるように指示しているが、市中相場は銀騰貴の傾向を維持した。

一方、米価をはじめとする諸物価に与えた影響については、十分に明らかでない。改鋳直後については連続的な物価情報が得られず、元禄十四〜十六年にかけて大坂米価は高水準を示しているが、草間直方が当該期を諸国不熟の時期であるとしていることも考慮に入れるならば（「三貨図彙」八〇一〜八〇三頁）、大坂米価を観察するだけでは、改鋳それ自体による影響を識別できない。もっとも、宝永二年（一七〇五）十二月、江戸町奉行所の諮問に対して江戸本両替仲間が、金銀改鋳が物価を上げたとの見解を示しており（「両替年代記」六五頁）、何らかの因果関係があった可能性は否定できない。

宝永の改鋳

宝永三年（一七〇六）六月、幕府は銀価値の騰貴を押さえるべく、元禄銀からさらに品位を下げた二ツ宝銀を鋳造した。貨幣両替相場の是正を名目に掲げて実施された最初の改鋳である。幕府は増歩をつけて新旧引き替えを行い、同六年十月には金一両に対して銀五九匁九分と、ほぼ御定相場なみの相場を実現した。

幕府はこの過程で、札遣い（紙幣発行・通用）禁止令（宝永四年十月）を全国触れとして発している。これは札遣いを禁ずることで新旧貨幣の交換を促進する狙いがあったと理解されてきたが、近年、見直しを迫られている。元禄の改鋳は江戸において作業が行われたため、遠隔地における新旧貨の交換には時間を要した。この間の決済手段として札の発行が進んだ地域もあったが、そうでなかった地域との取引では軋轢《あつれき》が生じることもあり、それに対処すべく札遣いを禁じたとの理解が提示されている（安国良一「藩札発行における領主の機能」）。同禁令の意図しない効果として新旧貨幣の交換を促進した可能性は残るが、いずれにせよ貨幣改鋳が各地域の商取引における決済に混乱をもたらすものであったことは確かであり、貨幣改鋳の経済効果を論じる際には、取引に従事した人びとが蒙った費用（決済に伴う費用など）も考慮に入れるべきである。

宝永六年正月に六代家宣《いえのぶ》が将軍となって以降も、勘定奉行の荻原重秀はその任にあり、同七年には金貨（乾字金《けんじきん》）と銀貨（四《よ》ツ宝銀《ほうぎん》など）を発行し、とくに後者は荻原の独断で発行された。貨幣両替相場が望ましい水準に落ち着いた段階での増鋳は、改鋳益金の獲得を目的とするものであったと評価せざるをえず、新井白石《あらいはくせき》も、荻原が改鋳によって財政の急を凌ぐことを上申していたとしている（「折たく柴の記」一一四頁）。

四ツ宝銀などの鋳造高は巨額に及んだため、銀価値は下落し、銀遣い圏に与えた打撃は大きかった（「両替年代記」八〇頁、「三貨図彙」五七三頁）。銀遣い圏においてとくに物価上昇が問題になったということは、宝永の改鋳が諸物価に影響を与えたと考えるべきであろう。

相次ぐ改鋳をうけ、いずれまた改鋳が行われるのではないかとの憶測が生まれ、金銀の代わりに米穀・絹布などを貯え置く動きが進み、物価が騰貴したと草間直方は考えている（「三貨図彙」二八七頁）。草間は、同様の憶測は貨幣両替相場にも影響し、新金銀は「永久通用すべきものにあらず」との見込みから、慶長金・元禄金で決済する場合と、乾字金で決済する場合とで、物価が異なる状態に陥ったとも述べている（同前）。

元禄八年（一六九五）から宝永七年に至る約一五年間に、幕府は合計四七四万両の改鋳益を得たとされ、これは宝永六年の幕府収納額約七六万両に照らしてみても巨額であった。宝永改鋳についても、宝永三年から正徳四年（一七一四）までの間に五九一万二〇〇〇両余を得たと推計されており、幕府財政を補塡するという政策の目的は達せられたと評価できる。

しかし、貨幣両替相場を混乱させたことは事実であり、素材価値を上回る名目価値を与え、その差を収公しようとした元禄金銀が、偽造の標的となったことも事実である（安国良一『日本近世貨幣史の研究』）。

正徳の改鋳

正徳二年（一七一二）九月、六代将軍家宣は、新井白石の進言をうけて元禄・宝永改鋳を主導した荻原重秀を勘定奉行の任から解き、同時に新銀の鋳造を停止する旨、慶長銀・元禄銀・宝永銀を取り混ぜて通用すべき旨を発している。銀貨のみがここで言及されている理由は、銀価値の下落がとくに問題視されていたことから、新銀の鋳造を停止するという宣言それ自体に意味があったことなどが考えられる。

そして正徳四年五月から、慶長金銀貨に匹敵する良質の正徳金銀の鋳造を開始し、慶長金・正徳金各一両は宝永金二両に相当する旨、慶長銀・正徳銀各一貫目は宝永銀二貫目に相当する旨、各種宝永銀（永字銀《えいじぎん》・四ツ宝銀など）は等価通用とする旨、元禄金銀は増歩を付したうえで正徳金銀と交換する旨などを定めている。

しかし、実際の金銀含有量と、ここで定められている交換比率が合致していないことが嫌忌され、宝永金銀と旧金銀との交換は容易に進まなかった。草間直方は、宝永金（乾字金）は、慶長金の半分の大きさながら品位は同等であったため、事実上の二歩金として広く通用し（『三貨図彙』一九四・三〇四〜三〇五頁）、これも回収を滞らせる要因となったと考えている。

享保三年（一七一八）閏十月には新金銀通用の規則を触れ出し、宝永金は同四年末をもって通用を停止し（最終的には同七年末まで延長）、以後、金貨による取引はすべて正徳金建てとすることになった。銀貨については、同令にもとづいて享保三年十一月からすべて正徳銀建てとすることになったが、従来の各種銀貨の通用は認められ、最終的には享保七年末に正徳銀以外の通用が停止された。また、これと時を同じくして、江戸市中の両替屋を六〇〇軒に限定し、この仲間をもって金銀の新古入替を担当させている（「両替年代記」一一七～一一九頁）。

諸物価に対して改鋳が与えた影響は、少なくとも米価については甚大であった。大坂米価は享保三年から四年にかけて急激な下落が生じている。米以外の財価格が連続的に得られないことを遺憾とするが、少なくとも享保三年閏十月の新金銀通用令が米価を引き下げる効果を持ったことは疑いない。

3 享保改革期の経済政策

貨幣両替相場の公定

正徳の改鋳がもたらした貨幣収縮と米価の下落は、享保改革期に重い課題としてのしかかった。貨幣両替相場からみていくと、享保三年（一七一八）閏十月の新金銀通用令以後、銀騰貴が顕著に進む。この影響は、上方からの財移入に依存する江戸では、ただちに物価騰貴として表れたため、江戸町奉行の大岡忠相《おおおかただすけ》は、同年十一月より両替屋に対して金一両＝銀六〇匁の相場に御定相場に従うように求めたが、これに反発した江戸の両替屋は休業するなどして抗議の意を示している（以下、御定相場をめぐる騒動は、「両替年代記」一三六～一七四頁）。

同年十二月十七日、江戸市中の両替屋は大岡に宛てて訴状を提出し、御定相場を守ろうにも江戸では銀が払底しており難渋していること、上方のように「相対相場」、つまり市場で形成される相場によって取引を行いたいと述べている。これに対して大岡は、五四〜五五匁という線を提示しているが、両替屋の理解は得られず、結局、享保四年三月二十日に「相対相場」による取引を勝手次第としている。その後、新銀の交換が進んだこともあり、享保七年六月には、ほぼ御定相場並みの金銀相場となる。

しかし、旧金銀の通用が享保七年末で停止となり（先述）、それを補う新金銀（特に銀）の供給が上方において不足していたことをうけて、再び銀価値が上昇した（「三貨図彙」六〇一頁）。享保八年十二月に再び金一両＝銀五一匁台まで江戸の銀相場が騰貴したことをうけ、大岡は両替屋仲間に対して是正を指示している。これに対して両替屋は、宝永四年（一七〇六）の札遣い禁令（先述）によって、諸国で正銀の決済需要が高まっていることなどを理由に、是正の困難を訴えている。

結局のところ、大岡が企図した御定相場の強制は、「相対相場」に従うべき、との論理を前にして失敗に終わったと評価できる。この点は、米相場の問題とも深く関わるので再述する。

物価の引き下げ政策

享保九年（一七二四）二月に出された全国触れでは、米価は去年から下がってきているものの、諸物価は高値のままで諸人が難儀している旨、米穀を原料にしている財はもちろん、そうでない財についても、それをつくる職人の賃金は飯米をもとに割り出すのであるから、やはり米価に準ずるべきである旨、以後、諸物価（「諸色直段」）ならびに諸賃金を引き下げるべき旨が通達されている。

この前年に、幕府は江戸町奉行・京都町奉行・大坂町奉行所の三町奉行に対して物価問題について意見を求めており、このうち江戸町奉行の大岡忠相と諏訪《すわ》頼篤《よりあつ》が提出した意見書が、右の全国触れの土台となっている（『享保撰要類集』米穀之部）。

当該期の物価について、数少ない手がかりをもとに検証した研究によれば、米価は下落基調にあったのに対して諸物価と大工手間賃は一定を保っていたことが確認されている（大石慎三郎『享保改革の商業政策』）。正徳の改鋳以後、下落基調をたどった米価に対して、なぜ諸物価は下落しないのか。前述の意見書において大岡らは、その最大の理由を一部商売人による利益追求（「買置・〆売《しめうり》」、「金廻しのため買込置」）に求めている。この論理は、裏を返せば、物価を上げたいときは利益追求を容認する、ということになり、のちに大岡が主導して複数の米相場所に対して開設認可を与えた理由を説明する。

大岡らの意見書は、商売人による利益追求を押さえるために、江戸・京・大坂において、問屋・仲買・小売りに至るまで仲間を組織させて価格動向を把握・監視しつつ、浦賀《うらが》から江戸に入ってくる貨物量、大坂を出港する貨物量をそれぞれ把握することで、商売人が「不当」な利益を得ていないかを把握する、という施策を提案している。

意見書の内容は、大坂と浦賀での流通調査を実施するという点以外、ただちには政策に盛り込まれなかったが、最終的には全面的に受け入れられる形で、享保九年二月の「物価引き下げ令」とその後の政策に反映されることになる（大石慎三郎『享保改革の商業政策』）。

享保九年五月には、真綿・味噌・塩・酒・紙などの生活必需品二二品目を扱う商人を集め、組合を結成するよう指示している。最終的に、享保十一年五月、水油・魚油・繰綿・真綿・酒・薪《まき》・木綿・醤油・塩・米・味噌・生蠟《きろう》・下蠟燭・紙・炭の一五品について、諸国から商品を取り寄せている者に仲間を結成させている。

こうした施策によって、諸物価がどのように変化したのか。現状ではこれを検証するための十分な価格情報が得られていない。そもそもなぜ当該期に米価のみが下落基調にあったのか、という点についても、正徳改鋳による貨幣収縮や米の供給増などにその理由が求められているが、推測の域を出ておらず（宮本又郎『近世日本の市場経済』）、大岡らの主張した一部商人による利益追求が真の要因か否かについても検証が不十分である。

堂島米市場の認可

物価引き下げ問題に取り組む一方で、幕府は米価の上昇に向けた施策も打っていた。享保十年（一七二五）から同十四年にかけて、幕府は合計三回、江戸商人出願による米相場所を認可している（鶴岡実枝子「享保改革期の米価政策からみた江戸の位置」）。いずれも短命に終わるが、米相場所を開設し、商いを活発にすれば米価が上昇するという出願者の論理を幕府が受け入れて認可を与えたものである。

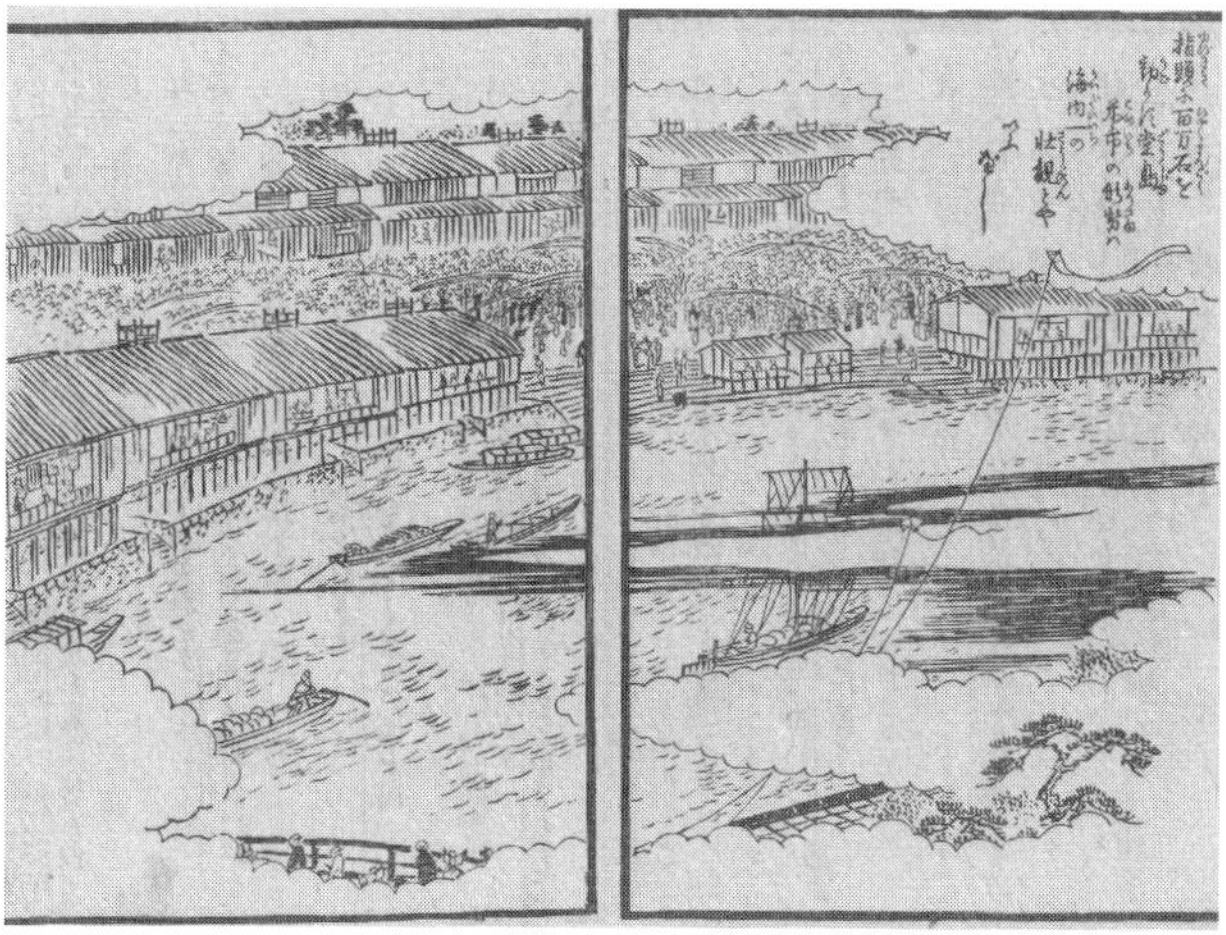

図5–1　堂島米市（『増補算法図解大全』1849年，個人蔵）
正規の取引時間（午後2時前後）が終了しても，居残って取引を行う米仲買に対して，水を撒いて散会を促した様子が印象的に描かれている．

そして、享保十五年八月、大坂堂島における米取引を勝手次第とする町触が江戸・大坂で発せられ、江戸商人出願による米相場所は廃止となる。翌十六年、大坂町奉行所は加島屋《かじまや》久右衛門《きゅうえもん》ら、主立つ米仲買五人を年寄役（のちに米方年行司《こめかたねんぎょうじ》と改称）として米仲買株仲間を編成し、鑑札《かんさつ》を発行している。以後、堂島米市場での取引は、米仲買株仲間（約一三〇〇軒）がこれを独占し、その代わりに、市場における取引秩序と米価の安定を請け負う、という関係が幕末まで維持される（高槻泰郎『近世米市場の形成と展開』）。

これと連動する形で、享保十五年九月には、高間《たかま》伝兵衛《でんべえ》ら八軒の米問屋（江戸）に対して、上方筋から江戸に入ってくる米について独占的な荷捌き権を付与している。大坂の米相場所を認可することで商いを活発にして米価上昇を期しつつ、江戸の米価については米問屋を通じて管理・制御するという構想であったことがわかる。

米相場所を設置して取引を活発にさせることが米価上昇につながるという論理は、商売人の利益追求が価格を上昇させているという、物価統制策でみられた認識と一体である。諸物価に関しては商売人の利益追求を抑制することで押さえ、米価に関しては商売人の利益追求を刺激することで上昇を図る、両輪の政策であったと理解すべきである。

御買上米・買米政策

幕府は、堂島米市場の認可と平行して、自己資金による米の買い上げ（「御買上米」）を試みている。江戸では享保十五年（一七三〇）正月から翌四月にかけて計三回、大坂でも享保十五年二月から翌年七月にかけて計三回にわたって実施している（以下、とくに断りがない限り高槻泰郎『近世米市場の形成と展開』第三章による）。また、享保十六年四月には、二〇万石以上の大名に対して、江戸・大坂で買米を実施するように指示している（八月に撤回）。

この一方で、民間に米切手の買持ちを行わせしめる買米政策も、大坂で実施している。享保十六年六月二十四日、大坂町奉行所に大坂町人約一三〇名が召し出され、各個に割り当てられる高の米切手を買持ちするよう命ぜられる。実はこれ以前に、町単位で買米を負担すべき人物を吟味し、書付に認めて提出せよとの指示が出されていたが、遅々として進まなかったため、対象者全員を召し出し直接指示を与えたのである。

同政策の発動直後は米価が上昇したものの、八月頃には反転が始まり、大坂市中においても、実体とかけ離れた無理な値段をつけようとしているとの批判が出ていた。そこで幕府は、同年十月、町に命じて買米負担者を名指しする方針を撤回し、町ごとに買米の目標高を設定する方針へと転じている。

大坂三郷を巻き込んで展開した買米政策は、翌享保十七年、西日本一体にかけてウンカの異常発生による大凶作が襲ったことをうけて止み、今度は一転して米価の抑制が図られる（以下、菊池勇夫「享保・天明の飢饉と政治改革」）。幕府は同年九月朔日に、万石以上・以下に対して大坂に例年よりも多く米を廻送するように指示し、被災大名に対しては無利子の資金貸与「拝借金」を認めている。

当該年は、関東の国々では豊作であったため、幕府は関東の万石以上・以下に対しては備蓄米を奨励し、東海地方の私領・御領に対しては大坂への廻米を奨励した。その結果、皮肉にも江戸市中の米価上昇をもたらし、享保十八年正月には、江戸の米問屋・高間伝兵衛宅が打ちこわしに遭っている。

米価の下限規制

しかし、その年末には米価は落ち着きを取り戻し、再び下落基調となる。そこで、享保二十年（一七三五）十月、幕府は米価の直接的な統制に踏み切る。江戸においては金一両につき一石四斗以上、大坂においては米一石につき四二匁以上に買い取るべきとし、それ以下での買い取りを望む者は、一石につき銀一〇匁ずつの運上銀を上納すべきとする政策を打ち出したのである。この施策は単に価格規制に止まらず、江戸・大坂における取引数量を把握することも企図されており、実際に報告書が江戸・大坂それぞれについて提出されている（勝亦貴之「享保末年における幕府米価政策と元文改鋳」）。

享保二十一年四月十六日、大坂米仲買は連名にて同規制の廃止嘆願書を提出し、そこで大坂米市場は本来自由なものであるが、今回の価格規制により買い手がつかない状況が生まれ、諸大名の年貢米売却にも悪影響が出ていると述べている。

そして、元文元年（一七三六）六月一日、幕府は貨幣改鋳の実施と引き替えに米価の規制策を放棄する。したがって、米価の下限を規制する、という試みは失敗に終わったのだが、先にみた貨幣両替相場の是正一件とあわせ考えると、米相場・貨幣両替相場が思うように動かないのであれば、直接これに働きかければよい、という発想が、当該期の経済政策を主導した大岡忠相にあったことがわかる。この発想は、米相場・貨幣両替相場のいずれにおいても現実妥当性を欠くことが証明され、米価に関しては、以後、直接的な規制（価格それ自体に規制をかけること）は行われなくなる。

元文の改鋳

堂島米市場の認可、米価の下限規制などを経ても、米価は上昇しなかった。享保十五年（一七三〇）六月には、禁止していた札遣いについて、勘定奉行への届け出を求めたうえで、諸国にこれを認めており、貨幣不足に起因する米価低落に対しても手を打っていたが、それは十分ではなかった。

残る手段は貨幣改鋳しかない。こうした意見に将軍吉宗《よしむね》は不同意であったが、「奉行共」が説得することで改鋳は実施された（勝亦貴之「享保末年における幕府米価政策と元文改鋳」）。この「奉行共」とは、享保十五年以来、御用掛として物価政策を推進してきた江戸町奉行の大岡忠相と勘定奉行の細田時以《ときより》であり、この両名は改鋳の御用係にも任命されている。「世間の金銀が不足しており、通用に不自由しているとのことなので、このたび金銀を吹き替える」の文言で始まる全国触れが元文元年（一七三六）五月に出され、こののち八〇年間にわたって安定的に通用することになる元文金銀の鋳造が開始された。

元文の改鋳の要点は、新旧貨幣無差別通用の一点に求められる。元文金銀は、慶長・正徳金銀より品位・量目ともに劣っていたが、慶長・正徳金金銀と同価として通用することが定められた。品位・量目が劣るものを同価通用させるからには、差額を補塡する必要がある。それをせずに差額を収公したのが元禄・宝永の改鋳であったが、元文の改鋳においては、元禄金銀と慶長・正徳金銀との交換に際して十分な増歩を支払うことで補塡している（金貨については六五％、銀貨については五〇％）。

これに対し、新旧貨幣の交換を請け負った江戸の両替屋・米問屋・十組問屋から不満が出たため、新旧貨幣交換時（幕府⇔民間）に増歩を支払うのみならず、市中で新旧貨幣を取り混ぜて取引を行う際（民間⇔民間）にも、元文金銀に五割の割り増しをつけて取引をすることを幕府は認めざるをえなかった。つまり新旧貨幣無差別通用の方針を曲げたのだが、元文三年八月には、新古金銀を区別する（割り増しをつける）ことを禁止し、元文四年三月限りで古金銀の通用を停止するとしている。

しかし、古金銀は完全に市場から姿を消したのかといえば、決してそうではなかった。延享元年（一七四四）六月に、元文金銀と慶長・正徳金銀を取り混ぜて取引する際に、割り増しをつけることを再び許可していることから、相当数の古金銀が出回っていたとみるべきである。同時に、元文金銀の鋳造材料として期待できる古金銀の流通を認めてでも、市中に貨幣を行き渡らせることを幕府が優先していたことがわかる。

改鋳後、貨幣両替相場は御定相場近くを安定的に推移し、物価も改鋳後は上昇傾向をみせ、その程度は米価において顕著であった（新保博『近世の物価と経済発展』）。諸物価に比して米価が安いという状況は、ここに解消されたのであり、元文の改鋳は、物価と貨幣両替相場の安定をもたらすことに成功したと評価してよい。

もっとも、貨幣価値を切り下げた効果が、諸物価と米価でなぜ同様に表れなかったのかについては十分に解明されていない。冒頭に述べた通り、この問題については経済学においても定まった見解が提示されているわけではないため、今後、歴史研究が果たす役割は大きい。

4　宝暦・天明期の経済政策

宝暦十一〜十二年の大坂市場統制策

宝暦・天明期（一七五一〜八九）は領主階級にとって危機の時代であったと理解されている。享保の改革期に試みられた新田開発の奨励、年貢徴集の強化（本書第2章参照）は、皮肉にも米価下落に帰結した。元文の改鋳によって、米価安の状況は脱したものの、米の豊作が財政危機につながる構造自体に変化はなく、宝暦初年（一七五〇年代前半）には再び米価安に見舞われている。

こうしたなか、幕府も含む領主階級は、米年貢に頼らない財政収入の途を模索し始め、「御益」「国益」の追求を本格化させる（藤田覚『田沼意次』）。また、政策実施のための資金を、民間の資金あるいは領主階級の資金を民間に貸し付けることで得た利息に求めること（「御貸付」）も広く行われるようになる（高槻泰郎「幕藩領主と大坂金融市場」）。

それを象徴するのが宝暦十一年（一七六一）末から翌年にかけて大坂で実施された一連の政策である。折しも大坂米価が下落基調にあり、大坂金相場が上昇傾向にあった宝暦十一年末、江戸から勘定吟味役の小野《おの》一吉《くによし》らが来阪した。小野らは、十二月七日に堂島の米方年行司を呼び出して大坂登米高と有米高（市場に流通している米切手の量）の調査を命じ、八日には両替屋一七軒を呼び出して、宝暦十年来の大坂における金相場上昇について問いただしている（賀川隆行『江戸幕府御用金の研究』）。

大坂における金相場上昇（銀価値の下落）は、大坂で米を売却し（銀建て）、それを金建てに換算して江戸に送った幕府や諸大名にとっては看過できない問題であった。金相場の上昇は、大坂の本両替仲間による買い占めが原因ではないかと疑っていた大坂西町奉行所は、宝暦十一年三月にも同仲間に対して調査を命じていたが、小野らは再びその調査を行ったのである。詳細は不明ながら、調査は宝暦十二年末に終了し、大坂東町奉行所与力《よりき》・同心《どうしん》の一部や、数軒の両替屋が処罰をうけていることから、何らかの形で金相場に操作が加えられたと認定されたとみてよい。

金相場に関する調査と平行して、宝暦十一年十二月十六日以降、大坂町奉行所は身元の確かな大坂町人二〇六家を相次いで呼び出し、総額で一七〇万三〇〇〇両もの融資を求めている（以下、賀川隆行『江戸幕府御用金の研究』にもとづく）。実際に融資された金額は約五六万両と目標額の三〇％程度であったが、巨額を市場から吸い上げたことに変わりはない。集められた資金（御用金）は、大坂町奉行所に納められたうえで、各出資者からの貸付という形で、合計三二五の町に対して、それぞれ月利〇・一％の利息で貸し下げられた。出資者からしてみれば、月〇・一％の利子がついた「江戸幕府債」を強制的に買わされたことになる。

融資の受け入れ額は町によって差があるが、そのうち三分の二を米切手の買持ちに使い、残り三分の一を月利一・五％以内の利息で任意の相手に貸し付けることが求められた。つまり、各町は米切手の買持ちを求められ、その値下がりリスクを引き受ける代わりに、最大月一・四％の利鞘が与えられたのである。もちろん、米切手価格が上昇すれば、この利鞘に加えて投資収益を得ることになる。

町が貸し付ける相手は任意とされたが、この資金を借り受けたのは主として諸大名と旗本であった。この政策は、大坂富商の資金を使って、米価を下支えしつつ、米価低落から資金繰りに苦しんでいた領主階級の財政を支えようとするものであった。

米価が十分に上昇したことを確認した宝暦十二年二月二十八日、幕府は米切手の買持ちを解除する旨を通達している。御用金の出金者へは返済手続きが進められたが、大名・旗本への融資分のうち多くが焦げつき、回収には長い時間がかかった。

御用金政策と平行して、小野らは、大坂で諸大名が発行した米切手についても統制を加えている。すなわち宝暦十一年十二月晦日、空米切手《からまいきって》停止令《ちょうじれい》を発し、諸大名の蔵屋敷が発行するすべての米切手は、それぞれの蔵米の裏づけのもとに発行されていなければならないとした（以下、高槻泰郎『近世米市場の形成と展開』第四章にもとづく）。仮にある大名の蔵屋敷が、蔵に存在している米俵の量以上に米切手を発行し、米切手所持人の蔵出し請求に応じられなくなってしまった場合、当該蔵屋敷が発行した米切手のみならず、他の大名の蔵屋敷が発行した米切手についても不安が広がり、ひいては大坂米市場全体で米切手価値の下落、すなわち米価の下落につながってしまう。実際に広島藩・萩藩《はぎはん》などが米切手と蔵米との交換を滞らせており、それは幕府の耳にも入っていた。

米切手が一種の金融商品であったからこそ、信用不安によって米価が下がることがありえたのであり、それを防ぐためには、米切手と米との兌換を確実なものとしておく必要があった。米切手という証券の信用を高めることによって、市中の富商から集めた御用金を原資として、各町に実施させていた米切手の買持ちを円滑に進める意図があったとみてよい。

明和・安永期の貨幣政策

幕府をこれまで悩ませてきた貨幣両替相場の変動は、金・銀・銭という異なる価値尺度が併存している限り、不可避の問題であった。そこで取り組まれたのが、御定相場、金一両＝銀六〇匁で固定された貨幣を発行することであった。それが、明和二年（一七六五）九月に、勘定吟味役の川合《かわい》久敬《ひさたか》の主導のもとに発行された明和五匁銀である。

元文銀と同品位で発行された同銀貨は、一二枚をもって金一両相当として、金遣いの地域、とくに江戸で小額貨幣として流通させることが企図されていたが、実際にそのように指示したわけではなかったため、貨幣両替相場の実勢レートに従って金貨と交換したり、豆板銀と交換したりする者が多かった。

そこで幕府は、明和四年十二月、五匁銀は、金銀相場にかかわらず、一二枚で金一両として通用すべき旨を触れ出している。かくして五匁銀は秤量貨幣としての性質を失い、計数銀貨として、しかも金銀相場と関わりなく、金との交換が可能な貨幣として発足した。しかし、当時の金銀相場の実勢は、江戸・大坂とも金一両＝六〇匁の御定相場よりも銀安傾向にあったため、相対的に割高な五匁銀を貯蔵する動きが広がり、市中での流通は思うように進まなかった。

そして明和九年九月、幕府は定位・定量の計数貨幣である南鐐二朱判《なんりょうにしゅはん》を発行する。二朱という額面が示す通り、八枚で金一両と等価となる金建ての貨幣であったが、素材は銀であった。良質な銀の呼称である南鐐を冠して、銀で鋳造された金建ての貨幣が南鐐二朱判であり、草間直方もこれを金貨に分類している（『三貨図彙』三一五頁）。したがって、銀建ての請求に対して、南鐐二朱判で支払うならば、金銀相場にもとづいた換算が必要であるため、明和五匁銀とは根本的に異なる。

南鐐二朱判の普及に向けた幕府の施策は手厚く、両替屋をはじめ、身元が確かな商人に無利息、無担保、三年賦の好条件で南鐐二朱判を貸し付けて金貨で返済を命じたり、両替屋を通じて、南鐐二朱判を希望する者には金一両あたり銀四分を与え、南鐐二朱判を手放そうとする者（両替屋への支払いを南鐐二朱判で行う者）には、金一両あたり銀八分の過料を課したりした。こうした施策が効果をあげ、南鐐二朱判は全国的に通用する少額貨幣となった。あまりに普及したため、鋳造原料となった元文銀が払底し、銀相場が持続的に上昇する要因ともなったほどである。

では、幕府が南鐐二朱判を発行した意図はどこにあったのであろうか。既存研究は、金貨を本位貨幣として銀貨を補助貨幣に位置づける試みであったと推測されてきたが（例えば、日本銀行調査局編『図録 日本の貨幣3』にみえる田谷博吉氏の見解）、政策当事者の認識に依拠した立論ではない。近年では、民間における小額貨幣需要に応える目的もあったのではないか、との見方も提示されているが（岩橋勝『近世貨幣と経済発展』）、議論は今もって開かれている。

現段階で指摘できることは、享保改革期しかり、貨幣両替相場を固定することは民間の反発をうけたが、銀で鋳造された貨幣について、「これは金建てで二朱の価値を持つ」と幕府が定めたこと、そしてそれを民間が受け入れたという事実である。

天明の飢饉とその帰結

天明期（一七八一～八九）は米価高騰に悩まされ続けた時代であった。天明二年（一七八二）から同六年にかけて断続的に各地を襲った天候不順は、米価を高騰させ、諸国で餓死者・病死者を出した。天明七年以降の大坂米価については、神戸大学経済経営研究所と三井文庫が共同で整備した「近世経済データベース」(https://www.rieb.kobe-u.ac.jp/project/kinsei-db/) によって日次の推移が確認できるので、あわせて参照されたい。

米価の高騰に対する幕府の施策は、米を貯え置くことを禁じて流通を促す、米問屋に限らず素人であっても江戸市中で売買を行うことを勝手次第とするなどであったが、米価を沈静化させるには至らなかった。そして天明七年五月、江戸と大坂で打ちこわしが発生した。このことが幕府に与えた影響は甚大で、田沼意次《たぬまおきつぐ》とその眷属《けんぞく》を失脚させ、松平定信《まつだいらさだのぶ》による改革政治を起動する契機を与えたことが知られている（藤田覚『田沼意次』）。米価高騰に対してほぼ無策であったこと、それが深刻な騒擾《そうじょう》を生み出したことは、幕府をして備荒貯蓄の必要性を自覚させるに十分であった。

おわりに

以上、元禄から天明に至る貨幣改鋳・経済政策を概観してきたが、幕府が試行錯誤を重ね、新たな政策手段を次々に生み出していったことがわかる。こうした幕府の試行錯誤を、市場経済に対する無知に起因する、場当たり的な試行錯誤と断じてしまえば、そこで議論は終わりであるが、政策当事者としての学習過程としてこれをとらえたときには、有益な参照点を見出すこともできるのではないか。

事実、一八世紀に試みられた政策のうち、失敗に終わった政策（米価の下限規制など）はその後に試みられた形跡はないし、反対に成功したと思われる政策は一九世紀以降においても採用されている。例えば、享保十六年（一七三一）に試みられた民間に米（米切手）を買持ちさせる買米政策については、文化年間（一八〇三〜一七）の大坂で盛んに試みられ、一定の成果をあげている（高槻泰郎『近世米市場の形成と展開』）。また、宝暦十一年（一七六一）に始まった、民間の資金を使って領主階級の資金繰りを助ける施策も、天明期（一七八一〜八八）に本格化し、一九世紀以降には巨額の資金が動く仕組みとなっていった（高槻泰郎「幕藩領主と大坂金融市場」）。

寛政二年（一七九〇）に発せられた物価引き上げ令は、享保九年（一七二四）二月の物価引き下げ令のリフレインであり、松平定信の主導のもとで実施された全国的な市場調査は、大岡の実施した「過分の利得」をあぶり出すための調査をふまえたものであったことは疑いない。

失敗に終わった政策も含め、個々の政策が、のちの政策にどのような影響を与えているのか、という視点を持つことが、近世期の経済政策・貨幣改鋳策を見通すうえで重要になるだろう。

なお、紙幅の都合により、本章では銭相場の問題を取り上げることはできなかったが、天明の打ちこわしの背景に、明和五年（一七六八）の真鍮四文銭《しんちゅうしぶんせん》鋳造に起因する江戸・大坂における銭相場の下落（庶民の購買力低下）の問題があったことからも明らかなように（岩田浩太郎『近世都市騒擾の研究』）、歴史上の意義が小さいわけでは決してないことを強調しておきたい。

〔参考文献〕

岩田浩太郎『近世都市騒擾の研究―民衆運動史における構造と主体―』吉川弘文館、二〇〇四年
岩橋　勝『近世貨幣と経済発展』名古屋大学出版会、二〇一九年
大石慎三郎『享保改革の商業政策』吉川弘文館、一九九八年
大野瑞男『江戸幕府財政史論』吉川弘文館、一九九六年
賀川隆行『江戸幕府御用金の研究』法政大学出版局、二〇〇二年
勝亦貴之「享保末年における幕府米価政策と元文改鋳」『日本歴史』七三八、二〇〇九年
菊池勇夫「享保・天明の飢饉と政治改革―中央と地方、権力と市場経済―」藤田覚編『幕藩制改革の展開』山川出版社、二〇〇一年
草間直方、瀧本誠一校閲『三貨図彙』白東社、一九三二年
小葉田淳監修『読史総覧』人物往来社、一九六六年
新保　博『近世の物価と経済発展―前工業化社会への数量的接近―』東洋経済新報社、一九七八年
高槻泰郎『近世米市場の形成と展開―幕府司法と堂島米会所の発展―』名古屋大学出版会、二〇一二年
高槻泰郎「幕藩領主と大坂金融市場」『歴史学研究』八九八、二〇一二年
田谷博吉『近世銀座の研究』吉川弘文館、一九六三年
鶴岡実枝子「享保改革期の米価政策からみた江戸の位置―米会所存廃の顛末―」『史料館研究紀要』一〇、一九七八年
日本銀行調査局編『図録　日本の貨幣3』東洋経済新報社、一九七四年
林　玲子『江戸問屋仲間の研究―幕藩体制下の都市商業資本―』御茶の水書房、一九六七年
藤田　覚「元禄期幕府財政の新史料」『史学雑誌』九〇、一九八一年
藤田　覚『田沼意次―御不審を蒙ること、身に覚えなし―』ミネルヴァ書房、二〇〇七年

三井高維増補・江戸本両替仲間原修『校註 両替年代記 原編』柏書房、一九七一年
宮本又郎『近世日本の市場経済—大坂米市場分析—』有斐閣、一九八八年
安国良一『日本近世貨幣史の研究』思文閣出版、二〇一六年
安国良一「藩札発行における領主の機能」鎮目雅人編『信用貨幣の生成と展開—近世～現代の歴史実証—』慶應義塾大学出版会、二〇二〇年
『新井白石全集 第三巻』国書刊行会、一九六四年（「折たく柴の記」）

第6章

「改革」文化の形成

小関悠一郎

はじめに

当時から吉宗《よしむね》は「享保の改革」を行ったの？　当時から「享保の改革」といっていたの？　松平定信《まつだいらさだのぶ》は自分の改革を「寛政の改革」と名づけたの？　名づけないでしょう。それでは、いつそういうふうに名づけられたの？……

右は、鹿野政直が岩波高校生セミナーで行った講義の一節である（鹿野政直『歴史を学ぶこと』）。鹿野は高校日本史教科書の幕政改革に関する記述を取り上げて、現在用いられている歴史用語が必ずしも当時から用いられていたわけではないことを指摘する。それは、「享保の改革」などの呼称が当時用いられていなかったにもかかわらず、「その当時からそうだったような錯覚がこういう叙述から出てくるのです、こわいですね」と、歴史学習の過程で生じうる錯覚への自覚を促すためである。

右の指摘は歴史用語全般についてもいえることだが、ここでは江戸時代の幕藩政治改革がとくに取り上げられていることに目を向けてみたい。鹿野の指摘は、歴史を学んでいる高校生に対してのものだが、いったい「改革」という用語は江戸時代どれほど用いられていたのか。調べてみると、実はあまりよくわかっていないのである。

江戸時代の幕府・諸藩は、一七世紀半ば頃から幕末に至るまで、体制の立て直しを図って政治改革を繰り返し、幕藩政治改革は研究史のうえでも重要な論点とされてきた。幕政の「三大改革」や個々の藩政改革については多くの研究がある（研究史については、小関悠一郎「幕藩政改革」参照）。ところが、そうであるにもかかわらず、当時の人びとが改革政治を何と呼んでいたか、ほとんど研究がなされてこなかったのである。

ここでもう一つ目を向けておきたいのは、江戸時代の役人などが大改革・抜本改革を主張する際には「古例」に訴えるのが慣例で、近世日本人にとっては（「改革」とは対照的な）「復古」を掲げて実質的な改革を提唱するのが自然なことだったといわれる点だ。例えば、一九世紀前半の長州藩では、財政破綻をはじめとする藩政の課題全般について、「復古」という理念のもとに改革政治が進められたことが知られ（岸本覚「長州藩の藩祖顕彰と藩政改革」）、幕末維新期には「復古の潮流」とも呼ばれる動向が政治・社会で顕在化した（羽賀祥二『史蹟論』）。近年、こうした点に目が向けられている理由の一つは、「復古」が変革を正当化し支える象徴として利用される事態が、例えばフランス革命がそうであるように、江戸時代や明治維新期の日本にとどまらない事象であり、世界史的な比較研究を可能にする視座だとみなされているからでもある（三谷博『日本史のなかの「普遍」』）。近世日本における政治改革を、比較史的視点によって同時代の世界各地域との関連のなかで理解しようとする動きは、明君録や経世書《けいせいしょ》などに着目して比較史の糸口を模索する幕藩政治改革研究の動向とも重なる（小関悠一郎『〈明君〉の近世』、清水光明『近世日本の政治改革と知識人』など）。

現代日本で政治改革が提唱・実施される場合、「復古」が前面に掲げられることはほとんどなく、「改革」そのものを標語とするのが一般的だろう。それは、「改革」の遂行が直面する問題の解決につながり、組織・社会をよりよい方向に向かわせるものだという考え方が、広く受け入れられているからである。しかし一方で、私たちは、そうした肯定的なニュアンスとは裏腹に、「改革」がさまざまなひずみを生み出し続ける事態も経験してきている。そうだとすれば、「改革」という言葉が江戸時代にいかに用いられていたのか検討することは、比較史的考察の基礎となる作業であると同時に、「改革」（という理念と政策）とどのように向き合えばよいのかを問い直すことにもつながるだろう。

いったい、近世日本において、「改革」という言葉や改革政治の実施それ自体は、どのような概念によって認識され、いかに価値づけられていたのだろうか。以下で検討してみよう。

1 「新法」の否定と「改革」への警戒

幕府・諸藩の改革

「改革の世紀」と呼ばれることがある一八世紀をはじめ（深谷克己「一八世紀後半の日本」）、江戸時代を通じて、幕府・諸藩はたびたびにわたり数多くの改革を実施した。幕政では、享保・寛政・天保の「三大改革」をはじめ、文政改革や幕末期の諸改革（安政・文久・慶応）が知られ、藩政改革についてもおおむね初期（一七世紀）・中期（一八世紀）・後期（一九世紀）に区分されて、各藩で実施された個々の改革の実態が明らかにされてきた。これらの改革政治は、藩政確立期に行われた初期藩政改革を除くと、一八～一九世紀にかけて数多く実施されていることが知られる。

一八世紀以降に多くの改革が実施された要因としては、幕府・諸藩の財政逼迫という問題がよく知られているが、それとも関わって、支配機構の機能不全、家臣団の対立や動揺、民間の疲弊や社会秩序の動揺が顕在化してきたからでもあった。一九世紀には、深刻化した対外的危機も改革政治の背景をなした。

「新法」の否定と「改革」

このように、江戸時代には幕府・諸藩で何度も改革政治が行われたが、そのすべてが「改革」を実施すると宣言して行われたわけではない。むしろ、「改革宣言」のないままに開始され、後年になってから「改革」の語によって認識されるようになった事例の方が多いのではないか。というのも当時、「改革」という用語・理念（あるいは改革政治そのもの）は、以下にみるように、決して無条件に歓迎されるべきものではなかったとみられるからである。

　改革政治は一般に、旧来の施策や慣行の弊害打破をねらい、新規政策の実施を志向するものだが、この点に関して、江戸時代には「「新規」「新格」「新法」という概念はそれ自体において悪であった」との指摘がある（難波信雄「百姓一揆の法意識」）。近世前期の「明君」である岡山藩主の池田《いけだ》光政《みつまさ》が、「新法を立て、古法を破る、かくのごときものを国家の大罪人とはいふぞ」（「池田光政日記」）と述べているように、江戸時代には「新法」全般が否定されていたというのである。加えて、こうした幕藩領主の支配体制固守の意識に由来して、一揆や騒動において百姓・町人が政策の不当性・撤回を主張する際にも、「新規」「新法」であることを理由に掲げるようになったという。事実、年貢・諸役軽減などを要求する百姓一揆の主張は、「新法」たる「新規」の賦課・増徴に対して、一七世紀中葉の領主の治世・制度への復帰を掲げて行われたものだった。「古来」復帰要求と呼ばれるものである（深谷克己『百姓一揆の歴史的構造』）。

　このような「新法」の否定は、「改革」に対する否定的意識にもつながっていたとみられる。松波勘十郎《まつなみかんじゅうろう》を登用して行われた水戸《みと》藩《はん》の宝永改革を例にあげれば、改革に対する農民側の一揆記録とされる「水戸御領改革訴」には、「宝永三丙戌年（一七〇六）、松並勘十郎と申す者、御家へ御召し抱え、先御国法御止御改革と名付け」との記述がみられる（林基『近世民衆史の史料学』）。早い段階で「改革」の語が掲げられたことが知られて興味深いが、一方で、同じく農民側から著された百姓一揆物語である『宝永水府太平記《ほうえいすいふたいへいき》』（宝永五年〈一七〇八〉）には、「今度御改革始まり、御上の御不益、下の難儀と罷り成り、……右御両人改革として、……無理非道成る御取立」と記述される。『宝永水府太平記』の作者は、松波らによる施策を「改革」の語によって表記したうえで、それが藩民双方に不利益をもたらし、厳しい負担を強いるものだとして批判の対象としているのである。

　このように、百姓一揆における「新規」「新法」の否定と「古来」復帰への志向は、「改革」（改革政治）の否定と表裏一体だったとみることができそうである。百姓にとって「改革」は、「古来」のあり方を不当に改変し、年貢などの負担増をもたらす、警戒すべき政治の動きだったのである。別な角度からみれば、江戸時代の民衆（百姓）は、「改革」と呼ばれる政治動向に対して、十分に慎重な見方を持っていたともいえよう。

改革担当者の苦慮

こうして、「新法」・「改革」を否定し「古来」復帰を志向する人びとの以上のような意識は、改革政治の指導者らの意識や発言をも強く規制していたとみることができる。

その一例としてまず、出羽国米沢藩《よねざわはん》で改革政治を推進した同藩家老の竹俣当綱《たけのまたまさつな》の発言をみてみよう。米沢藩政改革（明和・安永改革、寛政改革）は、明君藩主上杉鷹山《うえすぎようざん》（治憲《はるのり》）の名によって知られる、一八世紀後半を代表する改革政治である。同藩の明和・安永改革は、藩主近習《きんじゅう》として権勢を振るっていた森平右衛門《もりへいえもん》を、竹俣当綱が謀殺したのちに開始されるが（横山昭男『上杉鷹山』）、改革前夜の森政権下、竹俣は藩主に対する意見書案で次のように記述している。

国政乱雑の儀は、姦佞《かんねい》の臣出頭仕り、古来先祖より定め置き候家法、当然の作意を以て猥《みだ》りにこれを改め、右改め候新規の仕法幾程もなく相変じ候故（宝暦十二年〈一七六二〉、竹俣家文書「案文一」市立米沢図書館所蔵）。

森平右衛門が推進した「新規の仕法」は、近視眼的な考えによって、先祖代々の家法を妄《みだ》りに改めるもので、それこそが藩政の乱れの原因だと、竹俣は強く指弾している。改革の必要性を強く自覚し、その後の改革の中心となった竹俣のような人物にとっても、（みだりに）「新規の仕法」を実施することは否定されるべきことだったのである。そして、このような森平右衛門の「新法」糾弾・森謀殺を起点の一つに持っているからだろうか、米沢藩政改革では、改革当事者が「改革」に類する語を改革政治の理念として積極的に使用したとは言いがたい。改革の当事者が「改革」の語を掲げて新規の政策を推進することは、思いのほか困難だったのである。

徳島藩の藩政改革

他方で、徳島藩主の蜂須賀《はちすか》重喜《しげよし》は、「宜《よろ》しからざる義は、作法成し来たりに候とも、屹《きっ》と相改め候心得」をもって（三宅正浩『近世大名家の政治秩序』)、役席役高制をはじめ、職制から民政にわたる広範な改革(明和の改革)を実施したことで知られる。しかしその結果は、「新法」「新規の企」との批判を招き、最終的に「代々の家法取り乱し」たことを咎《とが》められて、幕府から隠居を命じられたのであった(笠谷和比古『主君「押込」の構造』)。

この徳島藩の藩政改革に関しては、次期藩主の蜂須賀治昭《はるあき》が下した「祖法復帰改革宣言」と呼ばれる書付の存在も注目される(安沢秀一「寛政期徳島藩における地方支配改革の特質について」)。これは同藩寛政改革の実施にあたって発出されたものだが、そこにも新規政策に対する反発への警戒がよく表れている。その一節を掲げておこう。

国政の儀、御先祖方御法令御建て置きの事に候得ば、古法に随ひ行わるべきは勿論の事……、年久敷き義、御代数経候得程、自から其の根元を失ひ、猥り成る義をも古法成し来たりの様に心得違い候者もこれ有り……、旧弊に相馴れ候処より、全きケ條をも新た成る様に心得違い候者もこれ有るべき哉に候故、彼是申し聞かせ候事に候(藩法研究会編『藩法集3 徳島藩』一二八頁)。

この宣言には、改革の対象となる制度・慣行などが、祖法・古法とは異なる、単なる「旧弊」なのだと説明を尽くそうとする姿勢が明らかである。そこでは、長い年月を経るうちに、祖法の趣旨を失った適正でない慣行が生まれ、それを古法だと勘違いしている者がいると指摘する。そして、祖法に従うのは当然のことだとわざわざ確認したうえで、改革政策が十全な内容であっても「新たなる」政策だと誤認する可能性があるため、さまざま言い聞かせるのだという。この宣言では「改革」に類する語も用いられていないが、改革政策が祖法の趣旨から逸脱する新規の法だと批判されぬよう、改革の推進には周到な配慮が不可欠だったのである。

以上のように、一八世紀半ば頃までに新規政策への警戒や否定的意識は相当な広がりをみせており、「改革」の語も積極的なニュアンスを伴って広く社会に共有されていたわけではなかったことが知られるのである。

2　「改革」用語の広がりとその波紋

熊本藩の藩政改革（「御改作」）と家老堀平太左衛門

こうしたなかで、同じ一八世紀の半ばに、現在進行中あるいは直近の過去の改革政治を指して「改革」に類する語を積極的に用いる為政者が現れ始めたことは注目すべき動向である。

その一人が、米沢藩と並んで同時期の藩政改革の代表とみなされてきた熊本藩政改革（宝暦改革）の主導者（大奉行《おおぶぎょう》・家老）堀平太左衛門《ほりへいたざえもん》である。宝暦二年（一七五二）に大奉行に任命されて改革に着手した堀は、同四年九月八日、自身に対する藩主細川重賢《ほそかわしげかた》の信任を固めて執政としての立場と改革続行を確固たるものとすべく、自らの覚悟を示した上書を提出した。そこで堀は次のように述べている（小関悠一郎「熊本藩宝暦改革と近世後期の政治理念」）。重賢家督直前の家臣団の倫理規範の廃頽は、重賢の治世になって「段々御改作遊ばされ」たことにより、年々本来あるべき状態に改善されてきている。そのような「御改作の御時節」に召し仕えられることは「冥加《みょうが》」に叶うことで、「旧年の悪習」や『私の利欲」にとらわれるなどの弊害を「改作」することは「当職の本分」なのだと。

堀平太左衛門は、自らの決意を表明するとともに、重賢の治世を「御改作」と呼び、「改作」の語によって明確に改革遂行の意思を表現している。堀は、当時よく用いられた〝〜（藩主名）様御代御政事〟といった表現ばかりでなく、藩主重賢が遂行しつつある藩政改革を「御改作」と呼び、それをありがたいこととして積極的に意味づけているのである。

堀が用いた「改作」の語の典拠は、現時点では不明だが、さまざまな課題に対する個別的な政策対応ではなく、新規の施策を伴う総合的な政策構想を持った改革政治が、「改作」という言葉（「改革」の類語）によって積極的な意味づけを与えられて表現されたことは重要である。もちろん堀は、「御改作」の目的を「御国御再興、往古ニ回復』に求めており、古きものを良きものとする当時の考え方から外れるものではない。しかし、堀の「改作」表明は、改革政治が強く求められるようになっていた一八世紀半ばの時代状況のなかで、改革政治に対するまなざしが徐々に変化し始めていたことを表しているように思われるのである。

「改作」用語の背景と意味合い

そこで次に、堀が「御改作」の政治によって何を実現しようとしていたのかという観点から、堀がいう「御改作」の語の含意を探ってみよう。堀の上書によれば、熊本藩では、細川綱利《つなとし》（一六四九～一七一二在位）の代から「衰弊の機」が兆し始め、細川宣紀《のぶのり》の治世（一七一二～三二同）末期に危機状況に立ち至り、細川宗孝《むねたか》治世（一七三二～四七同）には年を追うごとに一層の衰えを示すようになったという。堀はその要因（あるいは結果）について、家老・用人らの重職（「大任の輩」）が「憂国の本意」を失い、権勢に誇って依怙《えこ》贔屓《ひいき》・賄賂が横行したことに求めている。また、諸部局の役人ら（「官の輩」）にはその器でない者が多く、藩のためにならないことでも取り計らって、自身の出世欲を追求しているとも指摘する。堀にとって、家臣団の倫理規範の廃頽状況とそれがもたらす支配行政の不全こそは、「改作」によってまず解決すべき課題だったのである。

そして、堀が当時の熊本藩に欠けている物として「人才と食貨との二ツ」をあげているように、右の課題を解決するためには、人材の育成・登用と藩財政の立て直しが必要だったが、堀は「第一は人才」であり、人材が揃えば「食貨は自から足り」るだろうと考えていた。以上から、「改作」の語は、財政改革の意味合いをも含みながらも、まずは家臣団の精神面での立て直しや行政面での弊習の除去に重点を置いて用いられていたと考えられるのである。

熊本藩・津山藩の「御更張」――支配層の引き締めとしての改革

さて右のようにして実施された熊本藩政改革は、藩外の人びとからも「改革」に類する語によって認識され、評価されるようになる。安永四年（一七七五）九月初め、「肥後の仁政」を耳にしていた蓮池藩《はすのいけはん》（佐賀藩の支藩）家老の松枝善右衛門《まつえだぜんえもん》は、熊本藩の「法を取りに」（制度・政策の視察）蓮池鍋島《なべしま》家中を熊本に派遣、その際に作成された（熊本藩校教授藪孤山《やぶこざん》との）問答記録が『隈本政事録《くまもとせいじろく》』として伝えられている（小関悠一郎「細川重賢明君録からみえる熊本藩政改革」）。その内容は行政上の実務についての詳細な問い合わせなのだが、質問事項の一つに次のような一節がある。「御更張の節、御旧式御政、御新式に入り交り御用い成られ候義は、何々にて御座候哉の事」。ここで目を引くのは、改革・引き締めの意味で用いられる「更張《こうちょう》」の語によって熊本藩政改革が指示されていることである。「新式」の制度・政策を採用した改革政治が、「仁政」を実現したものとして積極的な意味づけを与えられた「更張」の語によって表現されているのである。

この「更張」の語を、標語として改革推進者が自ら積極的に用いていることで注目されるのが、津山藩《つやまはん》安永改革である（瀬島宏計「津山藩の安永改革」）。宝暦十二年（一七六二）に家督相続し、明和五年（一七六八）に津山入りした五代藩主の松平康哉《やすちか》（初名康致）は、同八年八月二十一日、先祖代々に「更張新政」の開始を宣言したのである。これより前、同年五月には、儒者で格式小姓組御側勤であった飯室荘左衛門《いいむろしょうざえもん》が「更張策上表」という意見書を提出しているが、康致は右の宣言（先祖代々への「奉告文」）で次のように述べている。

世上困窮に及び、家政是に因て追日衰微し、その上水旱の災い頻りに至り、今年に至て四民の業立ちがたく、実に朝にして夕を計すと言うべし。康致謹て考るに、此時に至り、更張の策を起こさずんば、国家保し難しと。……誠に康致眇少なる代々の成法を戯弄するに似たりといへ共、実に止む事を得ざるに出ると言う。康致稽首再拝敬白（「奉告文」瀬島前掲論文掲載にもとづき筆者が書き下し文を作成）

「更張の策」＝改革政治・政策を実施しなければ、藩国家は立ち行かなくなる、先祖代々の法を愚弄《ぐろう》するようだが、やむをえないことである。康致はこう述べて、「更張」の語によって、改革政治遂行の決意を表明する。ここでは、改革政治の実施が津山藩代々の成法を改めることにつながることを明記し、代々の成法の改革が不可避であることを決然と主張する文言となっていることが注目される。改革実施についての弁明であるより、「更張」への決意やその不可欠性の認識が前面に押し出されているからである。この宣言が結城秀康《ゆうきひでやす》以来代々の先祖に対してのものであることを考慮すると、「更張」の用語使用の重みが一層浮かび上がる。

では松平康致は具体的にどのような意味を込めて「更張」の語を使用したのだろうか。注目されるのは、康致が「更張分職勤書」と題した書付を家老に手ずから渡し、家老以下一一の役職について、人材の登用、質素倹約の徹底、法令遵守、記録作成などを求めていることである。ここから、家臣団の精神面での立て直しや行政機構のなかでの行動の適正化を強く意識して、康致が「更張」の語を用いていたことが読み取られる。そもそも、ゆるんでいたものを張り直し引き締めるという意味を持つ「更張」の語が選択されたのは、そのためだったとみることもできよう。

そして、右のような問題意識は、「改作」の語を用いた熊本藩の堀平太左衛門ともよく重なっている。熊本藩・津山藩の二例をみる限り、「改作」や「更張」という「改革」を意味する用語は、財政的課題や総合的な政策実施への志向を含みながらも、支配層たる武士の精神や行動のあり方に緊張感を持たせ、引き締めるという点を第一義として用いられていたと考えられるのである。

「改政」に対する民衆の反応

以上のようにして、天明年間（一七八一～八九）頃までには為政者・改革担当者らによって、武士層の引き締めを第一義として、積極的な意味づけを与えられた「改革」類語の使用が増加し始める。だが、ここで留意しておかなければならないのは、そうした改革と民衆支配との関係性である。一八世紀後半の幕藩政治改革における民衆支配に関しては、武士層ばかりでなく百姓・町人らをも対象とした教化策や倹約などの引き締め策の実施が注目されるが（小関悠一郎「幕・藩政改革と庶民教化」）、はたして「改革」（に類する）用語が民間の人びとに対して示されることはあったのだろうか。あったとすれば、民衆の反応はどのようなものだったのか。

この点に関して、幕府の寛政改革に伴って叢生した「名代官」の一人寺西封元《てらにしたかもと》が、陸奥国塙《はなわ》代官所に赴任して管轄地域を治めた時期（一七九二〜一八二七）の史料に目を向けてみよう。寺西代官の統治については、人口増加と耕地復興をめざして実施された諸施策が効果をあげ、地域民衆にも好意的に受け止められたことが指摘されている（柏村哲博『寛政改革と代官行政』、藤田覚『松平定信』）。しかし一方で、文化十年（一八一三）の支配替をうけて寺西の支配となった川俣《かわまた》陣屋付四〇ヵ村の村方三役は同十三年、寺西の施政を批判する幕府老中《ろうじゅう》宛の訴状を作成して、寺西支配御免となることを図っている（誉田宏『寺西封元』）。

一、寺西重次郎様、搞・小名浜《おなはま》両御陣屋附村々御取り扱いの様子見聞仕り候処、御改と唱、万事倹約仰せ出だされ、村役人等まで絹布着用御差し留め、其の村祝儀・不祝儀・諸振舞等ニ至るまで、郷方足軽と号し数拾人時々見廻り、聊《いささか》にても御改政の御趣意に相振れ候者は召し捕られ、足軽又は御手代衆の吟味請け候得ども、御改政は名ばかりにて、内実は賄賂の多少により賞罰これ有り候に付き、小前《こまえ》難渋仕る儀少なからず、中々倹約行き届かず、困窮に相成り申し候。（「乍恐以書付奉愁訴候」、誉田宏『寺西封元』一八六頁）

寺西が支配下の民衆に対して、万事の倹約を求めるにあたり、「御改」「御改政」を掲げたとされる点は注目に値する。ところが、その運用はわずかでも違反すれば召し捕えるというほど厳しいもので、その賞罰も実際には賄賂の多少によって決められていたという。こうしたことから、倹約が行き届かないばかりか、小前百姓らは「難渋」し「困窮」に陥ったといい、結局「御改政」とは名ばかりではないかと喝破されているのである（なお、青木美智男「村方騒動と民衆的社会意識」も参照）。このように、倹約などの引き締め策を中心とする「御改政」（改革）は、民衆にとっては容易に受け入れ難く、大きな困惑を抱かせる場合も少なくなかったのである。

3 学問ネットワークにおける「改革」認識

「改革」用語と学問ネットワーク

ここまで、一八世紀半ば以降の政治・社会の課題に対して各地で改革政治が展開するなか、「改作」「更張」「改政」といった語が徐々に改革政治の現場で用いられるようになる様相をみてきた。こうした用語の意味内容や浸透の背景を考える際に見落せないのが、同時期に深まりをみせた学問への社会的関心とネットワークの広がりである。このことは、「改革」の語そのものに注目すると一層明瞭になる。

ここでは上杉鷹山の師としても知られる儒学者の細井平洲《ほそいへいしゅう》を取り巻くネットワークに注目してみよう。左の史料は、天明六年（一七八六）九月十日付岡山藩士湯浅新兵衛《ゆあさしんべえ》（明善《あきよし》）宛の細井平洲書簡の一節である（小関悠一郎『〈明君〉の近世』）。

> 先ず以て君侯御政治に御心を用いさせられ、御仁恵も追々行わせられ、貴藩万民恩治を蒙り奉り候由、扨々恐悦の御儀、無上の御美事……能ぞ御念頃に御吹聴下され、御厚情一入々々忝《かたじけな》く承知仕り候。先ず以て二三ヶ条の御改革驚き入り候。御明決に御座候。

この書簡は、全国各地でさまざまな「美政」が行われつつあることを相互に伝えたものである。そうした書簡のなかで平洲が、湯浅から伝えられた岡山藩での取り組みを「御改革」の語によって表記していることは注目される。それを「御明決」と高く評価しているのだからなおさらである。湯浅明善は、岡山藩の寛政改革を推進した人物として知られるが（なお、父は湯浅常山《じょうざん》）、この段階での「二三ヶ条の御改革」が具体的に何を指すのか、残念ながら特定できていない。ただ、ここで両者が話題とした「美政」は、武士教育や民衆教化（「教喩」）の治績が主なものだったから、教学政策を含む仁政的支配を体現するとみなされた施策が想定されているとみることは許されるだろう。

当時彼らのような好学の人びとは、幕藩の政治が学問を尊重し、教学政策を本格的に展開することによって、学者や好学藩士層が登用されるとともに社会がよりよい方向に向かうことに対して、強い期待感を持っていた（小関悠一郎『上杉鷹山と米沢』）。細井平洲らはそうした関心から、各地で新たに実施された教学政策を「改革」の語によって表し、称揚すべき取り組みとして相互に伝達し合ったのだと考えられるのである。

「改革」認識の共有

右の点に関しては、湯浅明善が松平定信による幕府寛政改革の情報を編輯した『天明大政録』（寛政初年）に、次のような記述があることも見落せない。

> 過にし冬の頃、奥州の志《し》村《むら》東蔵《とうぞう》の語りけるは、越中守殿執政と成らせられ、……白河《しらかわ》の家政においては十に九までは古風に復し、民間迄も其の仁徳に服し、家政も改革し給ひ……などか天下の政を知し召すとも、あまり心得違いも少なかるべし、若し速かに改革あらんとて、御政事に少しの過ちもあらかんかと恐るゝ処に候、……
>
> 去秋小《こ》普《ぶ》請《しん》支配永井《ながい》監物《けんもつ》組植崎《うえざき》九《く》八郎《はちろう》といへる人越中守へ上書しけると也、皆執政の私ありて天下の御為大不忠のよし数百ヶ條を認めて、私儀恐れながら朝廷の御政事御改革の事を諫め奉るは、……切腹の心底相極め申候につき、心服の処残らず言上奉るとなり、……
>
> ……専八《せんぱち》世子の侍読近習物頭となりしが、去秋土州国政改革のとき大目《おおめ》付《つけ》職に任ぜられ、（『日本経済大典』第二十二巻）

右は、湯浅明善が土佐藩士の箕浦乙三郎からの伝聞を書きとった部分である。湯浅が好学藩士であったことはもちろん箕浦は、それぞれ土佐藩の大目付・学問導方などを勤めた長兄専八（秦川《じんせん》）・次兄右《う》源次《げんじ》（進斎《しんさい》・立斎《りっさい》）とともに儒学一家として知られた人物である。箕浦の情報元として登場する志村東蔵は仙台藩の著名な儒学者だ。彼らのような儒学者・好学武士層によって形づくられた学問的ネットワークでは当時、白河藩主としての松平定信の治世が「復古」を実現した「改革」として高く評価されるとともに、幕府老中に就任した定信による幕政「改革」の実行が予期されていたのである。

図6-1　松平定信像（福島県立博物館所蔵）

湯浅はさらに、幕臣（植崎九八郎）から「朝廷の御政事」（幕政）の「御改革」を進言する意見書が出されたことを特記し、箕浦専八・右源次も力を尽くしたとされる土佐藩天明改革についても「土州国政改革」の語によって表現している。湯浅明善・箕浦乙三郎らは、幕政・藩政改革に関する情報を収集して共有し、「改革」の語を用いて、それらを相互に連動する政治動向としてとらえていたのである。右の史料からは、学問尊重・教学政策への彼らの期待感とともに、改革政治による幕政・藩政の立て直しが不可避であるとの認識も垣間見ることができよう。

このようにして、天明末年頃には、幕藩の為政者層が注目した松平定信の施政や、それと連動するものととらえられた藩政の動向が、儒学者・藩士らのネットワークのなかで「改革」の語によって肯定的に伝えられていった。そしてこうした動きのなかからは、引き締めを第一義とするのとは異なるニュアンスで「改革」などの語を用いる動きも現れてくる。以下でもう少し検討してみよう。

「衆議」にもとづく「明君」の「改革」

まず目を向けておきたいのは、好学藩士層における「改革」認識と「明君」の存在との密接な結びつきである。すでにみてきた通り、松平定信による白河藩政・幕政の「改革」、細川重賢による熊本藩政の「改正」「更張」というように、「改革」（「改正」）と呼ばれた政治動向は、当時「明君」として同時代的に高い評価を得ていた大名の名とともに語られていた。「明君」の登場と「改革」の展開というこうした見方は、時代が降るにつれて一層定着していったものとみることができる。例えば、町奉行・中之間《なかのま》年寄のほか藩校興譲館《こうじょうかん》主事などを勤めた米沢藩士服部正相《はっとりまさすけ》（豊山《ほうざん》）は、上杉治憲（鷹山）の言行を記した明君録『餐霞館遺事《さんかかんいじ》』（天保二年〈一八三一〉）のなかで、その治世について、「御家中衆議を御聞し上げ、旧弊御改革、御政体御取り直しの外これ有るべからずとの御決許を以て」（菅野家《かんのけ》文書『餐霞館遺事』山形大学附属図書館所蔵）のように述べている。ここには、「衆議」に則った「明君」による「改革」の展開という構図で上杉鷹山の治世をとらえる見方が示されている。「明君」という存在を介しているものの、「改革」が「衆議」にもとづいて行われるべきものという考え方が示されている点で、「公議」「公論」による政治といった理念との接続をも想定可能な「改革」の用いられ方が天保初年には現れていたということになる。

「改正」による「文明」化

他方で、先にみた熊本藩では、細川重賢・堀平太左衛門という「明君」「賢宰」の治績として、藩政改革の一連の施策が「御改正」の語によって記憶されていく（小関悠一郎「細川重賢明君録からみえる熊本藩政改革」）。そのことがよく表れているのが、折々に提出された藩士による上書（意見書）類である。いくつか例をあげておこう。「霊感院《れいかんいん》様衣服御制度……御改正の初めに御座候て」（天明九年〈一七八九〉二月、熊本大学寄託永青文庫資料「辛川貞次郎《からかわさだじろう》上書」『上書　八』）、「霊感院様御代猶又御改正遊ばされ、……凡《およ》そ本朝無双の御仁政と唱え奉り」（文化十一年〈一八一四〉八月、熊本大学寄託永青文庫資料「建部九郎助《たけべくろうすけ》上書」『上書　十一』）。これらの上書は、「霊感院様」（細川重賢）による熊本藩政改革を「御改正」と呼び、それが「本朝無双の御仁政」と称揚されているなどと誇らかに記述している。「御改正」（藩政改革）は、疑いを差し挟む余地のない善政であると認識されているのである。

さらに、文政九年（一八二六）九月には、次のような内容を含む上書が提出されている。

古来聖賢の世にも殷湯《いんとう》の伊尹《いいん》・周文《しゅうぶん》の呂望《りょぼう》、後世の明君方、漢《かん》の高の蕭何《しょうか》・玄徳《げんとく》の孔明《こうめい》・太宗《たいそう》の魏徴《ぎちょう》等、皆何れも一人上に委任これ有り、一時の衆賢を引廻しに一統国家諧和《かいわ》仕り候義に御座候、且つ近く御国／霊感院様の御時、堀平太左衛門へ諸事御委任遊ばされ、……天下文明第一の御国に相成り（熊本大学寄託永青文庫資料「辛嶋才蔵《からしまさいぞう》言上覚」『上書四』）

この辛嶋才蔵の上書からは、古代中国の「明君」と並称される細川重賢の「御改正」によって（熊本藩は）「天下文明第一の御国」になったとの考え方が読み取れる。「改正」→「復古」というよりは、むしろ、「改正」→「文明」化との認識が示されているのである。ここで「明君」による「改正」（改革）は、（それまでに実現されたことのない）「文明」化の起点として称揚すべき対象となっている。

この点に関して、明治初期には、（西洋との接触の深まりにより）抜本改革の理念としての「復古」が、「文明」「開化」に向かう「進歩」（・「上進」）に取って代わられたことが指摘されている（三谷博『日本史のなかの「普遍」』）。この指摘をふまえていえば、辛嶋のような見解は、古代中国の制度・文物を参照軸とした「文明」化の推進力として改革を積極的に評価したものであるといえる。一九世紀前半に、「復古」にのみ収斂《しゅうれん》するのではない改革像が生み出されるに至っていることは、決して見落とせない動向であるといえよう。

4 近世後期幕藩政治のなかの「改革」——統制・取締の政治

播磨宍粟山崎藩の「御改革」

こうして一八世紀末以降、「改革」あるいは「改正」という用語は、学者やそのネットワークに連なる武士らの書簡や著述類ばかりでなく、現実政治のなかにも広く定着していく。

そうした動きは各地で検出されると思われるが、ここではその一例として、播磨宍粟《はりまし そう》一万石の山崎藩本多家《やまさきはんほんだ け》の場合に言及したい。というのも、天保六年（一八三五）にかけての同藩の「御用部屋日記」には、「御改革中」という言葉が頻出すると指摘されているからである。藪田貫「大坂加番と藩政」によれば、天保二年、当時財政難に陥っていた山崎藩では、文政十一年（一八二八）に実施したという「近郷大坂惣借財御仕法御頼御勝手向改革」の再試行を企図して大坂などで「改革下調べ」を行い、「必至の差支」となった天保四年には「御改革御発シ」の時期だとして、借財に関する仕法、節制と家中からの知行などの献上、金穀方設置などが展開された。山崎藩では、文政末年から天保初年にかけて藩財政の立て直しを課題として藩士らにも尽力を求めるにあたって、「改革」の語をスローガンとし、改革担当者らに頻用されるようになっていたことが知られるのである。

幕府天保改革と「改革」用語の定着

同時期における「改革」用語の定着については、幕政でもはっきりとみてとれる。幕府の文政改革では、「御取締筋御改革」が広く通達されて「御取締御改革」に関する議定や請書が関東村々で作成され、「御改革制書」（図6-2、天保二年〈一八三一〉）のような史料が数多く伝存している。さらに幕府の天保改革開始にあたっては、水野《みずの》忠邦《ただくに》が申し渡した将軍の指示（改革宣言）のなかではっきりと「改革」の語が示される。

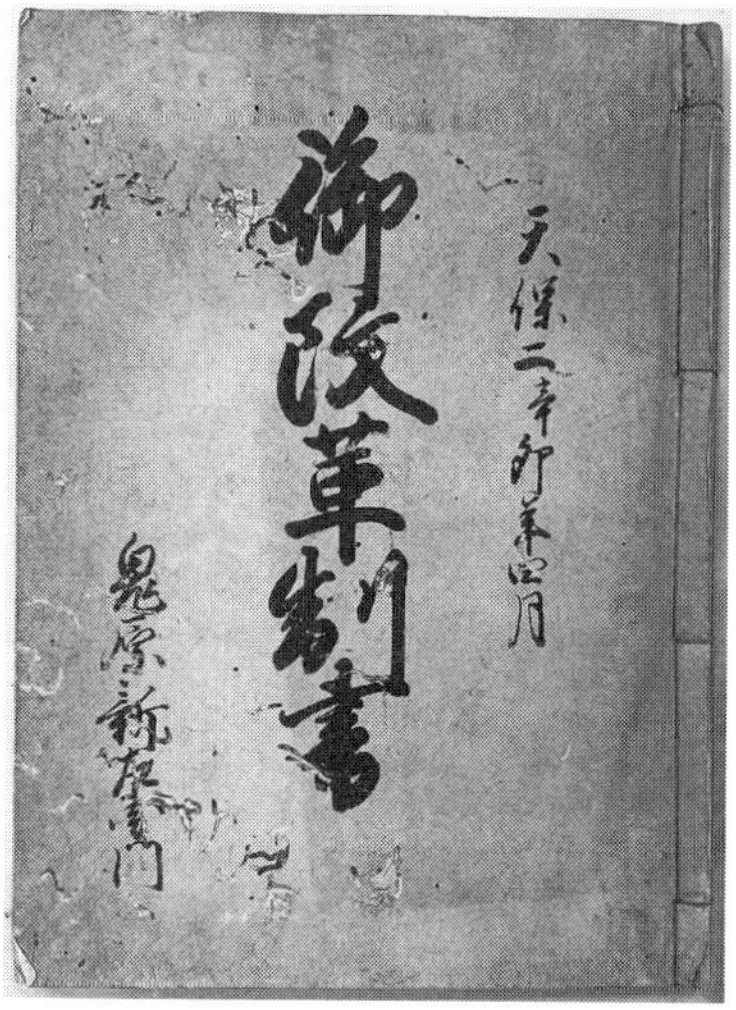

図6-2「御改革制書」（茂原市立美術館・郷土資料館所蔵）

> 自今以後、御代々様仰せ出され候儀は勿論、分て享保、寛政の御政事向きに相復し候ようとの御儀につき、……是迄仕来り候事たりとも、筋合いに違い候儀は改革致し、何事も正路に御為第一に取り計らい、御安心遊ばされ候よう、精々相励まれべく候事（『幕末御触書集成』）。

以後の政治では享保・寛政の政治に復帰することを目指し、従来慣例となっていることでも筋違いのことは「改革」する。右の史料では、こう「改革」への決意が表明されているのである。本章第一節でみた徳島藩の「祖法復帰改革宣言」とよく似た内容だが、一定の正当性を帯びた状況で「改革」の語が用いられることで、より簡潔で力強い宣言になっているとみることもできよう。こうした「改革」の語の扱いは、「改革ニ付奉行申渡」といったタイトルの記録が作成されているように（天保十二年、国立国会図書館旧幕関係引継書）、広く波及したと考えられることも見落とせないだろう。

統制としての「改革」へ

しかし、生活・文化に対する厳しい統制が天保改革の特色だったことに示されるように、幕政における改革諸政策の実施は、「改革」の語が帯びていた引き締め・緊張という意味合いを一層強めることになった。幕臣片山賢《かたやまけん》はその随筆『寝ぬ夜のすさび』（天保年間前後にかけて見聞した世事を記した随筆としてよく知られる）で、次のように述べている。

此天保の御改革ほどめざましきはなし。むかし享保、寛政の御改革を、いみじき事にきゝわたりしかど、此度のごとくにはあらじとぞ思ふ。かの丑《うし》の春、雲がくれありしより、やがて世の中眉に火のつけるがごとく、俄《にわか》に事あらたまりて、士農工商おしからめて、おの〳〵くばかりなり。（『新燕石十種《しんえんせきじっしゅ》』巻五）

享保・寛政の「御改革」も厳しい統制策を伴うものだったが、天保改革はその比でなく、急速な改革の実施に人びとは恐れおののいたという。一八世紀の藩政改革では主に支配行政のあり方や武士層の引き締めを念頭に置いて「改作」や「更張」の語が用いられていたが、幕府天保改革では武士層の引き締めにとどまらず、百姓・町人に対するかつてない統制・取締策が実施され、「改革」の語がそうした恐るべき統制策を象徴する語として受け止められているのである。一八世紀末以降、幕府・諸藩による改革政策実施の局面では、「改革」＝厳格な統制という意味合いが一層強く意識されることになったともいえよう。そしてこのことは、幕政に緊張と弛緩が交互に現れるとする「一弛一張史観」のもと、幕政を引き締め緊張感をもたらしたとされる享保・寛政・天保の改革が三大改革と呼ばれたこと（藤田覚『近世の三大改革』、大石学『近世日本の統治と改革』）とも密接に関連しているように思われるのである。

おわりに

以上、本章では、「改革」という言葉をめぐって、主に一八世紀以降の幕政・藩政に関する史料文言に光を当ててきた。もともと江戸時代には、「新規」の政策が忌避されることが多く、「新法」に対する警戒心も強く存在した。そうしたなかで、一八世紀半ばにかけて政治・社会の行き詰まりが明らかになるにつれ、諸集団が自身の維持・存続を図って「往古」の社会への復帰を希求する意識が高まっていった。このことは、一九世紀にかけて進んだ「復古」意識の高まりにも接続していく面があると思われるが、同時に「改革」がもたらしうる負の側面に対する人びとの慎重な姿勢を持続させることになった。その結果、「改革」の語は、ただちに自明の正当性を持つには至らなかったのである。

しかし一八世紀半ば以降、政治・社会の動揺が強まり、幕藩政治を立て直すための改革政治が不可避であることが為政者に自覚される過程で、「改革」とその類語、また改革政治それ自体を肯定的にとらえる潮流も生まれ始めた。財政難への対応という課題が顕在化するなかで、家臣団の立て直しや支配行政の適正化を不可避の課題と考えた一部の為政者が、「改作」や「更張」の語を用いて改革への意思を表明するようになったのである。

こうした流れのなかで、儒学者や好学藩士層が参画する学問的ネットワークを背景に、「改正」や「改革」の語の多様な用い方が現れてくる。彼らは天明～寛政期（一七八一～一八〇一）頃から、「改正」「改革」の語によって、幕政・藩政改革の実施を一連の政治動向ととらえ、政治における学問尊重への期待を伴って、政治・社会の立て直しと安定化に「改革」が不可欠だとみなす認識を武士層を中心に広めていった。さらに、学問に関心を高めた武士層からは、「衆議」に則った「改革」を行う明君像や、「改革」（「改正」）による「文明」化という見方も示されるようになる。こうして、一八世紀以降浸透し始めた「改革」という政治理念は、「言路」「公論」といった理念や、「文明」「開化」に向かう「進歩」といった明治前期の理念への接続も想定され、改革が国家・社会の再編に不可欠なものであることを自明とする、明治期以降の認識の基盤となったと見通すこともできよう。ただし、こうした見通しの妥当性については、今後本格的な検証が不可欠であることも付言しておきたい。

本章でもう一つ重要なことは、「改革」などの語が財政的課題や総合的な政策実施への志向とともに用いられながらも、支配層たる武士の精神や行動のあり方に緊張感を持たせ、引き締めるという点を第一義としていたとみられることである。この点は近世後期にかけての現実政治の場で一層顕著になるとともに、民衆を対象とした「改革」（取締や教化）実施の動きも強まっていく。倹約などの引き締め策を中心とする改革政策は、武士層にも困惑や反発を呼び起こしたが、民衆にとっては一層、容易には受け入れ難いものとして立ち現れる場合が少なくなかった。寛政改革期の「名代官」による「改政」への民の反応は、そのことをよく示している。さらに幕府天保改革では、百姓・町人をも対象としたかつてない統制・取締策が実施され、「改革」の語は厳格な統制策を象徴する語として受け止められた。一八世紀末以降、幕府・諸藩による改革政策実施の局面では、「改革」＝厳しい統制という意味合いが強く意識されることになったのである。このことは少なくとも一八世紀以来、民間の人びとが保持してきた「改革」への警戒や十分に慎重な見方を持続させたといえる。幕末にかけて民衆が「改革」より「世直し」を求めたことともまた、右のことと関連しているといえるのかもしれない。

以上本章では、近世日本における「改革」文化の形成（「改革」の語が広く用いられて、改革政治が国家・社会の運営に不可欠なものとみなされるようになる）の一端をみてきた。そこには、「改革」による「文明」化という理念が、現実には厳しく窮屈な統制策として立ち現れる場合が少なくないことが示されている。中国・朝鮮などの他地域や明治期以降行われた「改革」はどうであったか。こうした点を見据えて、近世日本における改革政治の理念と現実の展開について一層考察を深めていかなければならない。

〔参考文献〕

青木美智男「村方騒動と民衆的社会意識」『講座日本歴史6　近世2』東京大学出版会、一九八五年
今村直樹・小関悠一郎編『熊本藩からみた日本近世―比較藩研究の提起―』吉川弘文館、二〇二一年
大石　学『近世日本の統治と改革』吉川弘文館、二〇一三年
笠谷和比古『主君「押込」の構造』平凡社、一九八八年
柏村哲博『寛政改革と代官行政』名著出版、一九八四年
鹿野政直『歴史を学ぶこと』岩波書店、一九九八年
岸本　覚「長州藩の藩祖顕彰と藩政改革」『日本史研究』四六四、二〇〇一年
小関悠一郎『〈明君〉の近世―学問・知識と藩政改革―』吉川弘文館、二〇一二年
小関悠一郎「細川重賢明君録からみえる熊本藩政改革」稲葉継陽・今村直樹編『日本近世の領国地域社会』吉川弘文館、二〇一五年
小関悠一郎『上杉鷹山と米沢』吉川弘文館、二〇一六年
小関悠一郎「熊本藩宝暦改革と近世後期の政治理念」熊本大学永青文庫研究センター編『永青文庫叢書　細川家文書　意見書編』吉川弘文館、二〇二二年
小関悠一郎「幕・藩政改革と庶民教化」日本思想史事典編集委員会編『日本思想史事典』丸善出版、二〇二〇年
小関悠一郎「幕藩政改革」『日本近世史研究入門』勉誠出版、近刊予定
清水光明『近世日本の政治改革と知識人』東京大学出版会、二〇二〇年
瀬島宏計「津山藩の安永改革」『鷹陵史学』二九、二〇〇三年
長野　暹「藩政改革論」山田忠雄・松本四郎編『宝暦・天明期の政治と社会』有斐閣、一九八八年
難波信雄「百姓一揆の法意識」青木美智男ほか編『一揆4　生活・文化・思想』東京大学出版会、一九八一年

羽賀祥二『史蹟論―一九世紀日本の地域社会と歴史意識―』名古屋大学出版会、一九九八年
林　基『近世民衆史の史料学』青木書店、二〇〇一年
藩法研究会編『藩法集3　徳島藩』創文社、一九六二年
深谷克己「一八世紀後半の日本」『岩波講座日本通史　第一四巻』岩波書店、一九九五年
深谷克己『百姓一揆の歴史的構造』校倉書房、一九八六年
藤田　覚『松平定信』中央公論社、一九九三年
藤田　覚『近世の三大改革』山川出版社、二〇〇二年
誉田　宏『寺西封元』歴史春秋社、一九七七年
丸井佳寿子編『会津藩家世実紀　第一二巻』吉川弘文館、一九八六年
三谷　博『日本史のなかの「普遍」―比較から考える明治維新―』東京大学出版会、二〇二〇年
三宅正浩『近世大名家の政治秩序』校倉書房、二〇一四年
安沢秀一「寛政期徳島藩における地方支配改革の特質について」『地方史研究』一八―二、一九六八年
藪田　貫「大坂加番と藩政―播磨宍粟山崎藩本多家の場合―」『塵界』三二、二〇二一年
横山昭男『上杉鷹山』吉川弘文館、一九六八年

第7章 学問の場でつくられた対外認識

吉村雅美

はじめに

「異国船が来航して薪水《しんすい》や米を求めたら、どのように対応するか」「流民が領地の境界から入ろうとしたら、どのように対応するか」。これらは、文化二年（一八〇五）年頃、京都の私塾である弘道館《こうどうかん》の授業で議論されていた問題である。弘道館を開いたのは儒者の皆川淇園《みながわきえん》であった。授業では、塾生たちがこれらの問題について議論したうえで、一致した答えを導き出したという。塾生のなかには、東北から九州にわたる広い地域の藩から集まった藩士たちも含まれていた。弘道館で行われていた問答の内容をみると、儒学の塾でありながらも、四書・五経などのテキストに関する問いのみならず、現実的な対外問題や領内支配に関する問題が議論されていたことがわかる。

本章では、一八世紀後半から一九世紀前半の学問と対外認識との関わりについて考察する。一八世紀後半以降、ロシア船や欧米の毛皮貿易船が日本近海に来航するようになり、対外関係の「四つの口」以外の地域も異国船への対応を迫られるようになった。また、儒学や蘭学を学ぶ藩校や私塾が広まりつつあり、学問の場においても、対外関係についての問題が議論されるようになった。

この時期の対外認識については、幕府の政策担当者に関する研究、地理書・洋書の著述・翻訳に関わった知識人に関する研究、外国から入る情報に関する研究などが進められてきた。その結果、一八世紀中期までに流入した知識を前提としつつ、一八世紀後半以降、北方の地理情報や欧米諸国の接近に関する情報が日本にもたらされたことが明らかにされている（荒野泰典「近世の対外観」、岩崎奈緒子『近世後期の世界認識と鎖国』、松方冬子『オランダ風説書と近世日本』）。しかし、書物や著作そのものを対象とした研究が進む一方で、書物や情報が交換された「場」に注目した研究は多くない。近年、昌平坂学問所《しょうへいざかがくもんじょ》や藩校・私塾などを対象に、知識人の読書や討論に関する考察が進められている（前田勉『江戸の読書会』）。このような学問状況のもと、近世の対外認識がどのように形成され、広まっていったのか、検討する必要がある。

そこで、本章第一節では、一八世紀半ばから後半の対外関係が同時代の人びとにどのように理解されていたのか、幕府と個別藩の事例をあげて確認する。続いて第二節では、一八世紀後半から一九世紀初頭の学問について、藩校・私塾の学問、江戸の学問・文化交流を取り上げて検討し、第三節で学問が対外認識に与えた影響を見通したい。とくに書物や知識が交換された「場」と人的ネットワークに注目するが、次の三つの点に留意する。一点目は、学問の内容を儒学・蘭学などの狭い分野に限らずに、詩歌などの芸能・文化も含めて考察することである。二点目は、学問に関わる人びとについて、学者や大名にとどまらず、奥向の女性や文人・宗教者なども含めて幅広くとらえることである。三点目は、学問の「場」の参加者の特性や書物の利用方法について検討し、学問の公開性や継続性について考えることである。

主な検討の対象として、平戸《ひらど》藩《はん》および松浦《まつら》家《け》を取り上げる。平戸は近世初期には海外貿易の拠点の一つであったが、平戸オランダ商館が長崎に移転したのち、平戸藩主松浦家は長崎警備や沿岸警備という形で対外関係を支える役割を果たすこととなった。九代藩主の松浦清《きよし》（隠居名は静山《せいざん》。以下、静山に統一する）は、洋書を含む書物を収集した大名であり、幕府大学頭《だいがくのかみ》の林述斎や老中《ろうじゅう》松平信明《まつだいらのぶあきら》らと親交を結んでいた。静山は藩校を開くとともに、自らも儒者皆川淇園に入門して学問を振興したことで知られている。平戸藩を取り巻く学問環境について検討することで、儒学・洋学を含む学問の広まりについて検討しながら、学問が対外認識に与えた影響について考えたい。

1　一八世紀後半の対外関係のとらえ方

「四つの口」の枠組み

一九七〇年代以降の近世史研究においては、江戸時代の対外関係を「鎖国」とするとらえ方の見直しが進み、一九八〇年代には「海禁」と「華夷秩序」という二つの概念が提起された（荒野泰典『近世日本と東アジア』）。この概念は、日本が完全に閉ざされていたという考え方を見直し、対外関係の制限されていた側面と開かれていた側面を説明するものである。「海禁」とは制限されていた面を表す概念であり、中国（明）と同様に国家が外交や貿易を管理する政策である。一方、「華夷秩序」とは、自国を中心に外国との関係を築く秩序であり、日本の場合、「武威」と天皇を他国への優越の根拠とするものであるとされた。この枠組みにより、従来はヨーロッパとの関係をもとに説明されていた「鎖国」が見直され、対外関係に東アジアとの関係も組み入れて説明されるようになった。ただし、中国の制度を日本に当てはめた「海禁」ということばを用いることに慎重な立場もある。また、欧米諸国が接近していた一九世紀以降の日本では、実際に「鎖国」という語も用いられていたため、「海禁」とするか「鎖国」とするか、研究者によって評価の分かれるところである。近年は、「鎖国」が「開国」と対比されるなかで、幕府を批判する文脈で用いられた用語であることにも注目されつつある。

また、「海禁・華夷秩序」論とともに、「四つの口」の枠組みも提唱された。「四つの口」論とは、近世日本が松前藩《まつまえはん》（蝦夷地《えぞち》）・対馬《つしま》藩《はん》（朝鮮）・薩摩藩（琉球《りゅうきゅう》）、長崎（オランダ・中国）を通して開かれていたとする枠組みである。それぞれ、大名（松前氏・宗氏《そうし》・島津氏《しまづし》）や都市（長崎）が「役」として他国・他民族との関係を担うとされた。「四つの口」は高校の教科書で紹介されるなど、一般にも広く知られるようになった。

しかし、「鎖国」「海禁」をめぐる議論と比較すると、「四つの口」についての検証は十分とはいえない。「四つの口」を通した対外関係は、実態としては十七世紀に築かれ、十八世紀には定着していた。その一方で、「四つの口」という用語は近世の人びとが同時代的に使用していたことばではない。「近世日本の対外関係の窓口は四つである」と認識されるようになったのはいつのことか、確認しておこう（鶴田啓「近世日本の四つの「口」」）。

まずは、幕府の対外認識からみていきたい。国外向けに日本の対外関係を説明したものとして、寛政四年（一七九二）にロシア使節ラクスマンが根室《ねむろ》に来航した際、老中松平定信が与えた国法書がある。国法書は、次の①②の内容からなるものであった。①「通信」関係のない国が日本に来航したときには、乗組員を逮捕し船を打ち払う、②「通信・通商」は定めてある国以外は認めないが、長崎に廻航すれば交渉の余地がある、という指示である（藤田覚『近世後期政治史と対外関係』）。②については、異国に対する唯一の窓口は長崎であると伝えたが、実際には対馬や薩摩を通した日本人漂流民の送還体制が整っており、長崎以外の対外的窓口を隠蔽したものであった。

その後、文化二年（一八〇五）にロシア使節レザノフが長崎に来航した際、ヨーロッパに関する理解を深めていた幕府は、通信と通商は中国・朝鮮・琉球・オランダに限るのが日本の「歴世の法」であると伝えて、ロシア側の要求を拒否した（岩崎奈緒子『近世後期の世界認識と鎖国』）。そして、一八四五年にオランダ国王の親書に答えるなかで、幕府は「通信」の国を朝鮮・琉球、「通商」の国を中国・オランダに限定し、その他の国とは新たな「通交」を持たないことが「祖法」であると明言した。以上の国外向けの論理は、「四つの口」のうち対馬口・薩摩口・長崎に言及しているが、松前口については説明していない。

続いて、国内向けの説明をみてみよう。寛政十一年、幕臣の近藤重蔵《こんどうじゅうぞう》は、松前・蝦夷地と「異国境」に関する上申書の草案において、日本と異国の通路は長崎・薩摩・対馬・松前の四ヵ所に限られていると述べている。この議論が、幕府が対外関係の窓口を「四つ」とみなした早い例である。幕府の役人の間には、他の三つの口と比較して松前方面の防備が手薄であるという認識があり、松前を他の「口」と横並びで考えることが共通の認識となっていたのである。

以上のように、高校の教科書などで教えられている「四つの口」の枠組みは、一八世紀末以降、幕府が国外・国内に向けて説明するなかでつくられた対外関係のとらえ方である。その説明の方法は、時期や相手によって変化するものであった。それでは、幕府ではない立場から対外関係をみると、どのようなとらえ方があったのであろうか。

藩の対外認識

日本の対外関係を説明する認識について、対馬藩・平戸藩・松前藩の例をみていきたい。対馬藩には、幕府よりも早い段階で対外関係の窓口を「四つ」とする認識があった。正徳四年（一七一四）、幕府が対馬藩に朝鮮交易銀の減少案を提示したため、対馬藩は儒者の雨森芳洲《あめのもりほうしゅう》を江戸に派遣して、新井白石《あらいはくせき》に対して所領の加増を請願した。この際に芳洲は、対馬は「日本藩屏《はんぺい》の地」（日本を守る屏となる地）として重要であるという論理を持ち出している。これをうけて、白石は「五畿七道（全国）のなかで城を与えられた者は、例外なく国家の藩屏である」と反論した。そこで芳洲は、薩摩・長崎・対馬・松前が関わる外国のうち、朝鮮のみが日本に拮抗する国であると述べて、対馬の重要性を再度訴えている（田代和生「白石・芳洲論争と対馬藩」）。芳洲は「四つの口」の枠組みを示して、そのなかに対馬を位置づけたのである。対馬藩は、寛政期にも「朝鮮藩屏」としての重要性を幕府に訴えることにより、財政援助や参勤の負担軽減を求め、のちに参勤の負担軽減に成功した。

続いて、平戸藩の例をみてみよう。天明三年（一七八三）、京都の儒者皆川淇園は、平戸藩主松浦静山の依頼に応じて、平戸に設立された文庫の楽歳堂《らくさいどう》に寄せた「楽歳堂記」（松浦史料博物館所蔵）を著した。そのなかで淇園は、諸侯（大名）はみな「藩」であるとし、日本を守る役割を果たすものとして位置づけている。そのうえで、「海外の夷」のうち東北の蝦夷と南の琉球は松前と薩摩が「羈属《きぞく》」させており、西北の朝鮮とは「隣好」関係にあると述べたうえで、平戸は西南から来航する異国船に対する「藩衛《はんえい》」（守り）として重要であると述べている。ここでは、「四つの口」のうち対馬藩や長崎は登場せず、平戸藩が西南方面の守りを一手に引き受けるという枠組みが示されている。松前・薩摩・平戸の「三つの口」の枠組みといえるであろう。

最後に、平戸藩と同じく皆川淇園が関わった事例として、松前藩の場合をみてみよう。天明元年、家老松前広年《ひろとし》は『松前志』のなかで、松前は「日本北門の眞鑰《しんやく》」（要所）、「永世の藩鎮《はんちん》」（地方の守り）であると述べており、自らの領地を「藩」とする認識がみられる。その後、寛政元年（一七八九）にクナシリ・メナシのアイヌ蜂起がおこったのち、蠣崎波響が「夷酋列像」を描いたが（本書コラムⅡを参照）、この作品に皆川淇園が賛を寄せている。さらに、寛政三年には、松前藩主松前道広が大砲を製作させ、淇園に大砲に寄せた漢詩を求めた（「松前侯新製大砲記」早稲田大学図書館所蔵）。この漢詩の詞書によると、松前の民衆の間に、アイヌ蜂起にロシアが関与しているのではないかという風評があったが、淇園は大砲を製作したことによってロシアに備えることができると述べ、道広の功績を称えている。そして、漢詩の冒頭で「雄藩耀武鎮東圻」（雄藩が武を輝かせて東の境界を鎮める）と記している。ここでは、松前以外の「口」は意識されていないが、松前藩が他国への備えの役割を果たしていることが強調されているのである。

新井白石や皆川淇園が述べているように、近世中期の儒者の間には、大名は例外なく幕府（あるいは日本）を守る「藩」（垣根）であるという概念があった。ここでいう「藩」とは、儒者が幕藩体制を中国の周《しゅう》の封建制になぞらえた概念である。これは、幕府や日本を守るという観念的なものであり、白石の説に従えば、所領の地理的な位置にかかわりなく、大名は同様に「藩」であるととらえることができよう。一方で、文字通りの「垣根」という意味を重視すると、外国と接する地域はとくに外国からの「藩」として重要であるという論理に至る。

このように、対馬藩・平戸藩・松前藩においては、対外関係を軸とする自己認識が形成され、「四つの口」のなかでとくに自藩が重要であるという議論や、「四つの口」と異なる議論も提示された。これらの認識は主に藩主や家老・学者の認識であり、藩内に広く共有されていたとはいえないが、いずれも儒学的な概念に裏づけられている。儒学は、大名家が自家の役割を確認し、記録するという営みを支えた学問であったといえる。また、これらの大名を通して、海外情報が学者の多く居住する都市に集まっていたことにも注目できよう。

2　藩士の学問と会読・討論

藩校の会読・討論

本節では、学問を学ぶ場と学習方法、学んだ人びとについて考える。近世において、儒学も洋学も基本的には読書によって学ぶ学問であった。儒学は主に四書・五経を読む学問、洋学は主に蘭書を翻訳して西洋学術を研究する学問である。儒学のなかでも徂徠学《そらいがく》では、一つの本を討論しながら読む会読が推奨されていた。一八世紀後半以降、会読は幕府の昌平坂学問所や諸藩の藩校、民間の私塾に普及していった（前田勉『江戸の読書会』）。

それでは、藩校と私塾のそれぞれにおいて会読や討論・議論がどのように行われていたのか、具体例をあげてみよう。まずは藩校として、平戸藩の藩校維新館を取り上げる。維新館《いしんかん》は、安永八年（一七七九）に九代藩主松浦静山が設立したものである。教授内容は、儒学の経書（『論語』『礼記《らいき》』など）を「正業」としていたが、他に国学・詩や礼儀作法、武道なども教えられていた。藩士の子弟は一三歳で入門し、九年間学んだのち、藩の役職に就くシステムであった。天明三年（一七八三）に制定された学則のなかには、政治批判を禁止する項目（「政事ヲ弾シ」「在位ヲ譏」ることの禁止）もある。他藩の藩校についても指摘されているように（前田勉『江戸の読書会』）、政治に関する議論が禁止されながら、実際には行われていた可能性もある。

ところが、教育システムが整えられても、学ぶ者の学習意欲は長続きしないものである（海原亮『江戸時代の医師修業』）。平戸藩の維新館においても同様であり、寛政元年（一七八九）には、「会読」を含む授業の出席人数が減少していることが、藩主の静山の耳に入った。そこで、文武の諸芸に精を出すよう、家老から通達が出されている。静山は、江戸から平戸に儒者の佐藤一斎《さいとういっさい》を招いて講義させるなどして、学問の振興を図った。

さらに寛政十一年、静山は維新館に勤務する九名に七つの問いを出題した（「維新館七箇条問答」松浦史料博物館所蔵）。その内容は、①「士」の職分、②臣が君に従う理由、③「教」の目的、④読書・講釈・会読の目的、⑤経書のそれぞれの目的、⑥学問が「世事」と別段となった事情、⑦軍学・儒学・鎗剣《そうけん》術などを「一致」させる工夫について、問うものであった。回答を求められたのは維新館の助教・句読《くとう》師・教授見習であったことから、学頭・教授に昇任する以前の若い教員に、学問に対する心構えを問うものであるといえよう。この問いをうけて、九名が各自の回答を提出したが、静山はそれらを確認したうえで、維新館の学頭に対して、さらに「日夜討論」させて「一致」した回答を提出するよう命じた。その結果、全員の意見は一致しなかったためか、六名の統一の回答書が提出された。七問のうち、④については「学問は温故知新、講習討論してその義理をわきまえ、徳を立て、行いを整え、日用のことに過失が無いようにするためのものである」、⑥については「学問は日用の急務であり、世事と一体である。しかし、後世にこれを日用にすることを知らずに、「記誦詞章」のみ志したため、自然と別段のことになった」という答えがまとめられている。これらの回答からは、学問は単に儒学のテキストを覚えるものではなく、「日用」に応用すべきものと考えられていたことがうかがえる。

「七箇条問答」は、藩政に関する具体的な課題について議論したものではない。しかし、藩主が学者に「討論」させ、「一致」した意見を提出させていたことは注目すべきである。ただし、問答に参加した藩士は限られており、藩主の政策を下支えする側面もあったことに注意する必要があるだろう。

私塾における議論

続いて、私塾における議論の例をみてみよう。本章の冒頭で紹介した、京都の儒者皆川淇園とその門人を中心に考える。淇園の門人帳によると、宝暦九年（一七五九）から文化四年（一八〇七）までの間に、一三一三名が入門していた。門人の特徴として、①一六〜三〇歳を主とする儒学の上級者であること、②武家・僧侶・医家・公家・地下官人・富裕町人・富裕農民が主であること、③出身地域は近畿から西日本、北陸・出羽に至る日本海側が主であったことの三点が指摘されている（宗政五十緒「京都の文化社会」）。淇園が京都に私塾の弘道館を開いたのは文化二年のことであり、「経・詩・文翰・国学」が教えられていた（中村春作ほか編『皆川淇園・大田錦城』）。

淇園への入門者のなかには、遊学を終えて出身藩に帰ると、藩校の教育に携わる者や、藩の重要な役職に就く者が多くみられた。例えば、平戸藩出身の門人は、九代藩主静山・一〇代藩主熈《ひろむ》を含めて計一八名存在する。藩士一六名のうち、就学後に維新館の職（学頭・助教・句読師など）に就いた者は五名、藩主の近習《きんじゅう》として取り立てられた者は四名にのぼる。その一人である長村内蔵助は、天明六年（一七八六）に一七歳で淇園に入門して修学したのち、二〇歳で維新館の学頭に就任している。内蔵助はのちに家老をつとめ、幕府大学頭の林述斎とも親交を結んだ。

本章の冒頭で紹介した問答は、文化二年頃、弘道館で出されていた問題を、淇園の弟子の田中履堂《たなかりどう》（京都出身、のちに津藩《はん》に仕官）が書きとめたものである（「学資談」『影印日本随筆集成　八』）。履堂によると、このような問答は「合語《ごうご》」と呼ばれており、参加者の議論の末に皆の答え（「衆答」）が一つにまとめられた。「合語」は中国の経書である『礼記』（文王世子篇）に由来するものであるという。『礼記』によると、「合語」とは地方の宴席において、古代の「先王の道」が話し合われることであり、中国の地方教育機関である郊学の人材選抜を目的としていた。これにならった弘道館の「合語」においても、『論語』をはじめとする経書に関する問題が出題されていた。その一方で、冒頭で紹介したように、弘道館では近世後期の日本の政治情勢を意識した問題も出されていた。例えば、領内支配に関する問答としては次のような例がある。

問「少ない穀物を飢えた衆に施す。どのような「辞」をもって説明するか」

答「隣国（隣の藩など）に穀物を求めているが、届いていない。まずは、この米を与える。行き渡らないため、民で均分して、数日の飢えを凌《しの》いでほしい」

問「流民がまさに境から入ろうとしている。これを拒否する「辞」として何といえばよいか」

答「領内も困窮しており、受け入れることはできない。しかし、いたずらに拒否することは忍びない。少し米を施し、私が不憫に思っていないわけではないことをみせよう」

続いて、対外関係に関する問答例を紹介しよう。

問「外国が通商を求めてきた。どのような「辞」をもって謝絶するか」

答「通商のことについては、祖宗からの定制があり、それを乱すことはできない」

問「異国船が接岸した。水と薪《まき》・米を求めている。どのように対応するか」

答「幕府はみだりに与えることを許していない。しかし、私に備えてある薪と米を出し、水とともに与えて去らせよう」

以上のように、弘道館の問答は形式的には「合語」の形式に則りながら、内容は一九世紀初頭の日本における対外情勢や国内政治を反映したものであった。ただし、「辞」という文言に象徴されるように、根本的な解決策というより、それぞれの領域で対応可能な当座の策としての性格が強い。各藩あるいは領主に仕える政策担当者が、現場で対応することを想定した問答であるといえよう。対外関係に関する答案をみると、新たに通商関係を持たず、薪水をむやみに与えないという幕府の原則が、私塾の学者・門弟の間でも共有されていたことがわかる。そのうえで、異国船に「私」に蓄えた薪水と米を与えるなど、現場で柔軟に対応しうる方針が「答」としてまとめられているのである。

儒学は基本的には経書を読む学問であるが、藩校や私塾の一部において、政治や対外問題に対応する議論が展開していた。淇園の弘道館の場合、諸藩からの入門者が多かったためか、実践的な問題が出題されていたといえよう。

3　江戸における学問・文化交流

江戸屋敷の交際

藩校や私塾で学んだ藩士にとどまらず、大名自身や幕臣も学問を嗜《たしな》んでいた。学習の場の一つとして重要であったのが、江戸の大名・幕臣の屋敷である。江戸屋敷の多くは庭園や書物を所蔵する文庫を備えており、諸藩の大名・藩士や幕臣・学者・文人らが集う場となった。例えば、幕臣の近藤重蔵《こんどうじゅうぞう》は旗本・御家人が資質に応じて役職に登用されるべきであると考え、白山に私塾の白山義学を設立して教育実践の場としていた（谷本晃久『近藤重蔵と近藤富蔵』）。また、松平定信が隠居後に過ごした白河藩下屋敷《しらかわはんしもやしき》の庭園浴恩園《よくおんえん》には、林述斎・佐藤一斎らが出入りし、月や花を愛で、詩歌を詠むサロンとなっていた。浴恩園に集まった人びとは政治への関心も強く、『徳川実紀』などの幕府官撰の編纂物の作成にも関わっていた（瀬戸口龍一「『甲子夜話』にみる松平定信文人サロンの動向」）。

これらの学問の担い手としては、主に男性の知識人が注目されてきた。しかしながら、江戸屋敷の学問交流の場には、大名家の交際に関わった奥の女性や屋敷近辺に暮らす人びとが参加していたことも重要である。江戸屋敷における交際は大名家一般の間で行われていたものであるが、ここでは平戸藩松浦家を例に考える。松浦家の上屋敷は浅草《あさくさ》の鳥越《とりごえ》に置かれていたが、上屋敷における交際の様子が書かれた史料が残されている。交際のうち、①医師・蘭学者による松浦家当主や奥の子女の診察、②奏楽や花火による幕臣・他大名の饗応《きょうおう》、③詩歌の会についてみていきたい。

まず、静山の側室蓮乗院《れんじょういん》（公家の外山光時《とやまみつとき》の娘）に関する記録である「蓮乗院日記類」（松浦史料博物館所蔵）から、①と②の例を紹介する。①については、平戸藩医のほかに幕府の医師も、松浦家の人びととの診察・治療を行っていた。例えば享和二年（一八〇二）二月、静山の嫡子である熈（満一〇歳）に吹出物が生じたため、桂川甫周《かつらがわほしゅう》の診察と処方をうけている。

同年三月には、熙に「黄ばみ」（黄疸《おうだん》）の症状があり、多紀《たき》安長《やすなが》の診察をうけた。翌享和三年には、蓮乗院に「えりのこはり」（頸部の腫れ）があったため杉田《すぎた》玄白《げんぱく》の診察をうけ、これとは別に、静山と蓮乗院が吉田《よしだ》快庵《かいあん》の診察と灸治をうけている。桂川甫周や杉田玄白は蘭学者として知られているが、上屋敷に日常的に出入りし、一般的な治療を行う医師としての側面もあったのである。

次に②の饗応については、享和元年から三年の間に、林述斎・近藤重蔵・松平定信のほか、松浦家と姻戚関係を有する大名である仁正寺《にしょうじ》藩《はん》主市橋長昭《いちはしながあき》・福山藩《ふくやまはん》主阿部《あべ》正精《まさきよ》らが平戸藩上屋敷を訪れ、松浦家の接待をうけている。例をあげると、享和二年七月には阿部正精が訪れたため、静山の側室の蓮乗院と娘の松が対面して菓子を提供した。その後、近藤重蔵も加わり、庭園内で花火を鑑賞し、「おりく」という女性による三味線の演奏もなされた。こうした女性たちは、屋敷内の宴会の場に同席するだけではなかった。寛政十年（一七九八）三月、観世《かんぜ》太《だ》夫《ゆう》の屋敷で能が演じられたときに、蓮乗院が女中らとともにお忍びで訪れ、静山の意向により土産の品（カステラ）を渡している。奥の女性は、屋敷内外の交際において役割を果たすとともに、自らも芸能に慣れ親しんでいたのである。

詩歌の会

続いて、③について「江都《こうと》感恩斎詩《かんおんさいし》草《そう》」（松浦史料博物館所蔵）から考察する。この史料には、享和二年（一八〇二）から天保六年（一八三五）の間に、江戸の松浦家上屋敷において静山および静山と交友関係を有した人びとによって詠まれ、筆写された詩歌と漢文一二五点が収録されている。表7-1は、それらの作者と種別を示したものである。作者には、静山・熙のほか、静山の側室と娘、静山の家臣、大名、幕府の儒者、幕臣、文人、宗教者などが含まれていることがわかる。また、身分・立場ごとに作品の種別をみると、大名・儒者の作品は漢詩、松浦家の女性や文人・宗教者の作品は和歌が多く、幕臣は漢詩・和歌の双方を詠んでいることが特徴的である。

いくつか詩歌の例を紹介しよう。漢詩として、佐藤一斎の五言律詩が収録されている。この漢詩の詞書によると、平戸

表7-1　松浦家上屋敷でつくられた詩歌・漢文

分　類	作者	漢詩・漢文	和　歌	計
松浦家当主	松浦静山・松浦熈	40	0	40
松浦家の家臣	長村内蔵助	1	0	1
松浦家の女性	伯（静山娘）・仲（静山娘）・初浦（蓮乗院）・野沢（女中）ら	0	7	7
大　名	市橋長昭・松平定信・九鬼隆国・前田利幹・片桐貞彰・松平輝実・北条氏喬	15	2	17
幕　臣	近藤重蔵・屋代弘賢・大田南畝・荻野梅塢・千本居隆・松平忠明	6	5	11
儒者・儒生	林述斎・佐藤一斎・蒲生亮	15	0	15
医　者	多紀元忠・多紀元胤・多紀元堅・高柳弘之	3	1	4
文　人	狩野友川（絵師）・北村季文（歌人）・東里千之（書家）	2	5	7
宗教者	釈行智（修験）・亜元（僧）・豊喬（神主）	0	8	8
その他	荻野長（隣宅）・ふさ（荻野長の妻）・みや（石川兵庫母）ら	7	8	15
総　計		89	36	125

「江都感恩斎詩草」（松浦史料博物館所蔵）により作成．
作者の分類は筆者による．下線は本章で言及した人物である．

藩上屋敷内の池に面した楼閣（金綺楼《きんきろう》）に「賢侯」が月に一回「読史」（史書を読むこと）のために集まっており、十二月に開かれた一年で最後の会に際して詩を詠んだものである。金綺楼については、林述斎の書翰（『甲子夜《かっしや》話《わ》』）のなかで言及されている。これによると、金綺楼に集う人びとの間で「金綺之会約」と呼ばれる盟約が結ばれており、自らの屋敷の花樹が見頃となったときには、集会を開いて皆で鑑賞すると約束していたという。

和歌としては、松浦静山の側室蓮乗院と娘・女中が、屋敷内で静山とともに藤の花を鑑賞した際に詠まれた作品が収録されている。このとき、蓮乗院は「恵ある君が千年の影映し　深くも匂ふ池の藤波」（図7-1、中央の短冊）と詠み、静山も漢詩一首を寄せている。また、幕臣の屋代弘賢《やしろひろかた》は、静山の祖母久昌院の二十七回忌に際して、自身の叔母を偲《しの》んで「亡き人の亡き人偲ぶかたみとぞ　山ほととぎ

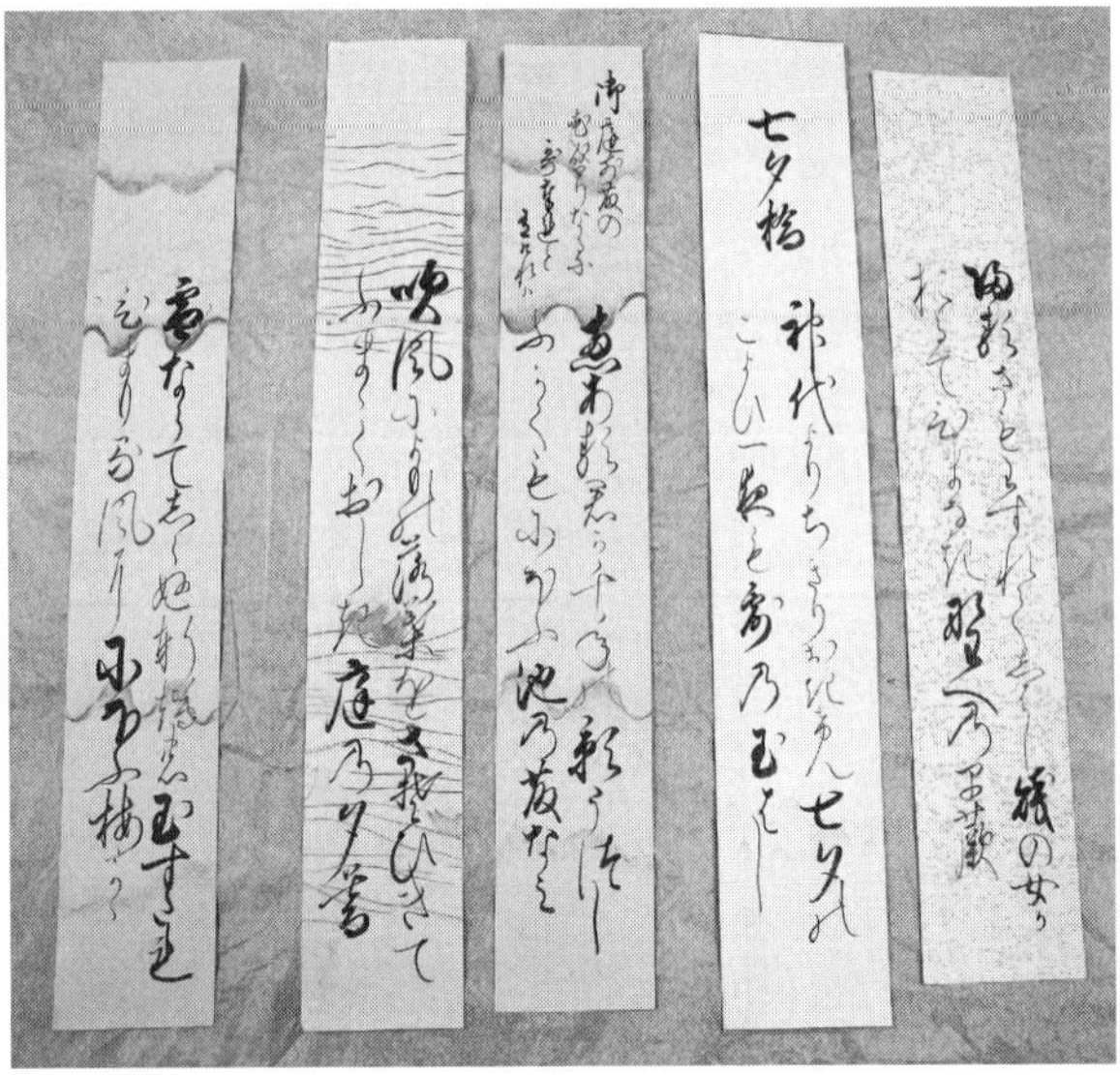

図 7−1　蓮乗院の短冊（松浦史料博物館所蔵）

す今も鳴かなん」と詠んでいる。弘賢は、松浦家と互いの家族の死を悼《いた》みあう交際関係にあったことがうかがえる。

さらに、宗教者の和歌の例として、修験《しゅげん》の釈行智《しゃくぎょうち》の作品をあげよう。行智は平戸藩上屋敷の近くに所在する銀杏岡八幡神社《いちょうがおかはちまんじんじゃ》の別当《べっとう》を務めており、たびたび静山を訪問して神社・修験に関する見識や、書物に関する情報を伝えていた。「江都感恩斎詩草」には、静山が行智の見舞いに贈った品への返礼の歌（「並ならぬ恵みの影を仰ぐにも　猶懐かしき殿のうちかな」ほか一首）が掲載されている。静山は行智を「音韻の学」に通じた者であると評価しているが（『甲子夜話』）、学問的な関係にとどまらずに体調を気遣うこともあり、近しい間柄であったことがうかがえる。

以上のように、江戸屋敷は大名家の当主や学者のみに限らず、奥向の女性や文化人・宗教者も含む交際の場となっていたといえよう。学問的な会が開かれるとともに、診察・見舞いや追悼などの日常的な付き合いもあり、重層的な交際が行われていたのである。このなかで、奥向の女性も、歌会や饗応・奏楽に参加するなど、文化的な活動に関わっていた。その一方で、「金綺之会」のように、男性知識人を主要メンバーとする会合も存在し、女性が参加する「場」が限られていたことには注意する必要があるであろう。

書物・文物の交換

江戸屋敷における交際が展開するなかで、書物や文物も交換されていた。例えば、静山が収集した書物・文物の目録である「新増書目」（松浦史料博物館所蔵）によると、享和二年（一八〇二）、静山は江戸在府中の松前藩主松前章広《あきひろ》と互いの屋敷を訪問しあう仲となったが、ある日、終日「蝦夷ノ談」をして話題が弓矢のことに及んだ。そこで静山が現物を実見したいと望んだため、章広は松前に帰国したのち、「蝦夷弓矢」を松浦家の屋敷に送っている。

また、近藤重蔵は松浦家の屋敷を訪れており、静山に漢詩も贈っていたが（表7-1）、静山は随筆『甲子夜話』のなかで、重蔵が松平忠明《ただあきら》・市橋長昭・阿部正精・林述斎と「風月に相会せし筵《むしろ》」（自然の風物に親しんで詩歌を詠む会合の席）に「文雅」の能力をもって同席しており、彼の著述には「有用の書」が多いと記している。重蔵は詩文の能力によって、大名らのネットワークに参加することができたのである。さらに重蔵は、静山と「旧交」（昔からの付き合い）があったことから、幕府の書物奉行在任中に編纂した書物を静山に贈ったという。このときに贈られたものではないが、「新増書目」にも、重蔵が著述もしくは筆記した蝦夷地・北方に関する書物（『辺要分界図考《へんようぶんかいずこう》』『北夷聞見録』『東韃靼紀行』）が掲載されており、静山は重蔵らによる幕府の蝦夷地探査に関心を抱いていたといえるであろう。静山は江戸の交際関係のなかで書物・文物を交換しており、海外情報も入手していたのである。

4　対外認識の深化

翻訳環境の変化と洋書理解

一八世紀に医学を中心に展開してきた蘭学は、一八世紀末になると、自然科学や科学一般へと対象を拡大した。とくにロシアが接近すると、幕府はオランダから提供される知識にもとづいて、北方の情報をはじめとする海外情勢を分析するようになった。ここでは、一八世紀末から一九世紀初頭にかけて、洋書の理解方法がどのように変容したのか、洋書の翻訳者・読者の変化という視点から考察しよう。

洋書は長崎に来航するオランダ船を通して輸入されていたが、大名のなかでも「蘭癖大名」と呼ばれた大名は、積極的に洋書を収集した。「蘭癖大名」とは、オランダを中心とした西洋由来の文物を愛好・収集した大名であり、天明期頃に登場した。代表的な例として、薩摩藩主島津重豪《しげひで》・福知《ふくち》山藩《やまはん》主朽木《くつき》昌綱《まさつな》などがあげられる（洋学史学会監修『洋学史研究事典』）。平戸藩主松浦静山も、「蘭癖大名」の一人として知られており、ケンペル『日本誌』などの洋書を収集した。洋書の一部は幕府の天文方に貸し出され、対外政策の参考とされた（松田清『洋学の書誌的研究』）。

しかし、この時期の「蘭癖大名」による蘭学の成果は、ほとんど藩地（藩内）に導入されることはなかった（沼田次郎『洋学』）。そのため、大名の収集した貴重な「コレクション」に注目されるか、幕府の対外政策を支えた知識提供者として紹介される傾向にあり、大名自身がどのように洋書を理解していたのかという問題に迫る研究は多くない。そこで、静山の書物目録から、この課題に迫ってみたい。

静山は、松浦家所蔵の書籍や自らが収集した書籍・文物について、家臣やオランダ通詞《つうじ》の協力を得ながら目録を作成した。代表的な目録として、天明五年（一七八五）の「楽歳堂蔵書目録」（以下、目録A）と寛政十二年（一八〇〇）の序があり文政期（一八一八～三〇）まで加筆された「新増書目」（以下、目録B）がある（いずれも、松浦史料博物館所蔵）。これらの目録には、書名に加えて解題も記されており、書物の入手や翻訳の経緯が書かれている場合もある。二つの目録には重複する書物もあるため、同じ書物について比較すると、書物の理解がどのように深まっていったのか、検討することができる。ここでは、二つの洋書を取り上げて紹介する（表7-2）。

一つ目は、ウィリアム・スメリー著『産科解剖図表』（一七五四年）である。これは産科に関する図を収録する英語の書物であるが、目録Aの時点ではどの言語の書物かわからず、翻訳が難しかったという。これに対して、目録Bでは、文化五年（一八〇八）の幕府への書物貸出の際に翻訳された書名を掲載しており、副題もほぼ正確に訳されている。このとき

表7-2 洋書の翻訳の変化

原　書	ウィリアム・スメリー『産科解剖図表』(1754)	雑誌『学者の共和国またはヨーロッパの読書室』(1718～1774)
書　名	A SETT OF ANATOMICAL TABLES, WITH EXPLANATIONS, AND AN ABRIDGMENT, OF THE PRACTICE of MIDWIFERY, WITH a View to illustrate a TREATISE On that SUBJECT, AND COLLECTION of CASES.（英語）	REPUBLYK DER GELEERDEN, Of BOEKZAAL van EUROPA, Voor den KUNST en LETTER-MINNAREN, geopend door VERSCHEIDE LIEFHEBBERS.（オランダ語）
逐語訳	解剖図表集 産科実践の説明と要約付、その主題に関する論文を説明するための見解と症例集付	学者の共和国もしくは学芸・文芸愛好家のために様々な愛好家によって開かれたヨーロッパの読書室
目録A	解体術の葉枚	学者の説、又数多の好書人を以て文字亦術に於て通開せる欧羅巴の書居也
目録B	解体記（胎産解剖全図及産科諸術精要約説並属其術之実徴諸説及諸症集験）	阿蘭陀国の書斎に於て学者の会読

「楽歳堂蔵書目録」「新増書目」（松浦史料博物館所蔵）により作成．
下線・二重下線は対応する部分に付したものである．原書の邦題は松田清『洋学の書誌的研究』による．逐語訳は筆者による．

に翻訳に携わったのは、江戸に滞在していた桂川甫周とオランダ通詞本木庄左衛門《もときしょうざえもん》であった。先述のように、甫周は松浦家の嫡子や女性の治療に訪れていたことから、静山にとって身近な蘭学者であり、翻訳や医書の解釈を依頼しやすい人物であったと考えられる。

二つ目は、雑誌『学者の共和国またはヨーロッパの読書室』である。この雑誌は、アムステルダムにおいて一七一八〜一七七四年の間、隔月で刊行されており、医学書・歴史書・地理書・小説やキリスト教に関する書物などの書評を掲載していた。目録Aの場合、書名の訳（表7-2）は逐語訳に近いが、解題の注の部分に「ヨーロッパの学者が群書を会読」したものであるという説明が付記されている。一方、目録Bではオランダ通詞石橋助左衛門《いしばしすけざえもん》の協力を得ているが、書名そのものを「学者の会読」と訳し、

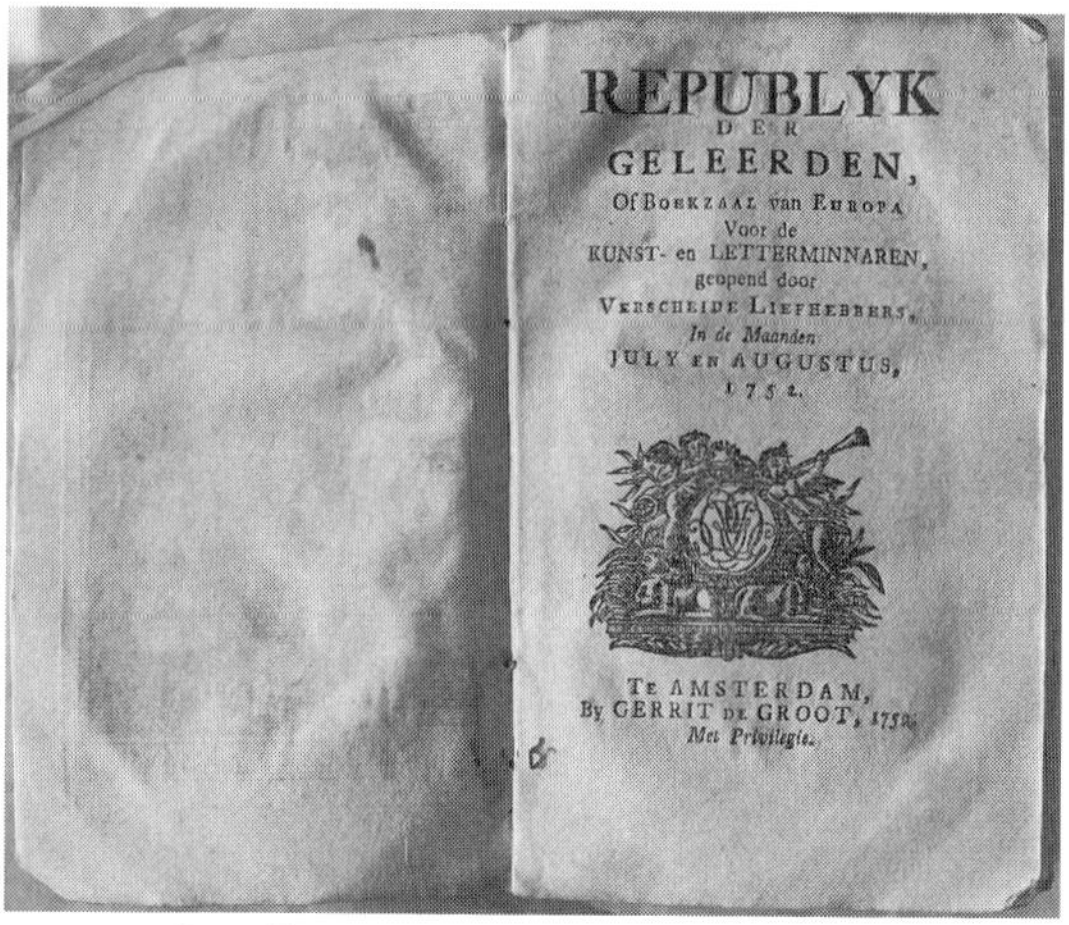

図7‒2　雑誌『学者共和国またはヨーロッパの読書室』の表紙（松浦史料博物館所蔵）

「ヨーロッパの読書室」の部分が「阿蘭陀《オランダ》国の書斎」に変わっている。翻訳が不正確になったようにもみえるが、なぜ「阿蘭陀国」と限定されることになり、「共和国」の部分を「会読」と訳したのであろうか。

目録Bをみると、『学者の共和国またはヨーロッパの読書室』と同じシリーズの雑誌『学者の共和国』を解説して、オランダのアムステルダムで「有学ノ徒」が「医学・教学」や「政治ノ得失」について「集会論定」した書物であると書かれている。図7‒2に示したように、洋書の表紙には出版社が所在する都市名（この場合はアムステルダム）が記されることが一般的である。しかし、訳者の石橋は、実際に学者たちがアムステルダムに集まって議論したものであると理解し、静山も石橋の説を採用した。さらに、目録Aでは学者は「群書」（書物）の「会読」を行ったとされていたのに対して、目録Bでは「政治ノ得失」を含む事柄についての「集会」ととらえている。書物の「会読」から政治問題の「会読」へと変化しているのである。

目録AとBの翻訳方法の相違は、Bでは桂川甫周やオランダ通詞の本木・石橋のように、医学・英語やヨーロッパの社会に関する知識を有する人物の協力を得ていることである。結果として、より正確な訳になる場合もあったが、「学者の会読」のように意訳となり、かえって解釈が不正確になる場合もあった。しかし、意訳という方法は、同時期の蘭学者の翻訳として珍しいものではなかった。例えば、大槻玄沢《おおつきげんたく》は『蘭学階梯《らんがくかいてい》』のなかで、オランダ語の文章を翻訳する際、逐語訳で意味が通らない場合は「心に会得」するという方法を提案している（阿曽歩「仙台藩藩校養賢堂における翻訳事情」）。また、ヨーロッパにおいて実際に学者が「会読」するような学問環境があったことも、蘭学者によって紹介されていた。蘭学者が翻訳したオランダ書のなかには、「マートシカッペイ」と称される地方学会が刊行した書物も含まれていたが、小《こ》関三英《せきさんえい》はこの学会に「会社の党」という訳語をあて、「多少の同志の集り合して、党をなす」ものであると説明している。さらに三英は、「マートシカッペイ」のなかに学問を盛んにする目的で設立された結社も含まれていたことを紹介した（前田勉「儒学・国学・洋学」）。静山は、通詞の訳を参考としつつ、自身の周辺において学者たちの「会読」が行われていた状況もふまえながら、洋書の理解を深めたのではないかと考えられる。読書環境そのものが変化したことにより、洋書の内容に関する考察も深まっていたといえよう。

境界をめぐる認識

大名や知識人が入手した洋書や和書・漢籍の一部は幕府に貸し出され、対外政策の参考にされた。洋書などの珍しい書物に注目されがちであるが、幕府に提供された書物は洋書や最新の世界地理書のみではない。ここでは、地域情報の提供と日本の境界をめぐる認識について考えたい。

一八世紀末になると、幕府や藩で家譜や地誌の編纂が進められた。地誌については、享和三年（一八〇三）に幕府から各藩に向けて編纂の命が出されている。平戸藩では、すでに一八世紀前半から地域史料の収集が進められており、松浦静山も幕府に命じられる以前から地誌編纂に着手していた。そして、主に『肥前国風土記《ひぜんのくにふどき》』を参照しながら地誌の「平戸考」（松浦史料博物館所蔵）を編纂し、天保七年（一八三六）に林述斎に提出した。この書物は、「平戸」と「値賀《ちか》」（現在の五島《ごとう》列島）の地名の由来や、平戸・五島列島を経由した遣唐使の渡海ルートについて考証したものである。このなかで静山は、古代の遣唐使船の寄港地とされる「美禰良久《みねらく》」がどこにあるのか検証した。「美禰良久」とは実際には五島列島に属する福江島《ふくえじま》の三井楽《みいらく》のことであるが、「平戸考」では「美禰良久」は中国の舟山《しゅうざん》列島に位置する普陀山《ふださん》であるとしたうえで、普陀山がかつては日本に属していたとする説を提示している。

この考証にあたり、静山は幕府連歌師《れんがし》の阪昌成《ばんしょうせい》、修験の釈行智に協力を求めた。阪昌成は静山の和歌の師匠であり、先述のように行智は静山と親交のあった宗教者である。昌成は『万葉集《まんようしゅう》』の「みみらくのわが日本の嶋ならば　けふは御影にあはましものを」という歌を引用し、「みみらく」が日本ではないという説を紹介した。そこで、静山が行智に知見を求めたところ、行智は「美禰《みね》」の音を「補陀《ふだ》」に転じて普陀山の寺号としたと推測し、遣唐使船は普陀山に立ち寄ってから中国大陸に入ったという説を示した。さらに行智は、薩摩藩と琉球の関係と同様に「美禰良久」の島は「値賀」(五島列島)に属していたが、「鎮撫」を置かなかったために、いつのまにか中国の「属県」のようになった、すなわち「古昔」は日本の「属地」であったが「漢土(中国)の島」になったと論じたのである。

静山は、普陀山がかつて日本に属していたという説について考察を深めた。そして林述斎に対し、普陀山を今も日本が保有していれば八丈島《はちじょうじま》と並んで日本の「東西の羽翼」となったが、惜しむべきことであると論じている。さらに「平戸考」のなかで、静山は享和元年頃に幕府老中の松平信明に次のように提案したと回想している。それは、平戸の生月島《いきつきしま》からはるか遠くに見える島があるという伝承を聞いており、この島が「空土閑島」であれば、幕府が蝦夷地を「治導」したことと同様に島を調査すべきであるという進言であった。先述のように、静山は近藤重蔵や松前藩主と親交があり、蝦夷地政策と比較しながら西方の島嶼《とうしょ》に関する考証を進めたと考えられる。しかし、当然ながら生月島から中国の普陀山を目視することは不可能である。信明も調査は「無用」と答え、静山の意見は受け入れられなかったという。天保七年に「平戸考」を受け取った林述斎も、「詳しい考証で感心した」と感想を述べるに留まっている(『甲子夜話』)。

「美禰良久」をめぐる考証は、一見すると荒唐無稽であるが、同時期の「竹島《たけしま》」(現在の鬱陵島《うつりょうとう》)をめぐる動向と共通性がみられる。「平戸考」の成立と同じ天保七年には、石見国浜田《はまだ》の今津屋《いまづや》八右衛門《はちえもん》が「竹島」へ渡海していたことが発覚し、幕府は「竹島」渡海禁令を発している。ただし、禁令のなかには、「竹島」を「朝鮮へお渡しになった島」とする文言があり、かつて日本の島であったことを含意するものであった。このような認識が影響を与えたため、幕末期には幕府外国奉行が日本図への「竹島」の記入を求め、長州藩のなかから「竹島」開拓願も提起されたという（池内敏「「国境」未満」）。普陀山の場合は日中間、「竹島」の場合は日朝間の境界に関する議論であるが、いずれも、かつて日本のものであったとする説が提示され、実地調査や開拓を行うことが主張された。これらの議論は、いわば机上の空論にすぎないものの、幕末・明治期の対外進出論とも関わりうる論点が提示されているのである。

静山は、江戸屋敷の交流によって入手した古典に関する知識や修験者の説、蝦夷地政策に関する情報、地域の伝承を総合し、幕府にたびたび情報を提供していた。幕府が実際に普陀山の調査を行うことはなかったが、洋書や地理書に依拠する知識ではない情報も、幕府の儒者や政策担当者に伝えられていたことを示す事例として注目に値する。

書物の読み手

江戸の知識人の間で交換された対外関係に関する知識や情報は、藩領内にはどのように伝えられていたのだろうか。先述のように、天明期（一七八一～八九）の「蘭癖大名」の蘭学の成果は藩内には導入されなかったと指摘されており（沼田次郎『洋学』）、平戸藩の場合も同様であった。一方、幕末期になると、仙台藩・佐《さ》倉藩《くらはん》などの藩において、遊学経験のある学者・医者を介して洋学が教授されるようになった（洋学史学会監修『洋学史研究事典』）。天明期にいち早く蘭学を学んだ大名の藩領において、洋学が広まったとは限らないのである。それでは、洋学が広まらなかった藩において、都市で学習された学問の成果はどのように受容されていたのであろうか。松浦静山が江戸で収集した文物や書籍が、国許でどのように受容されていたのかという問題を中心に、儒学・洋学の両側面から考えたい。

まず、儒学に関していえば、平戸藩江戸屋敷の学問所である学館のカリキュラムには、皆川淇園の著書（『虚字《きよじ》解《かい》』『名《めい》疇《ちゅう》』）を会読する「虚字解会」や「名疇会」が組み込まれており（「江都浅草学館掛札図」松浦史料博物館所蔵）、直接の門人ではない藩士も淇園の学問を学んでいた。また、静山は淇園から受け取った書翰を国許の儒者に送り、平戸で保管させていた。先述のように、国許では京都に遊学した藩士が維新館の職に就いていることから、国許の藩士も淇園の学問の影響をうけていたといえよう。一方で洋学の広まりについては、限界があったといわざるをえない。静山は淇園の書翰を管理していた儒者に洋書の管理・出納も行わせていたが、彼らは洋学に通じているわけではなかった。平戸の文庫楽歳堂では、洋書一冊につき漢字一文字の記号を付して識別しており、文化五〜六年（一八〇八〜〇九）に、静山が天文方に洋書を貸し出した際にも、国許では記号によって確認し、書物を江戸に送った。このとき静山自身が「暗」印の書物と誤って「頭」印の書物を請求したため、「頭」印の書物が届くという手違いが生じている（松田清『洋学の書誌的研究』）。国許では洋書を出納したのみであり、洋書の内容を理解して藩政にいかしていた形跡はない。洋書は一部の蘭学者（高野長英《たかのちょうえい》）に貸し出されたが、藩内では積極的に利用されることはなかったのである（洋学史学会監修『洋学史研究事典』）。

文庫の楽歳堂は、平戸藩内の人びとにとってどのような存在であったのだろうか。時期は下るが、幕末から明治初期の楽歳堂の管理や書物閲覧に関する史料が残されている（「勤務録」松浦史料博物館所蔵）。これによると、平戸藩主の参勤の出発時・帰国時や松浦家子女の祝賀行事では、楽歳堂と書物蔵に「神拝」することが慣例となっていた。当時、楽歳堂内には、一〇代藩主熈と一一代藩主曜《てらす》の神像が安置されていた。このことから、文庫そのものが松浦家の祖先崇拝の対象となっていたことがうかがえる。さらに、書物の管理・利用については次のような規定があった。①書物を藩主に貸し出す場合、帳面にその旨を書けばよい。②書物の拝借願については、証文を提出したうえで許可をうける必要がある。③書物の拝借帳（貸し出し帳）は、年に一度、藩主が閲覧する。④松浦家の子孫のためになる本には印を押し、他の本と区別する。⑤「御本」は片手で扱わず、机上で読むなど細心の注意を払って「拝見」する。以上の規定をみると、手続きをふめば書物の利用は可能であったものの、あくまでも松浦家に属する人びとの利用が優先されており、大名松浦家の「御本」を所蔵する文庫としての性格が強かったといえよう。

平戸藩士の家に生まれ、『大日本商業史』を書いた学者として知られる菅沼貞風《すがぬまていふう》は、一八八六年に「平戸港商業の歴史」と題する文章を書いている（『平戸の光』二号）。このなかで貞風は、近世には外国の書籍が「松浦伯の秘庫」に伝わり、静山もこれを「講究」していたが、明治に入って「欧学」を講ずる者が絶えたと述べている。大名家の文庫に洋書が所蔵されていても、藩士層にとっては殿様の「秘庫」として認識されていたことがうかがえる。また、翻訳者や洋書を用いて講義をする者がいなければ、洋書が所蔵されていても学問として伝えていくことは困難であったといえよう。

静山後の代々の平戸藩主は学問や文化の振興には取り組んだが、自身は洋学を本格的に学ぶことのないまま明治維新を迎えた。最後の藩主松浦詮《あきら》は、一八七一年、自身が師事した儒者に宛てた書翰のなかで、東京では「経学」（儒学）は「無用の学」といわれており、「洋学」でなければ「実用の学」とみなされないという状況を知らせた。そして、勝海舟《かつかいしゅう》・加藤弘蔵《かとうこうぞう》に語学を習うことや洋行（欧米への留学）を検討している旨を伝えている（長崎歴史文化博物館楠本文庫「松浦詮平戸県知事書翰」）。しかし詮自身による洋行は叶わず、のちに詮の子の厚《あつし》がイギリス留学を実現することになった。このことは、大名自身が儒学を修めていた一方で、洋学を継続的に学ぶことは難しかったことを象徴的に示している。

おわりに

一八世紀後半の日本は、北方情勢の変化に対応する必要に迫られた。そうしたなかで、幕府は、対外関係の窓口は「四つ」に制限されているという認識を強化することになる。その一方で、海外と接する大名のなかには、自藩を特別な「藩」とする認識を持つ者もおり、平戸藩のように、松前藩・対馬藩・薩摩藩・長崎の「四つ」とは異なる枠組みが提示されることもあった。「四つの口」は対外関係を示すモデルの一つにすぎず、個別藩の自己認識を視野に入れると、対外関係の認識にバリエーションがあったと考えることができよう。

そして、一八世紀末以降、ロシア船に加えて欧米の貿易船の来航が盛んになると、より広い地域の人びとが異国船への対応を迫られるようになった。こうしたなかで、いわゆる「四つの口」以外の地域においても、対外問題についての関心が高まっていった。京都の私塾においては、さまざまな地域の出身の藩士・学者が、異国船や領内問題への対応について議論していた。また、江戸の大名屋敷においては、奥向の女性や屋敷周辺の宗教者・文人を含む交流が展開した。交流を通して書物や情報が交換されることにより、対外認識が深化していったといえよう。

ただし、学問の場における知識交流が盛んになったことが、必ずしも海外情報や地理情報の正確な理解につながったとは限らない。本章でみたように、洋書が意訳をもとに理解されることや、和歌や修験の知識にもとづく地理認識が幕府に伝えられることもあったのである。また、都市における交流の成果は、ただちに藩領内に還元されたわけではなかった。人的ネットワークを介した学問は、身分を超えて広まる側面もあった一方で、そのグループにアクセスできなければ、学ぶ機会を得ることができなかったという側面も有していたのである。

近年の思想史研究には、近世の自発的な学習結社が明治維新や自由民権運動につながったとする議論もある。たしかにそのような側面もあるが、学習グループにはどのような身分やジェンダー、地域の人びとが参加可能であったのか、学習内容はどのようなものであったのかという点も含めて検討し、近世における学問の意味を見直す必要があろう。

〔参考文献〕

阿曽　歩「仙台藩藩校養賢堂における翻訳事情」『洋学』二五、二〇一八年
荒野泰典『近世日本と東アジア』東京大学出版会、一九八八年
荒野泰典「近世の対外観」『岩波講座日本通史　第一三巻』岩波書店、一九九四年
池内　敏「「国境」未満」『日本史研究』六三〇、二〇一五年
岩﨑奈緒子『近世後期の世界認識と鎖国』吉川弘文館、二〇二一年
海原　亮『江戸時代の医師修業』吉川弘文館、二〇一四年

瀬戸口龍一「『甲子夜話』にみる松平定信文人サロンの動向」『専修史学』三三号、二〇〇二年
田代和生「白石・芳洲論争と対馬藩」『史学』六九—三・四、二〇〇〇年
谷本晃久『近藤重蔵と近藤富蔵』山川出版社、二〇一四年
鶴田　啓「近世日本の四つの「口」」荒野泰典・石井正敏・村井章介編『アジアの中の日本史Ⅱ　外交と戦争』東京大学出版会、一九九二年
中村春作ほか編『皆川淇園・大田錦城』明徳出版社、一九八六年
沼田次郎『洋学』吉川弘文館、一九八九年
福田千鶴『近世武家社会の奥向構造』吉川弘文館、二〇一八年
藤田　覚『近世後期政治史と対外関係』東京大学出版会、二〇〇五年
前田　勉『江戸の読書会』平凡社、二〇一二年
前田　勉「儒学・国学・洋学」『岩波講座日本歴史　第一二巻』岩波書店、二〇一四年
松方冬子『オランダ風説書と近世日本』東京大学出版会、二〇〇七年
松田　清『洋学の書誌的研究』臨川書店、一九九八年
松浦静山著、中村幸彦・中野三敏校訂『甲子夜話　4・6』『甲子夜話三篇　6』平凡社、一九七八・八三年
宗政五十緒「京都の文化社会」（林屋辰三郎編『化政文化の研究』岩波書店、一九七六年）
洋学史学会監修『洋学史研究事典』思文閣出版、二〇二一年
横山伊徳『開国前夜の世界』吉川弘文館、二〇一三年
吉村雅美「松浦静山のみた境界と「属地」」井上泰至編『近世日本の歴史叙述と対外意識』勉誠出版、二〇一六年
吉村雅美「江戸における大名家の交際と書物・知識受容」浪川健治編『明君の時代』清文堂出版、二〇一九年

※本章はＪＳＰＳ科学研究費 19K13344 の助成を受けています。

column Ⅱ

一八世紀末の日本を凝縮する「夷酋列像」

春木晶子

「夷酋列像」とは

寛政二年（一七九〇）十月、一二人の「蝦夷《えぞ》」（以降本コラムでは、当時この名で呼ばれた人びとをアイヌと称する）の「酋長」たちを一枚に一人ずつ描いた、一二枚の連作がつくられた。名を「夷酋列像《いしゅうれつぞう》」という。「波響《はきょう》」の画号で知られる松前藩士蠣崎広年《かきざきひろとし》（一七六四～一八二六）が手がけものだ。

広年は、松前藩第七代藩主松前資広《まつまえすけひろ》の五男に生まれ、家老の蠣崎広当《ひろまさ》の養子となり、自身ものちに家老となる。本作の制作は、八代藩主となっていた兄の道広《みちひろ》に命じられたものだ。

緻密で華麗な色と模様の錦をまとう異貌の人びとが見る者を強く惹きつけるこの絵は、前年に蝦夷地東部で勃発したアイヌの蜂起（クナシリ・メナシの戦い）が契機となって制作された。従来、異民族による蜂起という蝦夷地特有の時代背景から着目されてきたものだが、次の三つの点からも本書で取り上げる意義を有するだろう。

まず本作の内容は、近世日本で海外に開かれた「四つの口」の一つ、松前から通じる広大な北方交易の一端を垣間見せるものである。次に本作の制作は、一八世紀に流行した異国由来の画技画法の学習にもとづくものである。そして本作の閲覧や模写制作の様相は、一八世紀末から幕末にかけての、対外政策に揺れる日本を映し出す。本作の制作経緯を確認したうえで、右記の三つの特徴を詳述する。

「夷酋列像」の制作経緯

寛政元年（一七八九）五月、蝦夷地東部のクナシリ島、次いでメナシ地方（現在の根《ね》室《むろ》振興局管内）のアイヌおよそ一三〇人が蜂起し、和人七一名を殺害した。事件の報をうけた松前藩は、総勢二六〇人あまりの鎮撫軍を派遣し鎮圧にあたらせた。現地の有力なアイヌたちの指導のもと、事件に関係したアイヌおよそ三八〇名が鎮撫軍の前に出頭し取り調べに応じた。

取り調べによれば蜂起の要因は、現地でアイヌとの交易を請け負っていた商人たちの横暴な振る舞いにあるという。少ない報酬での過酷な労働、和人による虐待や乱暴があったといい、そうしたなかで和人の振る舞った酒や食べ物でアイヌに死者が出たことから毒殺の風聞が広まり、それが蜂起の引き金となった。

鎮撫軍は、三七名のアイヌを重罪人とし、現地で処刑した。鎮撫軍はさらに、藩主への「御目見得《おめみえ》」のため松前へ出頭させるとして、約四〇名のアイヌを伴って帰陣、松前城下で派手な凱旋行列を行った。後述する「蝦夷錦」をまとった堂々たるアイヌの出で立ちが、衆人の注目を集めた。

ツキノエ（「夷酋列像」ブザンソン美術考古学博物館所蔵）

波響はこのときに「夷酋列像」の一二人を描いたのだろうと推測されてきた。しかし、この時に城下を訪れたのは描かれた一二人のうち五名である。また、行列での彼らの衣装は、松前藩からアイヌに貸し与えられたものであることが記録されている。よって「夷酋列像」は、アイヌの実態を写すものではないという見方が今日、共通理解になっている。

交易の民というアイヌ像

この絵は、松前藩が見せたかったアイヌの姿だといえる。そのことに留意しつつ描かれたものを見ていくと、アイヌが北方交易で手に入れた異国の品々、とりわけ蝦夷錦とロシアの外套が、本作に豪華絢爛たる印象をもたらしていることに気がつく。

蝦夷錦とは、蝦夷地を経由して本州にもたらされた清朝製の絹織物を指す。清朝は、大陸のアムール川（黒龍江《こくりゅうこう》）流域の北方民族に毛皮などを献上させ、官服やその反物を下賜していた。これがアムール川下流域のサンタン人の手に渡り、サハリンや蝦夷地北部のアイヌとの交易に用いられた（サンタン交易）。アイヌから松前藩へ、さらには諸大名や本州の市井に流れたものが、蝦夷錦と呼ばれて珍重された。

他方、蝦夷地東部のアイヌはエトロフ（択捉《えとろふ》）島方面でロシア人と交易を行っていた。天明五年（一七八五）の第一次蝦夷地見分で蝦夷地を訪れた幕府の役人たちは、のちに「夷酋列像」に描かれるノッカマップ首長チョウサマとアッケシ首長イコトイから、ロシア交易の様相を聞き取っている。両者によれば松前藩の役人は、幕府の調査が及ぶことを恐れ、所持するロシア製品を焼いたり隠したりしていたという。

「夷酋列像」のなかでもとりわけ目立つ三図に描かれる、ションコ・ツキノエ（クナシリ島首長）イコトイの三人は、龍の文様の入った蝦夷錦と、ロシアからの舶載品とみられる外套をともにまとう。一八世紀半ばから制作されてきたアイヌを題材とした絵画群のなかで、このようにロシアとの関係を濃厚に漂わせる品を描くものは、稀である。

加えて「夷酋列像」には、ジャワ更紗《さらさ》や朝鮮毛綴《けつづれ》といった和人社会で尊ばれた異国の織物も描かれている。これらはアイヌの交易品とは確認できないものである。

波響は、和人にとって希少で豪華な異国の品々を散りばめることで、交易の民というアイヌ像を創出しようと目論んだのではないか。アイヌが和人社会に異国の富をもたらす有益な存在であることを示すことで、アイヌを従える松前藩の価値をも高めようとしたのだろう。

異国由来の画技画法

それら和人社会で目にする機会の稀であった異国の品々が、これまた和人の人物像からはかけ離れた異貌の持ち主を飾る。見る者にとって、馴染みのない文物や人物であるにもかかわらず、それが対象を忠実かつ克明に写したものだと錯覚させる画技を、波響は持っていた。

「夷酋列像」は、南蘋派《なんぴんは》に属する絵師による、唯一の「肖像画」と位置づけられる（安村敏信「宋紫石門下とその周辺」『宋紫石とその時代』板橋区立美術館、一九八六年）。南蘋派とは、享保十六年（一七三一）に長崎を訪れた清の職業画家沈《しん》南蘋《なんぴん》がもたらした新しい花鳥画のスタイルを指す。中国の伝統的な彩色花鳥画法に、西洋の動物画の写実的手法を加味した、細密で色彩的な画風を特徴とする。

沈南蘋の教えは、弟子の熊斐《ゆうひ》から全国に広まる。なかでも熊斐に師事した宋紫石《そうしせき》は、江戸で画塾を開き多くの弟子を抱えた。画派の垣根を越えた絵師たちに加え、諸大名など高位の武士たちも、この画風を愛好した。波響もその一人である。波響は江戸で、一五〜二〇歳頃まで宋紫石に師事し、師の画技画法を習得した。

波響が手がけた作品を含め、江戸時代に南蘋のスタイルで描かれた作品のほとんどは花鳥画で占められており、実在したとされる人物を描く「夷酋列像」は異彩を放つ。緻密な筆線で衣服の刺繍や髪や鬚《ひげ》、爪の筋にいたるまでを克明に、華麗な彩色であらわす点が、南蘋派の花鳥画に通じる。ただし、面貌や手足などの肌の露出した部分、そしてロシアからの舶載品とみられる外套や靴には、グラデーションによる陰影が施されている。

これは、西洋の油彩画に学んだものとみられる。波響の西洋画学習の様相は詳らかでない。しかし、波響の師の宋紫石と交友のあった平賀《ひらが》源内《げんない》は、西洋画を先駆的に導入した秋田蘭画創出のきっかけとなった人物である。

波響が江戸で宋紫石に学んでいた頃、秋田蘭画の旗手小田《おだ》野《の》直武《なおたけ》もまた、源内のもとで西洋画法を学んでいた。秋田蘭画を牽引した直武と秋田藩主佐竹《さたけ》曙山《しょざん》がいずれも夭折したこともあり、秋田蘭画は国内に普及することなく衰退し、波響と彼らの接触は確認できない。

宋紫石「寒梅綬帯鳥図」（神戸市立博物館所蔵、Photo: Kobe City Museum/DNPartcom）

しかし「夷酋列像」には、同時代の若者たちが熱を入れ、試行錯誤のうえ消化しつつあった当時最先端の海外の絵画技法が同居している。

異国由来の画技画法と、異国の品々と異貌の人びとという絵の内容とが相まった本作は、和人社会の異国趣味を存分に満たすものであった。

絵の漂流は語る

波響に制作を命じた松前藩主道広は、異母弟の描いたこの絵を高く評価した。そのうえで、同藩家老の松前広長《ひろなが》に絵の序文を制作するよう命じた。

序文によれば、絵の目的は『夷人之を見る者をして勧懲《かんちょう》せしむ」、すなわち中国古来の功臣図の伝統に則り、功績のある臣下の肖像画で「夷人」を「勧善懲悪」することだという。しかしその建前とは裏腹に、この絵を目にしたのはもっぱら、和人社会で高位にあった人たちだった。

完成の翌月、波響は絵を携えて松前を出立、上洛し京に滞在した。この間、伊藤若冲《いとうじゃくちゅう》の命名者である相国寺《しょうこくじ》の僧大典顕《だいてんけん》常《じょう》や、儒学者皆川淇園《みながわきえん》など、京の文化サークルの中心人物がこの絵を目にし、讃辞をのこしている。加えて、尊王家の高《たか》山彦九郎《やまひこくろう》の手引きで、岩倉具選《いわくらとものぶ》をはじめとする公家衆にも絵は披露された。さらには、聖護院門跡盈仁法親王《しょうごいんもんぜきえいにんほっしんのう》（光格《こうかく》天皇の弟）に仕える佐々木長秀《ささきながひで》を介して絵は親王に、そして親王のすすめにより、光格天皇に供された。

天覧を果たした絵は、後年諸藩の大名たちに貸し出され、複数の模写が制作された。松平定信《まつだいらさだのぶ》の詞書を伴う絵巻、肥前国平戸《ひらど》藩《はん》主松浦清《まつらきよし》（静山《せいざん》）が制作を命じた絵巻、阿波国徳島藩御用絵師渡辺広輝《わたなべひろてる》による画帖《がじょう》、その弟子守住貫魚《もりずみつらな》が所持した粉本《ふんぽん》（手控え）、安芸国広島新田藩《ひろしましんでんはん》士小島雪晴《こじませっそう》による画帖が知られる。また所在不明だが、水戸徳川家《みととくがわけ》が「夷酋列像」の「副本」を所持し、肥後国熊本藩主細川斉茲《ほそかわなりしげ》がその模写を制作したという記録がある。

波響亡きあとに弟子の高橋波藍《たかはしはらん》が「夷酋列像」の人物を抜き出して雪景色に配した「蝦夷人図」（真田宝物館所蔵）と「ポロヤ図」（北海道博物館所蔵）はそれぞれ、松前藩から信濃国松代藩《まつしろはん》主真田幸貫《さなだゆきつら》、讃岐国丸亀藩《まるがめはん》主 京極高朗《きょうごくたかあきら》に贈られたものとみられる。蝦夷地の見聞を著作で広めた松浦武四郎《まつうらたけしろう》もまた、模写を『初航蝦夷日誌』（一八五〇年）や『蝦夷漫画』（一八五九年）に掲載している。半世紀以上もの長きにわたり模写制作が続いた背景には、ロシアの脅威や海防をめぐる危機意識の高まりがあった。

だがこの絵は、多くの模写制作者が期待したような、精確な情報や記録ではない。古来の魔除けの神話や伝説を織り込んだ、護符のようなものであった。一二人の姿には、北方の脅威を防ぎ日本を守護するという役目が託されていた。

そうした制作時の絵の機能が薄れゆき、忘れられるとともに、絵の所在もまた不明となる。そして一九八四年、フランスのブザンソン市美術館（現ブザンソン美術考古学博物館）での所蔵が明らかとなる。絵がフランスに渡った経緯は不明である。

くしくもこの絵が描かれる契機となったアイヌの蜂起は、フランス革命と同じ年に起こった。革命に牽引されながら、世界は近代へと舵を切り始めていた。一八世紀末以降の日本もまた、そうした海外の動向を感じ取りながら揺れ動いていた。「夷酋列像」には、その揺らぎが、凝縮されている。

エピローグ

変わらないために変わる時代

吉村雅美

産物の把握と「国益」

蝟（ハリネズミ）・鮰魚（ホンニベ、海水魚）・山茱萸（サンシュユ、ミズキ科の植物）。これらの読みにくい漢字の動植物は、徳川吉宗《とくがわよしむね》の時代に実施された朝鮮薬剤調査によって記録されたものの一部である。本巻で扱った吉宗政権期には国内の薬草の調査が進められたが（第2章）、吉宗は対馬藩《つしまはん》に命じて、朝鮮の動植物の調査も行わせた。右記の動植物のうち、山茱萸は果実を解熱に用いていた薬剤である。吉宗はこの植物の株を入手させ、小石川《こいしかわ》薬園に移植させている（田代和生『江戸時代朝鮮薬剤調査の研究』慶應義塾大学出版会、一九九九年）。このような動植物をめぐる人びとのまなざしから、第二巻の時代を振り返るとともに、第三巻への展望を示したい。

まずは、吉宗の時代に成立した書物から、捕鯨書《ほげいしょ》を一冊紹介しよう。平戸《ひらど》町人の谷村友三は、享保五年（一七二〇）に『西海鯨鯢記《さいかいげいげいき》』を著した（平戸市教育委員会編・発行『西海鯨鯢記』一九八〇年）。平戸を含む北九州は捕鯨が盛んな地域の一つであったが、この書物は捕鯨史や鯨の種類、捕鯨技術、鯨の調理法などを紹介したものであり、近世中期の代表的な捕鯨書として知られている。しかし、記述にあたり、友三が参照していた書物にはあまり注目されていない。『西海鯨鯢記』には、『万葉集《まんようしゅう》』『本朝食鑑《ほんちょうしょっかん》』『淮南子《えなんじ》』『正字通《せいじつう》』などの和書・漢籍が多く引用されており、オランダの絵を参照して同国の鯨と日本の鯨と比較する記述もみられる。背景には、友三が平戸藩への資金調達のために長崎に赴いており、天文学

者の西川如見《にしかわじょけん》とも関わりを持っていたことがあった（吉村雅美『近世日本の対外関係と地域意識』清文堂出版、二〇一二年）。吉宗が漢訳洋書の輸入を緩和するのは、『西海鯨鯢記』の成立と同じ享保五年のことである。長崎に近い地域である平戸では、早い段階から、民間においても海外の書物・知識が利用されていたのである。

さらに注目すべきであるのが、『西海鯨鯢記』巻末の鯨の「効能」に関する記述である。友三は次のように述べている。鯨は肉や油・骨を利用することができ、その「益」は数え切れない。これは「和国ノ貨」であり、末世に及ぶまで鯨を捕ることができるのは「神明」の恵みである。そして、捕鯨の術に長ずる者は神社を経営し、仏閣を荘厳し、「江村郷里」を振興し、「国家」の重宝・長久を願うのである。以上の記述には、のちの田沼《たぬま》時代に特徴的な「国益」ということばはみられないものの、友三が捕鯨を地域および「国家」（「和国」）に資するものとしてとらえていたことがうかがえる。

動物の鯨についてみてきたが、吉宗は植物にも関心を寄せ、砂糖や人参の国産化の取り組みを始めた。砂糖はオランダ船・唐船によって長崎から、人参は朝鮮から対馬藩経由で輸入されていた商品である。このうち、砂糖の国産化が本格化したのは田沼時代のことである。その担い手であった大師《だいし》河原《がわら》村《むら》（現在の神奈川県川崎市）の名主の池上幸豊《いけがみゆきとよ》は、国産化事業を「国益」ということばで表現して訴願を行い、代官らの協力をえることに成功した。この過程で、幸豊が田沼意次《おきつぐ》への根回しを行っていたことが明らかにされている（落合功『国益思想の源流』同成社、二〇一六年）。

砂糖の国産化に象徴されるように、田沼時代の経済・財政政策は「国益」や「御益」を標榜した利益の追求に特徴がある。これは、吉宗政権以来の財政収入増加策を引き継いだものでもあるが、田沼時代には輸入に頼っていた薬品などの国産化、鉱山開発・蝦夷地《えぞち》開発などの策が講じられ、富を追求する動きがさらに加速化していった。こうした背景のもと、長崎では俵物《たわらもの》の集荷体制が整えられ、海産物の輸出も増加した（本巻第3章）。また、幕府のみならず、多くの藩において中期藩政改革と呼ばれる改革が行われた。そのなかでは、特産物の生産奨励と専売制を軸に、財政収入の増加がめざされた（藤田覚『田沼時代』吉川弘文館、二〇〇七年）。

このような田沼政治の特徴については、従来、松平定信《まつだいらさだのぶ》による寛政改革との相違点が強調されがちであった。しかし、近年は、学問・技術・経済の幕府への集中を図ったこと、富商・富農と連携した改革を実施したことなど、寛政改革との共通点も多くあったことが指摘されている（深井雅海「宝暦天明から寛政」『岩波講座日本歴史　一三』岩波書店、二〇一五年）。

対外関係と学問の統制

本巻（第1章・第2章）でも取り上げたように、徳川綱吉《つなよし》の時代から田沼政権期までの幕政は「側用人《そばようにん》政治」ともいわれる。しかし、天明期には深刻な凶作と飢饉に見舞われ、農村は荒廃し、一揆や打ちこわしが頻発する。そして、徳川家斉《いえなり》の将軍就任、さらには江戸の打ちこわしを契機として、徳川一門が側近たちの粛正運動を行った（竹内誠『寛政改革の研究』吉川弘文館、二〇〇九年）。こうして、徳川一門が支える形で成立した政権が松平定信政権であり、定信による寛政改革が開始された。

寛政改革について、詳細は第三巻の論考に譲るが、ここでは対外関係と学問をめぐる政策についてふれておきたい。対外政策について、定信は蝦夷地の開発を進めようとする考え方に批判的であった。また、新井《あらい》白石《はくせき》以来の貿易抑制策を本格的に実施した。長崎においても対馬藩においても、金属資源の流出を阻止するために貿易を削減し、外国貿易のみに依存しない体制をつくることがめざされたのである（本巻第4章）。長崎ではオランダ・唐船貿易に関わる不正が厳しく摘発され、オランダ人と通詞《つうじ》・大名らの交流が制限されている。さらに、寛政二年（一七九〇）には半減商売令が出され、オランダ船・唐船の貿易額と来航船数が削減されるに至った。オランダ商館長を務めたイサーク・ティツィングが離日後に日本のオランダ通詞・大名らと交わした書翰には、このような政策に対する批判も散見される。例えば、一七九一年、ティツィングは蘭癖大名の朽木《くつき》昌綱《まさつな》に宛てた書翰のなかで、定信の厳しい統治が終わることを願って「アケチノ　テンカミカ（明智の三日天下）」と述べている（横山伊徳編『オランダ商館長の見た日本』吉川弘文館、二〇〇五年）。

学問については、儒学《じゅがく》を対象とする寛政異学の禁がよく知られている。しかし、幕府が統制しようとしたのは、儒学のみにとどまらなかった。西暦一七九五年一月一日（寛政六年閏十一月十一日）、江戸の主な蘭学者が大槻玄沢《おおつきげんたく》の主催する芝《し》蘭堂《らんどう》に集い、オランダ正月を祝った。このときの様子を描いた図（「芝蘭堂新元会図」早稲田大学図書館所蔵）をみると、ロシアから帰国したのちに軟禁状態にあった大黒屋《だいこくや》光太夫《こうだゆう》も参加している。このことは、オランダ正月が幕府の了解のもとで行われており、幕府が蘭学者集団を体制に組み込もうとしていたことを示している。一方、玄沢もこうした構造を受け入れ、利用することによって、研究環境を整えることができた（横山伊徳『開国前夜の世界』吉川弘文館、二〇一三年）。

このように、幕府は貿易を縮減するとともに、学問の成果や海外情報を自らのもとで管理することをめざした。しかし、学者たちはしばしば幕府の目の届かないところで交流を行い、彼らによる学問の成果は時として幕政批判の形で表出した。一九世紀に入ると、近藤重蔵《こんどうじゅうぞう》の罷免と改易《かいえき》、シーボルト事件、蛮社《ばんしゃ》の獄《ごく》などが起こる。それぞれ背景は異なるものの、幕府による学者の処罰が繰り返されることとなったのである。

本巻で紹介した平戸藩主松浦《まつら》静山《せいざん》も学者やオランダ通詞らと交流していたが、随筆『甲子夜話《かっしやわ》』からは、幕府による処罰についての複雑な心境がうかがえる。例えば、近藤重蔵について、静山は松浦家上屋敷に招いて詩を読みあう仲であったが（本巻第7章）、「人品」の下った者になったと評価した。しかし、重蔵の処罰をうけて「一旦友交（交流）した者の罪について、世上に相違の聞こえがあるのは不憫である」と同情を寄せている（松浦静山著、中村幸彦・中野三敏編『甲子夜話6』平凡社、一九七八年）。また、シーボルト事件については、処罰されたオランダ通詞のなかに、松浦家に関わりのある家の通詞が存在しなかったことは「僥倖《ぎょうこう》」であり、「面目」が保たれたと書き留めた（松浦静山著、中村幸彦・中野三敏編『甲子夜話続篇2』平凡社、一九七九年）。

その一方で、静山は「寛政の遺老」と称される幕府老中《ろうじゅう》松平信明《のぶあきら》、大学頭《だいがくのかみ》林述斎《はやしじゅつさい》らと近しい関係にあり、『甲子夜話』には彼らとの交流を懐かしむ記述も散見される。静山は信明の義弟にあたり（静山の正室は信明の妹の鶴年）、静山の息子の熈《ひろむ》は松平定信の娘蓁姫《しんひめ》と婚姻を結んでいる。このように、大名にとっても学者にとっても、幕府中枢に近い人物との人脈を築くことが重要であった。第三巻で扱う大御所《おおごしょ》時代にはこの傾向がさらに強くなり、徳川家斉との縁故を結ぶ者（とくに縁組先の大名）への優遇策が講じられたため、不公平で恣意的な幕政に対する不満が高まることとなる。

対外危機と捕鯨

再び鯨に注目し、一八世紀後半から一九世紀の社会変容について展望しよう。一八世紀後半には、天明飢饉を含む飢饉・凶作や災害が多発したが、鯨および鯨油は凶荒対策の面からも注目されるようになった。先述のように、一八世紀前半には『西海鯨鯢記』などが書かれていたが、一八世紀末から一九世紀には、さらに多くの捕鯨書や鯨油の用法に関する書物が成立した。例えば、農学者の大蔵永常《おおくらながつね》は文政九年（一八二六）に『除蝗録《じょこうろく》』を著し、鯨油を用いた害虫（とくにウンカ）の駆除法を紹介している。

　これより先に、蘭学者の大槻玄沢も鯨に関心を寄せていた。そのきっかけは「一角《いっかく》」をめぐる考察であった。オランダ正月の席には「一角」を描いた軸が飾られていたが（前述の「芝蘭堂新元会図」）、「一角」の角（実際には牙）は解毒薬として輸入されていた商品である。玄沢はヨンストン『動物図説』の翻訳を通して、四足の動物（ユニコーン）と思われていた「一角」がコククジラの仲間であることを知った。さらに、江戸において平戸の捕鯨関係者と接触して鯨に関する知識をえるとともに、捕鯨業のもたらす経済的な効果を実感している。そして、寛政四年（一七九二）にまとめた著書のなかで、玄沢は日本の各地で捕鯨業が広まれば「国益」になると述べている。この記述については、一関藩《いちのせきはん》出身の玄沢が天明の飢饉の被害を目の当たりにして、人びとを飢餓から救う方策を考えたという可能性も指摘されている（森弘子・宮崎克則『鯨取りの社会史』花乱社、二〇一六年）。飢饉の影響も考えられるが、田沼時代以来の「国益」追求の動きの延長線上にとらえることも可能であろう。

　一方、玄沢の親類にあたる儒者の大槻清準《せいじゅん》も、文化五年（一八〇八）に『鯨史稿』を著し、林述斎に提出した。背景には、幕府が蝦夷地開発のために、エトロフ島への鯨組の設置を検討していたことがある。寛政十二年、幕府は平戸の鯨組の羽指をエトロフ島に派遣して、現地調査を行わせている。結局、捕鯨に適さない海域であることが判明し、計画は頓挫した。しかし、文化元年のロシア使節レザノフの来航後、海防の必要性から、再度鯨組の設置が検討されるようになった。そこで、清準は『鯨史稿』を作成して鯨組の役割を説明し、平時には捕鯨を行わせ、いざというときの「水戦」に備えさせれば、「海防究竟の武備」となると述べている（森・宮崎前掲書）。清準の提案は現実性に乏しく、あくまでも一学者の意見にすぎない。しかし、ロシアが接近するなかで、「国益」のための産業としてとらえられていた捕鯨業が、海防の備えとしても期待されるようになったことは注目に値する。

体制危機の前夜

そろそろ、第二巻『伝統と改革の時代』を締めくくることとしよう。読者の皆さんは、「改革」によって何が変わったのか、疑問に感じるかもしれない。本巻でみてきたように、幕府による貨幣改鋳と経済政策は、物価と貨幣価値の安定をはかるものであり、一部の政策は一九世紀へ引き継がれた（第5章）。幕府・諸藩による「改革」も、生活・文化に対する厳しい統制によって社会の安定化をめざすものであった（第6章）。また、対外関係についても、一八世紀は「四つの口」が実態として定着した時期とされる（鶴田啓「近世日本の四つの「口」」荒野泰典・石井正敏・村井章介編『アジアの中の日本史Ⅱ　外交と戦争』東京大学出版会、一九九二年）。その担い手の一つである対馬藩は、「朝鮮の役儀」を維持するために藩政改革を行い、倹約と殖産興業《しょくさんこうぎょう》政策を実施する必要に迫られた（第4章）。第二巻で扱った時代は、幕府・藩の支配体制や対外関係を「変えず」に安定させるために、絶えず「変わる」ことが求められた時代であったといえよう。

次巻の第三巻で扱う時代には、ロシア船に加えて欧米の異国船の来航も増加し、体制危機を迎えることになる。ただし、一八世紀末から一九世紀初頭の間に限っていえば、異国船の多くは民間の毛皮貿易船や捕鯨船であった。文政七年（一八二四）の大津《おおつ》浜《はま》事件ではイギリスの捕鯨船員が常陸大津浜（現在の茨城県北茨城市）に上陸したが、取り調べの過程で、事件以前から漁民たちがイギリス船員と頻繁に交流し、物々交換も行われていたことが発覚した。なかでも、漁民の忠五郎は捕鯨船の船上に招かれ、船員が鯨を捕らえてから船内で鯨油に加工するまでの一部始終を見学したという。さらに、漁民のなかには「異国人は親切である。我々の力の及ばない鯨を捕っているだけで、漁猟の妨げにもならないのに、なぜ幕府は異国人を讎敵《しゅうてき》（うらみのある相手）のように扱うのか」と話す者もいたという（松浦静山著、中村幸彦・中野三敏編『甲子夜話4』平凡社、一九七八年）。

このことは、大槻清準が漁業者（鯨組）を海防の備えとして利用しようとしたことと好対照をなしている。常陸の漁民のように、海防には無頓着であり、むしろ外国の捕鯨技術に強い関心を示す姿勢は、民衆の一般的な感覚の一例であるといえよう。一方、水戸藩《みとはん》の会沢正志斎《あいざわせいしさい》が、大津浜事件をうけて西洋諸国による侵略の危険性を訴えたことはよく知られている。幕府は大津浜事件と薩摩宝島《たからじま》事件を契機に、異国船打払令を発令することとなった。ただし、幕府は異国船の正体が民間船であることを認識しており、あくまでも異国船を沿岸に接近させないことをめざすものであった。幕府は、民衆と異国人の接触によって対外関係の体制が崩壊することにこそ、危機意識を抱いていたという指摘もある（上白石実『幕末期対外関係の研究』吉川弘文館、二〇一一年）。

第三巻で扱う時期のうち、天保期以降になると、アヘン戦争の脅威が伝えられ、対外危機が本格化することとなる。そのようななかで、幕府・朝廷や藩はどのように対応したのか。第二巻の時代に展開した諸政策はどのように引き継がれ、あるいは改められたのか。そして、民衆はどのように行動したのか。引き続き、第三巻を読み進めていただきたい。

執筆者紹介（生年／現職）—執筆順

村　和明（むら　かずあき）　→別掲

小倉　宗（おぐら　たかし）　一九七五年／関西大学文学部教授

佐藤大介（さとう　だいすけ）　一九七四年／東北大学災害科学国際研究所准教授

彭　浩（ほう　こう）　一九七九年／大阪公立大学経済学部教授

酒井雅代（さかい　まさよ）　一九八一年／大妻女子大学比較文化学部専任講師

高槻泰郎（たかつき　やすお）　一九七九年／神戸大学経済経営研究所准教授

小関悠一郎（こせき　ゆういちろう）　一九七七年／千葉大学教育学部准教授

吉村雅美（よしむら　まさみ）　→別掲

春木晶子（はるき　しょうこ）　一九八六年／江戸東京博物館学芸員

編者略歴

村　和明

一九七九年、愛知県に生まれる
二〇一〇年、東京大学大学院人文社会系研究科博士課程修了、博士（文学）
現在、東京大学大学院人文社会系研究科准教授

〔主要著書〕
『近世の朝廷制度と朝幕関係』（東京大学出版会、二〇一三年）

吉村雅美

一九八二年、埼玉県に生まれる
二〇一二年、筑波大学大学院人文社会科学研究科博士課程修了、博士（文学）
現在、日本女子大学文学部准教授

〔主要著書〕
『近世日本の対外関係と地域意識』（清文堂出版、二〇一二年）

日本近世史を見通す2

伝統と改革の時代—近世中期—

二〇二四年（令和六）一月一日　第一刷発行

編　者　村《むら》　和《かず》　明《あき》
　　　　吉《よし》　村《むら》　雅《まさ》　美《み》

発行者　吉　川　道　郎

発行所　株式会社　吉川弘文館
郵便番号一一三—〇〇三三
東京都文京区本郷七丁目二番八号
電話〇三—三八一三—九一五一〈代〉
振替口座〇〇一〇〇—五—二四四番
https://www.yoshikawa-k.co.jp/

印刷＝株式会社　理想社
製本＝株式会社　ブックアート
装幀＝右澤康之

ISBN978-4-642-06885-7

日本近世史を見通す

全7巻

1 列島の平和と統合 近世前期 ＊
牧原成征・村 和明編

2 伝統と改革の時代 近世中期 ＊
村 和明・吉村雅美編

3 体制危機の到来 近世後期
荒木裕行・小野 将編

4 地域からみる近世社会 ＊
岩淵令治・志村 洋編

5 身分社会の生き方 ＊
多和田雅保・牧原成征編

6 宗教・思想・文化 ＊
上野大輔・小林准士編

7 近世史の課題 討論（仮題）
小野 将ほか編

本体各２８００円（税別） ＊は既刊

吉川弘文館